北 京 市 高 精 尖 学 科 战 略 经 济 交 叉 学 科 支 持 项 目
中央财经大学国防经济与管理研究院双一流和特色发展学科专项支持项目

战略与防务经济蓝皮书

徘徊的全球化

2019

中　央　财　经　大　学　国　防　经　济　与　管　理　研　究　院
中国社会经济系统分析研究会国家安全战略与国防经济研究专业委员会

主　编/陈　波　侯　娜
副主编/郝朝艳　池志培

中国财经出版传媒集团
中国财政经济出版社

图书在版编目（CIP）数据

战略与防务经济蓝皮书：徘徊的全球化.2019/陈波，侯娜主编．--北京：中国财政经济出版社，2020.9
ISBN 978-7-5095-9901-3

Ⅰ.①战… Ⅱ.①陈… ②侯… Ⅲ.①经济战略-研究报告-世界-2020 ②国防经济-研究报告-世界-2020 Ⅳ.①F110 ②E0-054

中国版本图书馆 CIP 数据核字（2020）第 124833 号

责任编辑：卢关平　　责任校对：张　凡
封面设计：孙俪铭　　责任印制：张　健

中国财政经济出版社 出版
URL：http：//www.cfeph.cn
E-mail：cfeph@cfeph.cn

社址：北京市海淀区阜成路甲 28 号　邮政编码：100142
营销中心电话：010-88191522
天猫网店：中国财政经济出版社旗舰店
网址：https：//zgczjjcbs.tmall.com
北京密兴印刷有限公司印刷　各地新华书店经销
成品尺寸：170mm×240mm　16 开　14.25 印张　207 000 字
2020 年 11 月第 1 版　2020 年 11 月北京第 1 次印刷
定价：46.00 元
ISBN 978-7-5095-9901-3
（图书出现印装问题，本社负责调换，电话：010-88190548）
本社质量投诉电话：010-88190744
打击盗版举报热线：010-88191661　QQ：2242791300

编委会

代　序

徘徊的全球化

陈　波*

20世纪，是全球化在全球狂飙的时代。全球化深刻地影响了世界经济发展，也影响着国际格局和各国安全。然而近年来，全球化却面临重重困境。管理不善的全球化导致了民族主义“夺回控制权”运动以及保护主义浪潮的崛起，美国自己也在破坏70年来由美国主导的国际秩序。中国得到了发展具有替代性的平行的国际机构的机会，然而有的国家并不愿放弃自己的“霸权”，世界或面临全球治理体系撕裂的局面。作为关注安全与发展的战略与防务经济，全球化注定对战略与防务经济领域有深刻的影响，因此，我们将本年度《战略与防务经济蓝皮书》的主题定为“徘徊的全球化”。

---

* 陈　波（1971—），教育部哲学社会科学研究重大课题攻关项目首席专家，主持国家社会科学基金、教育部人文社科规划青年项目、中央军民融合委员会办公室、国家发改委、财政部和北京市有有关国家、部（省）重要课题和立法研究工作。主持“战略与经济研究书系”、“国防经济学系列丛书”出版工作，出版 *Frontiers of Peace Economics and Peace Science*、《国防经济学》、《国防经济学前沿专题》、《国防预算与财政管理》、《战争、城堡与炸弹》、《和平经济学》等一系列专著、教材、译著。现任教育部军事教学指导委员会副主任委员兼普通高等学校组组长、中国技术经济学会国防技术经济分会理事长、中国社会经济系统分析研究会国家安全战略与国防经济研究专业委员会秘书长，中央财经大学国防经济与管理研究院院长、教授、博士生导师、博士后合作导师。

一

19 世纪以来，全球化是世界经济发展最波澜壮阔的大趋势。有人以全球出口占全球 GDP 的比重来衡量，将全球化进程大体分为五个阶段：即 1870—1914 年的 1.0 起步阶段，这一阶段是以欧洲中心化和资本主义殖民化为特征的阶段，在蒸汽机和其他先进技术为主要内容的第二次科技革命推动下，经济一体化程度有所提高，使得更多商品以更低的价格在市场之间流通。1914—1945 年的 2.0 回潮阶段，这一阶段全球化出现阶段性回潮，造成了全球经济的混乱，其中包括第一次世界大战、1918 年西班牙大流感、新的移民限制、1929 年的大萧条以及 20 世纪 30 年代贸易保护主义的严重爆发。这些动荡削弱了经济一体化进程，世界经济遭受重创。1945—1980 年的 3.0 重启阶段，这一阶段是以美苏争霸和区域经济一体化为特征的阶段。在第二次世界大战结束后的 35 年中，美国牵头建立了新的经济合作机制，如关税及贸易总协定、国际货币基金组织、世界银行等国际机构，使各国能够再次开放经济，进行贸易和投资，推动经济一体化的重启。1980—2008 年的 4.0 高潮阶段，这一阶段是以美国中心化、世界经济一体化为特征的阶段。从里根总统执政起，“里根经济学”粉墨登场，财政政策采用供给学派，货币政策采用货币主义，精简税制和大幅减税轰轰烈烈，削减福利和政府财政支出，政府规模缩小，扩大国际市场，积极推行全球化，取消对全球资金流动的控制，全球化开启了二战后的第二波快速发展。以中国和印度为主的新兴经济体成为新的增长力量，全球化大生产不断扩张，全球价值链的深度和广度都持续夯实，表现为全球价值链参与度不断提高的同时，价值链长度也在快速延长。同时，中间品贸易开始超越最终产品，逐渐成为国际贸易的主要组成部分。本轮全球化进程中，中国逐渐发展为世界工厂，成为全球价值链和国际贸易的中心之一。2009—2020 年的 5.0 稳定阶段，这一阶段全球化 4.0 有所放缓，逐渐转向以美国与中国为核心的 5.0 阶段。2008 年金融危机后，全球化开始进入稳定期，全球贸易开放度不再有显著提高，甚至出现轻微下滑，各国全球价值链参与度也开始下行，全球价值链开始面临一定的挑战。这个阶段有三大特征：一是保护主义、民粹主义等思潮开始盛行，贸易保护主义抬头；二是全球贸易增速放缓；三是外商直接投资（FDI）流动总体趋缓。金融危机使国际贸易信用体系受到严重冲击，FDI 流量持续下滑[①]。

全球化是个具有煽动性的词，事实上自它产生以来对它的争议就不断。拥护者憧憬它会给整个世界带来空前的进步和繁荣；批评者断言它会给发展中国家带来贫困、战争甚至文化灭绝。几百年来，全球化常常是在刀尖枪口下实现的：诸如蒙古帝国、奥斯曼帝国、西班牙帝国、大英帝国和法兰西帝国都是凭借扩大自身帝国统治把不同民族和文化紧密联系到一起的。但是，19 世纪以来，全球化的主导方式变成了自由贸易和自由迁徙——物资和人员的自愿流动。全球化几乎伴随着战争和冲突。第一次世界大战、然后是孤立主义、保护主义以及两次世界大战之间的非自由主义摧毁了 19 世纪末的黄金时代，迎来了充满令人难以想象的恐怖现象的世界。在经历了 1 亿多人丧生（两次世界大战导致的死亡人数）之后，全球化的新时代才从废墟中诞生。美国带头推动了全球化诞生，成立了关税与贸易总协定（世界贸易组织的前身）这样的机构，以减少贸易壁垒；成立了联合国与北大西洋公约组织这类机构，以维护集体和平。在美国的鼓舞下，欧洲人决定改革，予以合作而不是对抗，他们相继成立了欧洲煤钢共同体、欧洲经济共同体、1993 年成立了欧盟。亚洲主要国家，如日本、韩国等，较为小心翼翼地守护主权，也融入了世界经济[②]。

因此，全球化其实挟带了大量的美国化。代表“全球化”的东西中，其实 99% 是西方的影响。由加拿大、法国、德国、意大利、日本、英国和美国组成的七国集团（G7）形成于 20 世纪 70 年代，几十年来，它事实上主宰着整个全球经济。然而现在，正是美国却在摧毁全球化的根基。但这

---

① 宋玮．全球化：趋势永不死，只是在变形［N］．第一财经日报，2020－06－14.

② 布特．为全球化欢呼喝彩［N］．参考消息，2017－10－10.

改变不了一个事实：世界正在经历一场划时代的再平衡，不仅仅在经济方面，也在地缘政治方面。除非西方能够设法在日益多极化的世界中坚持多边主义，否则中国等新兴发展中国家将有可能继续发展具有替代性的金融和治理机构，正如已有的亚洲基础设施投资银行和上海合作组织。

就如任何事情一样，全球化不可避免地也存在负面效应，它有可能被恐怖分子和犯罪分子利用，可能扰乱传统社会，它毁掉了部分岗位但又创造了其他岗位……但具有讽刺意味的是，就连美国著名的《外交政策》双月刊网站也发表文章认为，今天人们面临的首要威胁就是全球化可能再次出现逆转，如同1914年那样，因为在特朗普执政之下，多年来一直作为全球化首要捍卫者的美国可能成为全球化的障碍，而不是作为跨国贸易与合作的促进力量①。特朗普已经退出了伊朗核协议和气候变化《巴黎协定》，退出了维持超过31年的美俄《中导条约》。其也不惜代价阻止世界贸易组织争端解决机制中上诉机构的法官任命，让WTO停摆。当美国真正在单极世界中一骑绝尘时，它一般会利用多边机构开展行动。但如今，特朗普只想“美国优先”，也许只有在对自己有利时，他才会稍稍想起还有多边机制。

悲哀的是，当前趋势表明，各国政府更有可能彼此指责，而不是通过合作让事情进入正确的轨道。因此，即便英国前首相布朗也认为，我们面临着一个悖论。对全球化的不满引发了新一轮保护主义和单边主义浪潮，但要解决不满的根源，却唯有通过合作。没有一个国家能够单枪匹马解决不平等性加剧、工资停滞、金融不稳定、偷税漏税、气候变化以及难民和移民危机等全球性问题。向19世纪的强权政治倒退，将严重延误我们在21世纪走向繁荣的进程。“美国优先”绝非着眼于未来的清晰战略，而更像是昔日霸权依然沉陷在旧梦中，痼疾难除，并伤及自身②。所以，如果真有战争，那么除了国家之间的战争，也有开放与封闭、全球化与逆全球化

---

① 布特．为全球化欢呼喝彩［N］．参考消息，2017－10－10.

② 布朗．徘徊在十字路口的全球化［J］．中国新闻周刊，2019（1）.

的战争。

目前，全球化正在十字路口痛苦地徘徊。眼下，美国强要展开与我国的战略竞争。一度表面上，特朗普政府与我国的冲突是关于贸易的，而有关汇率操纵的争议则是为了更好地解决问题。但在贸易冲突的背后，你会观察到这场战役实际上关乎更重要的东西：全球技术主导地位和全球经济实力的未来。而事态的发展我们会看到，各种地缘政治动荡纷至沓来，美国要的是全面打压中国。

无论如何，全球化也不是能任性选择的，所以有人以美国著名将领麦克阿瑟黯然结束自己军旅生涯时的著名演讲《老兵永不死，只是渐凋零》为对比，以历史视角和疫情冲击视角来观察全球化进程，总结为“趋势永不死，只是在变形”①。

二

2018 年是世界大变局进程中非常复杂的一年，主要国家战略忧虑增加，围绕有关热点问题的地缘政治博弈加剧，战略武器形成的恐怖平衡、非传统安全威胁的持续增多、难以削弱的跨国跨区域联系等因素仍对维持全球战略稳定发挥着重要作用。本年度蓝皮书在战略与防务经济更广义层面我们关注战略安全、世界经济等总体情况，关注全球冲突、恐怖主义等问题，也关注国际社会为维护和平所采取的努力与现实挑战。

战略安全关注世界和平的总体态势。2018 年世界和平的基础进一步被侵蚀，世界面临百年未有之大变革。世界战略安全形势呈现总体和平，但是地区冲突依然不时爆发。世界和平的基础受到了冷战结束以来最大的挑战，作为现有秩序最重要构建者的国家正在快速走向它的对立面，世界面临百年未有之大变局。大国核武竞争升级，核不扩散机制受到冲击，大国竞争不断升温，主要大国之间关系进入战略重构期，美国特朗普政府掀起

① 宋玮. 全球化：趋势永不死，只是在变形 [N]. 第一财经日报，2020 - 06 - 14.

的保护主义浪潮冲击了世界经济秩序，而国际制度体系也面临着前所未有的挑战。西方大国的内政混乱显示了其政治制度的脆弱和无力，对其制度普世性和真理性的宣扬也越来越证明不过是意识形态的幻梦，而世界对气候变化作为潜在的对人类最大的威胁依然没有有力的回应①。

2018 年世界经济延续温和增长，但增速有所放缓。全球 GDP 总量达 82.63 万亿美元，同比增长 3.04%，但不及 2017 年 3.15% 的增速。受全球贸易摩擦拖累，全球贸易增速有所下降，贸易量同比增长 3%；但是得益于能源价格上涨，全球商品贸易额达 19.67 万亿美元，同比上涨 10%。美国税制改革推动美国跨国企业将外国收益大规模汇回本国，在一定程度上抑制了对外直接投资规模，2018 年全球外国直接投资流量减少 13%，降至 1.3 万亿美元。2018 年全球金融市场表现不如人意，货币政策和通货膨胀呈现分化局面，主要国家股指普遍负增长，除美元外多数货币出现不同程度贬值。

全球冲突的形势依然不容乐观，尽管冲突的杀伤力有所减少，但持续时间更长。伴随冲突而来的贫困、失业与经济困难，使得一些国家面临着毁灭性的影响。2018 年，国家冲突的数量从 2017 年的 50 起上升到 52 起，其中有 6 起达到了战争的标准；非国家冲突的数量在 2018 年数量下降，从 2017 年的 83 次下降到 76 次；单边暴力为 32 起，比 2017 年减少 1 起。冲突造成的死亡总人数 2015—2018 年则连续四年下降，2018 年下降至 75884 人，其中国家冲突导致的死亡人数为 53081 人，与 2017 年的 68969 人相比，2018 年减少了 21%，是自 2012 年以来死亡人数最低的一年。然而非国家冲突导致的死亡人数在 2018 年达到了新高峰，为 18288 人。在我们享受和平的阳光时，我们不要忘了世界上还有一些地方、一些人正在饱受暴力和冲突的折磨。

2018 年度恐怖袭击事件再次出现下降，这是自 2014 年达到峰值以来的连续第四年下降。恐怖袭击事件集中分布在南亚、中东、北非以及撒哈

---

① 本部分概括性总述大多取自正文各章的分析，原始出处可在后面各章中找到。

拉以南地区，仅南亚的死亡人数就接近50%。恐怖主义行为通过暴力、恐吓、绑架等极端手段，制造社会恐慌，影响社会秩序，破坏经济发展，从而达到其政治或意识形态目的。目前，众多国家积极构建了系统的反恐体系，金融行动特别工作组、国际货币基金组织、联合国、世界银行等国际组织也严厉打击恐怖融资，协助各国评估恐怖融资风险，并为其提供技术支持，这些行动有效地减少了恐怖袭击的发生，促进世界经济社会发展的和平稳定推进。

2018年正值联合国维和70周年，自1948年至今维和行动环境变化巨大，全球趋势充满挑战，凸显了采取多边行动预防冲突、维持和平及保持和平的必要性。联合国维和行动积极构建独特的全球伙伴关系，将联合国大会、安全理事会、秘书处、部队和警察派遣国以及所在国政府等多方力量结合起来，帮助促进国际和平与安全。

三

2018年全球传统安全风险与非传统安全风险错综交织，国家安全面临的不确定性有所增强。战略与防务经济涉及国防与经济的层层交叠……为此，本年度我们延续上年度议题，重点关注军力、军费，这反映国防经济投入；关注军工、军贸，反映了军事生产与销售；关注军控，反映了国际社会裁军的努力。

军力是一个国家综合国力最直观、最直接的体现，也反映了国家对外寻求国家利益最大化的外部实力。世界军队规模自1995年达到3000余万人之后开始下降，虽然偶有个别年份稍有上升，但总体呈下降趋势，最近几年稳定在2800万人左右。军队数量占劳动人口比例持续下降，2018年这一比例已降为79.55%。2018年各国武器装备进一步加速，国防科学技术日新月异发展。

2018年全球军费开支总额为17799.63亿美元，与2017年相比增长了2.61%，达到了冷战后的新峰值。与2017年相比，北美洲、拉丁美洲、亚洲和欧洲的军费开支均有所上升，其中北美洲军费上升了 4.43%，为上升幅度最大的地区。拉丁美洲军费上升了 3.82%，亚洲军费上升了 3.70%，欧洲的军费上升幅度最小为 1.45%。军费开支下降的地区是非洲和大洋洲，降幅分别为 8.35% 和 2.94%。

全球军火生产在 2017 年、2018 年持续增长，全球军工生产格局依然极不平衡，传统大型军工企业继续保持极大优势。美国不仅拥有全世界最强的军工生产能力，且 2017 年军火销售额继续增加，进一步巩固了其军工生产的优势地位。西欧和中欧聚集着英国、法国、德国和意大利等传统军工生产大国，一直是仅次于美国，拥有军火生产和军事服务公司最多、军火销售额最大的地区。尽管国内经济困难重重，但国防支出和武器装备出口增加的推动下，俄罗斯军工企业呈现好转势头。日本、以色列、韩国、新加坡、波兰、乌克兰、澳大利亚、加拿大尽管军工生产能力无法与传统军工大国相比，但也是具有成熟且某些重要生产、技术能力的武器生产国。全球国防工业的战略调整日益明显，2017 年和 2018 年防务领域的公司并购活动刷新了近十年来的记录。

自 2009—2018 年，全球防务出口价值量增长了 40%，尽管与 2017 年相比，2018 年全球主要常规武器贸易规模有所下降，但全球军贸仍处于增长区间。美国进一步拉大相对于其他武器出口国的优势，2014—2018 年占据着全球武器出口市场的 36%，而法国有望在 2020 年超过俄罗斯，成为世界第 2 大武器出口国。以色列、韩国、土耳其等新兴武器出口国的快速增长将加剧全球军火市场的竞争程度。在武器进口方面，沙特阿拉伯、印度、埃及、澳大利亚和阿尔及利亚等是主要常规武器进口国。尽管亚洲和大洋洲依然是进口武器最多的地区，但由于地区冲突和紧张局势加剧，中东地区武器进口自 2009—2013 年至 2014—2018 年武器进口量几乎翻倍。飞机、导弹、舰船和装甲车是近年来交易量最大的武器类型，特别是军用飞机会是未来全球军贸市场规模扩大的主要动力，而装甲车市场规模或将大幅下滑。

全球军控与裁军进程在 2018 年取得新进展，也面临新的挑战，且挑战明显大于进展。朝鲜核问题明显降温，常规武器军控与裁军领域也不乏亮点。但是，美俄双边核军控与裁军形势继续下滑，伊朗核问题因美国退约而再度升温，对俄罗斯与叙利亚使用生化武器的指控再次证明国际生化武器军控进程仍然任重而道远，主要大国在网络安全、太空安全、人工智能等新兴领域战略竞争加剧。推进全球军控与裁军进程离不开稳定向好的全球和地区环境，而这正是当前所不具备的。

自 2018 年初以来，美国以提高关税的形式实施了一系列单边措施，与众多国家和地区产生了贸易冲突，引发受影响国采取报复性回击，这在当代国际贸易制度史上也极为罕见，主要涉及的国家和地区包括中国、欧盟、加拿大、墨西哥、日本、韩国等。但从效果看，2018 年美国总贸易额为 4.21 万亿美元，贸易逆差则达到创纪录的 8913 亿美元。其中美国与中国的贸易逆差为 4192 亿美元，大致相当于排名第二位至第十位的墨西哥、德国、日本、爱尔兰、越南、意大利、马来西亚、印度、加拿大九个国家之和。事实证明特朗普政府发动的贸易战并未达成逆差削减的预期效果。

四

世界正面临百年未有之大变局，中国正在迅速从边缘走向世界舞台的中央。随着中国成为世界上有影响的大国，中国的发展离不开世界，世界上的任何风吹草动也都会影响中国，世界需要读懂中国，中国也需要了解世界。基于此，为全面、准确反映国际社会战略、安全与经济这一交叉领域最新发展情况，也为了全面加强我国在此领域的认识和研究，我们本年度延续编发《战略与防务经济蓝皮书》，以年度报告的形式反映我们对过去一年全球战略与防务经济主要领域的分析和判断，鉴于国内在本领域研究的数据贫乏，也尽可能引用国际权威数据库数据，提供连续性数据支撑。

蓝皮书中，每年度我们会选取一个引导性主题，进行总述分析，除此外，整个年度报告重点可分三大部分。第一部分是更广义战略层面，关注全球战略安全、经济、冲突等总体情况，主要包括以下五个方面的内容：

- 战略安全
- 世界经济
- 全球冲突
- 恐怖主义
- 维和

第二部分是较狭义层面，重点关注军力、军费、军工、军贸、军控等防务经济内容，主要包括：

- 军力
- 军费
- 军工
- 军贸
- 军控

第三部分是根据每年国际社会发生的突出事件、情况，所选取的在战略与防务经济或相关交叉领域上述十个方面未能涵盖的当年突出议题，本年度选取的是“贸易争端”。

范围上，蓝皮书重点定位在对全球整体情况的反映，不重点突出中国，里面涉及的中国情况主要是为了比较等原因由国际相关数据库给出的数据情况，为了完整期间我们没有进行特殊处理，数据不一定与我国统计口径和官方数据一致，也并不代表我们的观点，关于中国的情况是我们在另一个报告中要全面反映的。

时间上，蓝皮书主要定位对过去一年情况的分析和评估，为方便比较，有的领域延伸到了以前年份，并对未来一年的情况进行趋势性预判。考虑数据的可获得性或权威性，个别章节我们给出的是过去一年前一年的数据，但除非有大的变化，我们各年度会保持相同的节奏，以有利于数据记录和分析的完整性。

从来把一件事坚持做下去也许都不是容易的事，在完成《战略与防务经济蓝皮书：2018》后，我们就马不停蹄地开始了《战略与防务经济蓝皮书：2019》的编写工作，编写和出版期间，又赶上疫情等各种原因，出版也一再推迟。感谢参加蓝皮书编写团队的每一位成员，在这样一个多变而复杂的社会中，大家牺牲了很多属于个人的闲暇和时间，专心做事，潜心问学，而每个人优秀的学识、智慧和努力也都确保了我们能在一个更为客观的角度观察世界、体味中国、热爱国家。

《战略与防务经济蓝皮书：2018》出版以来，我们收到许多学人、朋友和单位的鼓励、支持，这也给我们编写《战略与防务经济蓝皮书：2019》及后续年份的年度报告提供了许多的动力，我们一定用心地感受大家的厚爱、关心与帮助，我们也会更加努力地将蓝皮书做得越来越好！

目　录

图目录

表目录

1. 战略安全

池志培*

摘　要： 战略安全关注于世界和平的总体态势。2018 年世界和平的基础进一步被侵蚀，世界面临百年未有之大变革。核安全、大国实力平衡、经济相互依赖以及国际制度都遭遇了不同程度的挑战。在具体热点领域，大国国内动荡，人类在气候变化问题上的步履蹒跚都使得世界长期的战略稳定面临着严峻的挑战。

关键词： 核安全　经济相互依赖　国际和平

在各种最高层面的国家战略文件中，战略安全总是处于一个核心的位置。根本而言，战略安全关注的是和平，而威胁则来自各种引发国家间的大规模冲突的危险。本章关切世界战略安全总览过去一年内的全球战略安全态势，讨论 2018 年世界和平的基础状况，包含核安全、大国实力结构（power structure）、国家间的相互依存以及国际秩序。在接下来针对具体问题的讨论中，本章选择了大国政治危机以及气候变化这两个对人类今后战略安全有重要长期影响的具体问题进行展开。

---

* 池志培（1984—），广东韶关人。2002—2009 年就读于北京大学哲学系，获哲学学士、硕士学位，同时辅修公共管理。2009 年 8 月至 2014 年 12 月就读于美国亚利桑那州立大学政治科学系，获政治科学博士学位。现为中央财经大学国防经济与管理研究院助理研究员，中央财经大学全球经济与可持续发展研究中心兼职研究员，研究方向为国际关系理论、中美关系、技术与国家安全、对外投资的政治风险等。参与国家级、省部级纵向课题 4 项，主持有关课题 3 项。译著有“凤凰文库·海外中国研究系列”《认知诸形式：反思人类精神的统一性和多样性》，参译《和平的无形之手——资本主义、战争机器与国际关系理论》、《城堡、战争与炸弹：军事史的经济学解读》。在《美国研究》、《国外社会科学前沿》、《军事经济研究》、*International Journal of Peace Economics and Peace Science* 以及重要的国际会议上发表论文多篇。

基金项目：北京高校高精尖学科战略经济交叉学科（GJJ2019163）支持项目、中央财经大学双一流和特色发展引导学科专项（022959918005）资助。

一、战略安全总览

2018年世界战略安全形势呈现总体和平，但是地区冲突依然不时爆发。世界和平的基础受到了冷战结束以来最大的挑战，作为现有秩序最重要构建者的国家正在快速走向它的对立面，世界面临百年未有之大变局。大国核武竞争升级，核不扩散机制受到冲击，大国竞争不断升温，主要大国之间关系进入战略重构期，美国特朗普政府掀起的保护主义浪潮冲击了世界经济秩序，而国际制度体系也面临着前所未有的挑战。西方大国的内政混乱显示了其政治制度的脆弱和无力，对其制度普世性和真理性的宣扬也越来越证明不过是意识形态的幻梦，而世界对作为潜在的对人类最大威胁的气候变化依然没有给出强有力的回应。《原子科学家公报》的科学家在考察了2018年的事件之后，将末日时钟维持在2018年初的判断，即还有2分钟到午夜①——午夜代表人类文明毁灭之时，这依然是第二次世界大战以来最为危险的时候②。

单从冲突数据上看，2018年的世界依然是一个和平的年代，主要大国之间维持了和平状态，甚至国家之间的冲突也很罕见。但这种和平并非一片祥和，地区冲突与内战仍不鲜见③。叙利亚内战仍在继续，多国势力的卷入使得这场持续8年多的战争难以结束，但是政府军日渐掌控了局势，击垮各地叛军似乎只是一个时间问题。多国卷入参战的也门内战也仍在持续，已然变成世界最大的人道主义危机，而沙特等国的武装行动也越来越受到国际社会的质疑。中东的乱局现在为沙特和伊朗之间的千年教派冲突所驱动，而美国在特朗普政府下采取完全倒向以色列和沙特的政策使得局势进一步恶化。非洲利比亚的内战还没有停息，撒哈拉以南特别是萨赫勒地区的非洲国家继续面临着与伊斯兰武装组织的持续冲突以及恐怖主义的肆虐。美洲的墨西哥国内

---

① Bulletin of the Atomic ScientistsScience and Security Board, "A new abnormal: It is still 2 minutes to midnight", https: //thebulletin. org/doomsday - clock/current - time/. 2019年初的报告基于对2018年的分析。

② Bulletin of the Atomic ScientistsScience and Security Board, "It is 2 minutes to midnight: 2018 Doomsday Clock Statement", https: //thebulletin. org/doomsday_clock/it - is - 2 - minutes - to - midnight - 2/。2018年的报告发布于2018年1月25日，是基于2017年的局势的判断。

③ 详细的数据及讨论可参见后章《全球冲突》。

暴力犯罪频发，2018 年有 3 万余人死于毒品相关的凶杀案[①]，毒贩甚至在 2018 年总统选举前杀害了多达 130 名候选人和政客[②]。南美的委内瑞拉国内持续动荡，美国的持续干涉使得局势进一步恶化。

作为世界和平基础的核安全形势在 2018 年既有积极亦有消极的变化。美朝之间举行了领导人峰会，使得两国之间发生直接武装冲突的威胁大大减少。但是这种峰会外交对于解决朝核问题并没有产生实质性的推动。核大国纷纷推进了核武器的现代化计划，而特朗普宣布退出伊朗核协议则意味着中东核问题再次回到了国际核战略安全的前台。

不同的国际安全理论对国际和平基础有不同的理解，从这些不同的理论角度出发，国际和平的基础主要有三个：实力结构、经济相互依赖与国际秩序。世界的实力结构在 2018 年并没有大的变化，从经济实力和军事实力来看[③]，美国仍然是唯一的超级大国，但是发展中国家整体兴起的趋势依然没有改变，而中国的国力增长已经引起了美国国内从所未有的战略焦虑。对世界战略安全的未来而言美国对中国的战略焦虑与伴随的敌对政策将是最大的挑战之一，即所谓的“修昔底德陷阱”。而在经济相互依赖上，国际自由贸易体系遭到了前所未有的攻击，美国特朗普政府采取了一系列的贸易保护主义措施并挑起了一系列的贸易纠纷，特别是与中国的“贸易战”，威胁着经济全球化的进程，并带来双边关系的紧张。特朗普政府的“美国优先”不仅威胁着全球经济相互依赖，也威胁着另一个全球和平的基础，即以各种国际制度为代表的国际秩序。美国的单边主义越来越明显，退出数个重要的国际条约以及国际组织。从这三个角度看，世界战略安全进入了一个大变局阶段。

大国的国内混乱对于国际战略安全的影响日趋明显，尤其是在主要西方国家，其号称代表“历史的终结”的政治制度日渐被证明难以适应当前社会的发展，而引发的各种社会政治冲突又给国际秩序带来了严重的负面冲击。

2018 年国际社会对缓解气候变化所做的努力依然不够，而各种反常的天气也表明气候变化引发的危机越来越迫近和更加危险，留给人类社会的时间

---

① http://secretariadoejecutivo.gob.mx/docs/pdfs/nueva-metodologia/CNSP-V%C3%ADctimas-2018_dic18.pdf.

② https://www.cnn.com/2018/06/27/americas/mexico-political-deaths-election-season-trnd/index.html.

③ 参看后章《世界经济》与《军力》、《军贸》和《军工》。

已然不多，而作为碳排放大国的美国在气候问题上的倒退更使得这个问题雪上加霜。

二、战略安全基础

全球战略安全及和平的基础在不同的理论视角看来有所不同，在战略研究者看来，核武器的恐怖平衡是世界和平的基石。而在现实主义者看来，国际体系中的大国实力对比是国际社会稳定与否的决定因素。在自由主义理论看来，国家间因经济全球化而形成的相互依赖使得战争的可能性变得很小。在建构主义者看来，各种国际制度所组成的国际秩序是世界和平的重要原因。

（一）核安全基础

核武器作为人类有史以来最为强大的武器，它的出现从根本上改变了大国的军事战略，战略的考量不再是首先以胜利为目的，而是以和平为首要考量，因为一旦发生核战争就不会有胜利者，核战争的参与各方都会遭受不可承受之损失。这种场景产生的巨大威慑力使得大国之间维持了二战后长久的和平。这也即是所谓的恐怖的平衡（balance of terror）。这背后的逻辑即是相互确保摧毁是战略稳定和世界和平的基石。核大国之间要互相保持对对方的脆弱性，确保核战争不会有胜利者，以此来阻止核战争的发生。为了维持这种相互的脆弱性，主要核大国在核力量、运载工具以及反导系统的发展上达成了默契，而美俄之间的相关条约则成为了全球战略稳定和世界和平的基础。

2018 年这种核恐怖平衡的逻辑的基础还在。各主要大国的核力量保持了稳定，这也就意味着战略安全得到了维护。中美俄具有完整的战略武器体系，包括了陆基弹道导弹、战略轰炸机以及可发射弹道导弹的核潜艇（见斯德哥尔摩国际和平研究所的统计，表 1.1）。美俄依然拥有最强大的核力量。中、法、英次之，而印度则拥有了第一艘可发射弹道导弹的核潜艇①。

在 2011 年生效的美俄《新削减战略武器条约》下，两国都在削减核武器的数量。虽然《新削减战略武器条约》各项计划目前进展顺利，美俄在 2018

① 按印度官方的说法，第一艘可发射弹道导弹的核潜艇于 2016 年入列，但伦敦国际战略研究所的 *Military Balance* 直到 2019 年才将其计入。

表 1.1　　2018 年世界战略武器数量　　单位：枚，艘，架

	美国	俄罗斯	中国	法国	英国	印度	巴基斯坦	朝鲜	以色列
核武器数量	6185 (1750)	6500 (1600)	290 (0)	300 (280)	200 (120)	130—140 (0)	150—160 (0)	20—30 (0)	80—90 (0)
运载工具									
洲际导弹	400	334	70						
可发射弹道导弹核潜艇	14	10	4	4	4	1			
轰炸机	157	139	193						

资料来源：核武器数据来自 SIPRI，核运载工具数据来自 *Military Balance* 2019。

说明：核武器数量后的括号内的数值表示已部署（deployed warhead）的核武器数量。

年 2 月 5 日宣布双方都实现了约定的目标。普京在 2018 年 7 月暗示俄罗斯支持延期，美国国会两党也都支持延期。但是特朗普政府对在 2021 年期满后续约并未表示出兴趣，而美俄在 2018 年也未就此进行磋商①。这给世界战略稳定和安全带来了潜在威胁。

各主要核国家也大多遵循了控制战略核武器的国际社会共同诉求②，世界核武器的总数从 2018 年初的约 14465 枚减少到 2019 年初的约 13865 枚③，但是这并不意味着人类面临的核威胁减少了，因为各国在减少数量的同时，近年来也纷纷公布或者正在进行核武器的现代化升级计划。

美国国防部在 2018 年 2 月发布了一份新的《核态势评估》，描绘了愈加危险的世界和核武威胁形势，提出要建立"灵活、适应性强并具有抗打击性的美国核能力"。它指出美国的主要核力量是在 1980 年或之前部署的，目前急需现代化。这份报告为美国现代化其核武能力提供借口，提出了从运载工具到指挥系统的全方位发展计划。此外，尽管伊朗严格执行了《关于伊朗核问题联合综合行动计划》（*Joint Comprehensive Plan of Action on Iran Nuclear Issue*，以下简称伊朗核协议），特朗普政府依然不顾美国国内与国际社会的强烈反对，在 2018 年 5 月 8 日宣布退出了该协议，并重新对伊朗实现全面的

① Jonathan Landay and David Rohde: "*Exclusive: In call with Putin, Trump denounced Obama - era nuclear arms treaty*", Washington: Reuters, February 9, 2018, https://www.reuters.com/article/us - usa - trump - putin - idUSKBN15O2A5.

② 目前不在《不扩散核武器条约》的国家有印度、巴基斯坦、以色列、南苏丹和朝鲜。

③ https://www.sipri.org/media/press - release/2019/modernization - world - nuclear - forces - continues - despite - overall - decrease - number - warheads - new - sipri.

经济制裁。这使得本已缓和的伊朗核问题重新成为了国际核不扩散的重大问题。欧盟与其他的协议方试图挽救协议，让伊朗继续执行协议的内容，并提出设立特殊目的载体（Special Purpose Vehicle，SPV）来帮伊朗绕开美国的经济制裁。但是由于美国在国际金融中以及美元的主导地位，欧洲的尝试效果很有限，恐怕难以减少经济制裁对伊朗经济的冲击。2018 年 10 月美国总统特朗普以俄罗斯违反《中程导弹条约》（*The Intermediate Range Nuclear Forces Treaty*）以及中国不在该条约为由宣布美国将退出条约①。这将严重弱化国际核武器控制机制。

面对美国咄咄逼人的核武战略，俄罗斯总统普京在 2018 年 3 月对俄议会演讲中称俄罗斯已拥有“无懈可击”的核武器，可以穿透美国的导弹防御系统。2018 年年底，俄罗斯测试了新的高超音速导弹，普京并称将在 2019 年装备部队。这种速度可达 20 倍音速的新型战略武器将使得任何导弹防御系统无效②。

在 2017 年引起全球紧张的美朝之间因朝核问题引发的危机在 2018 年得到了极大缓解。在 2018 年新年讲话中，朝鲜领导人金正恩表示朝鲜已完成核武建设大业，并有意派遣运动员参加平昌冬奥会，释放出与韩国和解的信号。3 月 8 日，韩国高官赴白宫通报朝韩定于 4 月的峰会并转达了金正恩对特朗普的峰会邀请。4 月 20 日，朝鲜宣布暂停核试验。4 月 27 日，朝鲜最高领导人金正恩与韩国总统文在寅举行了会晤。在朝韩峰会之前，金正恩月 3 月底和 5 月初两次来访中国。5 月 12 日，朝鲜宣布关闭丰溪里的核试验场。5 月 26 日，朝韩之间再次举行领导人峰会。6 月 12 日，金正恩与特朗普在新加坡举行了美朝领导人之间的历史性首次会晤并签署联合声明。但是，美朝领导人的会晤对解决朝核问题并没有产生太多积极的后果，不管是朝鲜希望的取消对其的制裁还是美国希望的朝鲜弃核都没能实现，更多的只是缓解了双方直接发生武装冲突的危险。专家普遍认为朝鲜不可能按照美国的要求“彻底、可验证、不可逆”地（Complete，Verifiable，Irreversible denuclearization）放弃核武器③。在峰会之后的一系列谈判中，美朝之间没有取得实质性进展。为了

---

① Kingston Reif，“Trump to Withdraw U. S. From INF Treaty”，Arms Control Association，November 2018，https：//www. armscontrol. org/act/2018 - 11/news/trump - withdraw - us - inf - treaty.

② https：//www. cnn. com/2018/12/27/europe/russia - hypersonic - missile - intl/index. html. 但许多美国的专家表示怀疑。

③ https：//www. reuters. com/article/us - northkorea - usa/us - softens - north - korea - approach - as - pompeo - prepares - for - more - nuclear - talks - idUSKBN1JU26E.

推动陷入僵局的谈判继续下去，2018 年 10 月美朝宣布两国领导人将举行第二次峰会。

2018 年有更多国家签署了《禁止核武器条约》，但在 2018 年该条约还未生效，因为需要超过 50 个国家正式批准了才能生效。但在 2018 年 10 月，联合国安理会的五大常任理事国发表联合声明表示反对该条约，认为其过于激进。但由于在联合国大会数量占优的非核国家对该条约的支持，预计其在将来几年会正式生效。

2018 年以相互威慑为基础的国际核秩序虽得到了大体的维护，但是其变化趋势为长期的战略安全带来了隐忧，尤其是美国对国际核秩序的破坏，而大国对核武现代化的追求也使得世界又有重新陷入核军备竞赛的危险。

（二）实力基础

研究国际安全的学者，尤其是现实主义者，一般认为国际体系的实力结构[①]对于整个体系的和平与冲突有着关键的影响。当然，学者们对哪种结构对和平更为有利并没有一致的看法。在实力平衡（balance of power）下，系统会威慑侵犯者，因为没有一方的实力是主导性的，能够无视来自他国的制衡。而在实力平衡被破坏的时候，系统的冲突风险最高。关注于权力转移的学者则认为，由于国家之间实力增长的不平衡，主导的大国会面临新兴大国的挑战，而主导大国与新兴大国实力接近时最容易发生冲突，即哈佛大学著名政治学家格雷厄姆·埃里森（Graham Allison）所谓的“修昔底德陷阱”。因此，战略安全与国家实力结构是紧密相关的，而在实力结构发生变化时战略安全受到的威胁最大。

在冷战后的世界中，美国的综合国力远超其他国家，有许多学者一度认为这种美国主导的国际体系对国际和平是有利的，因为美国的国力优势极大加上它独特的地缘优势，潜在的竞争者几乎无法挑战从而避免了霸权争夺引起的战争[②]。国际社会的实力结构具有一定的长期性，其变化非常缓慢。即便在今天，除了经济总量上为中国接近以外，美国的军事、技术实

---

① 一般认为，国际体系的实力结构指体系中主要大国之间的实力对比，并不关注体系中的小国。

② 比如 Niall Ferguson，“A World Without Power”，https：//foreignpolicy. com/2009/10/27/a - world - without - power/；Wohlforth，William C. “The stability of a unipolar world”，*International security* 24. 1（1999）：5 - 41.

力、软实力等依然在面对其他国家时享有极大的优势。2018 年这种综合国力上的优势依然明显，这从本书其他章节的数据中也可以看到。2018 年美国的 GDP 仍然占世界的 23.89%[①]，虽然距冷战后的高点——2001 年互联网泡沫时的 31.83% 有一定的差距，但是与 1991 年的 25.89% 相去并不远。技术上的领先在 2018 年也依旧明显[②]。因此，从这个角度看，战略安全与世界和平的权力结构基础并没有发生变化，但美国却可能成为国际和平的“麻烦”。

与核安全类似，权力结构上的变化趋势依然指向了一个更为不安全的世界。这其中最为显著的因素是中国的崛起。在 2018 年，中国占世界的 GDP 的比重为 15.86%。而如果按照购买力平价计算的 GDP，中国已经超过了美国。但是，在其他综合国力的指标上，中国仍落后于美国。从技术指标来看，美国的主导地位并没有改变。但是美国对中国的战略忧虑在 2018 年表现得非常明显。2017 年年底的《国家安全战略报告》、2018 年年初的《国家防御战略》以及《核态势评估》都将中国视为美国的战略竞争者。以美国贸易办公室的“301 调查”为借口，美国发动了对中国的贸易战。虽然名为贸易战，但是更多的是一场全面针对中国科技发展的技术冷战。美国政府将中国视为最大威胁，新冷战的提法泛滥于华盛顿的政治圈子，特朗普政府与国会都采取了一系列举措来试图围堵中国的发展。中美关系遇到了两国建交以来最大的挑战。

中美之间实力演变的一个更宏观背景是发展中国家的崛起。世界经济重心由西方转向亚洲和发展中国家。按照购买力平价计算的国内生产总值，在 2018 年发展中国家和新兴国家占据了 59.24%，而发达经济体占了 40.76%[③]。按照经合组织在 2018 年的预测，如果按照现有的趋势发展，在 2060 年，中国与印度两国的国内生产总值就与经合组织所有国家相当[④]。这种实力的变化也必然会引发国际格局的变化，对国际社会带来深远影响。

---

① GDP 数据来自世界银行，占比由作者计算，https://data.worldbank.org/indicator/NY.GDP.MKTP.CD?locations=US-CN。

② 可参见本书其他相关章节的具体数据。

③ 数据来源：国际货币基金组织，https://www.imf.org/external/datamapper/PPPSH@WEO/OEMDC/ADVEC/WEOWORLD.

④ Yvan Guillemette and David Turner, “The Long View: Scenarios for the World Economy to 2060”, OECD Economic Policy Papers, No. 22, July 2018, p. 8.

作为世界上最重要的两个大国，中美关系的走向将直接影响世界局势的演进。美国对华的围堵反映了超级大国对新兴大国的恐惧，而其采取的举措给世界战略安全带来了极大的隐忧。更为令人忧虑的是，权力结构的变化带来的战略动荡也许才刚刚开始。

（三）经济基础

以自由主义视角的国际安全研究普遍认为不断加强的国家间联系，尤其是经济上的相互依赖会减少国家间冲突的可能性，有利于战略安全和世界和平。

首先，经济的相互依赖提高了国家间战争的成本，战争所带来的经济上的动荡和全球贸易的损失在全球化的今天对任何国家来说都难以承受。相比从前相互孤立的经济而言，当代战争的经济成本将会更高。这一方面迫使国家寻求战争以外的解决冲突的方式，另一方面也使得冲突双方能够更加有效地沟通。

其次，不仅仅是民用经济，军备生产也已经全球化，军备生产的产业链也随着全球化的生产而分布开来。比如美国的军备生产也需要来自中国的零件，而且军需用品的生产比武器的生产面临着更大的挑战供应链的压力。这也使得战争的可能性更小，因为如果需要为战争进行军事准备，就意味着需要大规模调整武器、军需用品生产的全球产业链，这将给相关国家足够的预警时间和谈判斡旋的时间。

再次，全球化经济也使得军事行动的收益大大减少。在殖民时代，军事征服可以确保原料供应和商品市场，但是在经济全球化的今天，无需军事征服就可以通过全球分工来实现这些收益。

最后，全球金融市场的联系和资金转移的便利也使得国家更难以进入战争，任何国家发动战争的决定都会使其立刻面临资金撤出、货币贬值和股市大跌的威胁，受到资本市场即刻的惩罚。这对任何国家都是一个巨大的威慑。

因此，经济的互相依赖或者说经济全球化的进程可以视为是战略安全的一个基石，但 2018 年的世界经济却始终为美国特朗普政府发动的贸易战阴云所笼罩。自其竞选开始，特朗普就频频声称当前的世界贸易对美国不公，其他国家以不当手段损害了美国利益。而在他入主白宫建立执政团队以后，逐渐开始挑起了各种贸易纠纷。2018 年，他利用美国法律中的贸易保护条款，以国家安全为由，对多国发动了贸易战。2018 年 1 月 22 日，美国对太阳能电池和模块以及洗衣机征收了额外的保护关税[1]。中韩在世贸组织中对这些关税提出申诉。2018 年 3 月 1 日，特朗普宣布以国家安全为由对钢铁征收 25% 和铝 10% 的关税，还包括美国的主要盟国和贸易伙伴，估计涉及 480 亿美元的进口，其中大部分来自加拿大、欧盟、墨西哥和韩国等盟国。6 月 1 日，该关税正式实施，而欧洲、墨西哥、加拿大、土耳其等国家和地区随后也对美国的出口征收报复性关税。基于美国贸易办公室的所谓“301 调查”，美国发动了对华的贸易战。4 月 3 日公布了对价值500 亿美元的中国输美商品征收25%的关税并于 7 月 6 日开始实施。而在 7 月 10 日，美国又宣布对额外2000 亿美元的商品征收 10% 的关税并于 9 月 24 日生效。中国对美国的单边贸易保护主义措施进行了强有力但又不失灵活的应对。但是由于中美是世界最大的两个经济体，它们之间的贸易摩擦无疑会对整个世界经济产生重大影响。除了关税以外，美国还针对中国对美投资以及中美之间的经济、人员、科技交流设置新的障碍，极大地影响了两国之间的经济互动。经济联系作为中美关系的压舱石的地位岌岌可危。关于中美经济脱钩的言论也开始在舆论场甚嚣尘上。

但是美国的单边主义和贸易保护主义并没有倾覆经济全球化的浪潮，反倒使得世界经济中的其他重要成员开始扮演领导角色，特别是中国、日本、欧盟等经济体。2018 年 7 月，欧盟与日本签署自由贸易协定并在 2018 年底完成了所有法律程序，将从 2019 年 2 月 1 日起实施，届时两个经济体将组成世界最大的自由贸易区，绝大多数商品将零关税往来。在美国退出《跨太平洋伙伴协议》后，余下的 11 国在 2018 年 3 月 8 日签署《全面与进步跨太平洋伙伴关系协定》，其保留了原有协议 95% 的条款，并于 2018 年 12 月 30 日起正式生效。而中国等国也在积极推动区域全面经济伙伴关系（Regional Comprehensive Economic Partnership）的谈判进程，2018 年共进行了 4 轮谈判。美国退出经济全球化并不会逆转全球化的进程，而只会使美国的角色边缘化。

2018 年世界经济联系虽然遭遇逆风，但仍有小幅增长。商品贸易比 2017 年上涨 3%，2017 年增长有 4.6%[2]。贸易战的长期影响仍未可知，但其对全球经济发展的影响已渐渐显现，2018 年 12 月美国的股票经历了历史上罕见的

---

① USTR，“Section 201 Cases：Imported Large Residential Washing Machines and Imported Solar Cells and Modules”，https：//ustr. gov/sites/default/files/files/Press/fs/201%20FactSheet. pdf.

② WTO，*World Trade Statistical Review* 2019，p. 17.

月度跌幅，而全球经济也显现出了放缓的趋势[①]。随着经济放缓，贸易战可能会更进一步加剧，因为从历史上看20世纪30年代的经济大萧条即导致了全球贸易战。由于美国对全球经济管理体系的破坏以及大国关系的恶化，如果全球经济再陷入危机，世界能否像2009年一样再次团结应对危机也成了疑问。

2018年世界战略安全的经济基础在保持稳定的同时也受到了前所未有的挑战。美国作为战后经济全球化的奠基者和贸易体制的最大掌控者，其对经济全球化的敌视态度将给全球经济联系带来极为负面的影响，而其他国家的努力短期内也很难完全抵消这种影响。更为重要的是，美国的态度和政策将助推世界范围内保护主义的浪潮，将在一定时期内给全球经济一体化带来严重负面效应。但从另一个角度看，经济全球化的浪潮并不会因为美国的逆行而停下，而经济全球化与美国的脱钩或许将有利于经济全球化更为稳定和健康的发展，从长期来看，对全球战略安全的影响也有可能是正面的。世界将会意识到过于依赖于美国将是危险的，从而发展出更为稳健的制度安排。

（四）制度基础

自由主义者和建构主义者都很强调各种国际制度为基础的国际秩序的重要性，虽然基于不同的理由。在自由主义者看来，国际制度通过提供信息和协调机制来解决国际合作中的囚徒困境以及集体行动的困难，因此可以减少国际冲突的发生。而在建构主义者看来，国际制度和秩序不只是实现利益的工具，而且可以重塑国家对利益的认识以及行为合宜性的认识。在很多情形中，国家遵守规则并不一定能获得更多的利益，而是遵守那些已经内化的规则。许多多边或双边制度，比如核军备控制、禁止生化武器等，使得国际社会更为和平。不管基于什么样的理论基础，我们可以认为国际制度与秩序是战略安全的制度基础。这些制度，有正式和非正式的，有全球性的也有区域性的，而核心则是多边主义。

对于多边主义的制度和秩序而言，2018年是其面临第二次世界大战以来最大挑战的一年。西方学者把第二次世界大战以后的美国主导的世界秩序称为自由主义世界秩序（the liberal international order），冷战结束以后，美国试

---

① https：//www. washingtonpost. com/business/economy/economic – growth – is – slowing – all – around – the – world/2018/12/25/e2337206 – 0491 – 11e9 – b5df – 5d3874f1ac36 story. html.

图将这个秩序推行到了全世界。在这个秩序中，美国在军事、经济以及价值上的主导权和领导权是其基础。但随着美国的相对实力下降以及国内政治与社会的日益失序，这个基础已经不再牢靠。虽然这个秩序号称世界秩序，但其实质上反应的更多的是西方国家的利益和价值观。在全球权力向新兴国家和发展中国家转移的过程中，现有国际制度的权力基础已经逐渐不复存在。但与之前美国政府试图维持这些制度不同，美国总统特朗普的言行和政策加速了它们的衰落。在 2017 年退出了人类目前为止为解决气候变化问题所做出的最大努力《巴黎协定》后，美国在 2018 年进一步退出了伊朗核协议、联合国人权理事会、万国邮政联盟、联合国教科文组织和《移民问题全球契约》，宣布退出《中程导弹条约》，同时也无意延长《新削减战略武器条约》。对多边贸易体系的破坏则更为严重，美国滥用国家安全例外来进行单边主义的贸易保护措施，攻击多边贸易体系，拒绝任命世贸组织上诉机构的常设法官，使得该机构面临瘫痪，美国总统特朗普甚至多次威胁要退出世贸组织[①]。美国唯一较为正向的努力是与加拿大和墨西哥重新签署了新的北美贸易协定，但能否为美国国会批准仍有疑问。而谈判和争取国会通过的过程中，特朗普不止一次以直接退出现有的北美自由贸易区为威胁。

世界其他国家为了应对美国对世界秩序的威胁做出了巨大的努力。中、欧、日等继续推动世界经济一体化，并主张捍卫多边贸易体系。10 月份加拿大举行了 12 方的贸易部长会议，讨论了世贸组织的改革方案。中国在 2018 年 11 月也提出了自己的世贸改革方案。此外，中国、俄罗斯、欧盟也为伊朗核协议的继续实施做出了巨大的努力。许多中小国家也致力于推动世界的无核化进程。在美国宣布退出后，各国推动《巴黎协定》实施的努力也没有停止，12 月 15 日，在波兰卡托维兹召开的 2018 年联合国气候大会通过了 156 页的《巴黎协定》“实施手册”，规定了各国如何更有透明度地报告碳排放量以及进行监管等内容，向着《巴黎协定》的目标继续前行。

2018 年现有的世界制度和秩序正面临者一场危机，并在接下来的一段时期内还会加重。相对于战略安全的实力和经济基础，战略安全的制度基础则更为脆弱。由于美国在现有世界秩序中的中心地位，其对世界秩序的破坏要更为致命。但是美国的单边主义也意味着世界秩序必须进行改革，虽然这种改革也面临着重重挑战。世界制度和秩序很可能已经不得不进入一个变革的

---

① https：//www. guancha. cn/internation/2018_09_07_471130. shtml.

时代，从这个角度看，战略安全也将面临着更大的挑战。而如果能够完成这种转型，全球战略安全将建立在更为稳固的基石之上。但是站在今天，并没有一个国家能够提供能为各国广泛接受的转型方案以及愿景。

三、战略安全热点

在回顾了2018年的全球战略安全的基础之后，这一部分将聚焦于具体的热点问题，这些具体的问题将对当前和未来的战略安全有着决定性的影响。它们包括大国政治危机与气候变化。

（一）西方政治危机

冷战结束时，西方的政客和思想家们纷纷欢呼“历史的终结”，认为西方的自由民主制度与资本主义的结合是人类历史发展的终点。站在2018年看，历史并没有终结，只是终结了“历史的终结”。西方的资本主义与自由民主制度的结合陷入了重重的危机之中，西方的各种机构，不管是美国的“自由之家”，还是欧洲的民主指数，都无一例外地显示着西方这套制度在全球范围内的大规模败退①。各种民调也显示了普遍的幻灭感，特别是在年轻一代人中，只有约30%的年轻人认为生活在“民主”社会中是个“必要（essential）”，远远低于他们的父辈②。而在美国，只有19%的人相信政府会做正确的事情③。如果说2018年的金融危机标志着新自由主义资本主义经济制度的破产，那么特朗普的当选以及英国的退欧则标志着“自由民主”政治制度的危机。由于西方国家，尤其是美国在当前世界秩序中的主导地位，其国内危机往往输出成为国际危机，威胁世界战略安全。2008年的金融危机始于美国不负责任的金融投机资本，却引发了全球性的巨大灾难。特朗普执政也是美国国内政治危机的产物，而美国的国内危机也通过他的内外政策而危害了全球战略安全。英国、美国这两个国家的政治危机最为严重与它们是资本主义“自由民主”制度的典型代表不无关系。

---

① Larry Diamond, “The Liberal Democratic Order in Crisis”, *the American Interest*, February 16, 2018, https://www.the-american-interest.com/2018/02/16/liberal-democratic-order-crisis/.

② Neil Howe, “Are Millennials Giving Up On Democracy?”, *Forbes*, Oct 31, 2017, https://www.forbes.com/sites/neilhowe/2017/10/31/are-millennials-giving-up-on-democracy/#4cf0b7bc2be1.

③ Dambisa Moyo, “Why Democracy Doesn't Deliver”, *Foreign Policy*, April 26, 2018, https://foreignpolicy.com/2018/04/26/why-democracy-doesnt-deliver/.

美国作为唯一的超级大国，对全球战略安全的影响最大。本质上看其国内政治危机是体制性的，只是在2018年再次体现了出来而已。美国的政治危机根源来自其新自由主义的经济制度。里根的新自由主义改革之后，美国的贫富差距越来越大，新增的财富集中在金字塔顶端的少数人手中。而大部分于2018年开始生效的特朗普政府的税制改革也只是给富人减税，不仅进一步恶化贫富差距，还大大增加了美国的财政赤字。新自由主义改革的重要内容是放松政府监管，而这种放松是2008年金融危机的根本原因之一。但放松监管也并未使得美国的市场更高效。最为明显的是医疗市场，美国医疗支出要显著高于其他发达国家，但是医疗设施以及民众健康水平却并不明显甚至还不如①。美国经济制度的失败使得大部分民众无法从经济发展中获益，而其催生的不满正是其国内政治危机的最重要根源之一。

美国政治危机的直接来源是其政治体制。美国长久以来的政治极化、选举的频繁以及金钱化使美国的党派政治恶化，两党为了各自的政治利益而不是为了国家利益而缠斗，2018年三次由于党争而导致政府关闭。两党各自的支持者也近乎盲目地支持各自的政党，而不是基于理性来分辨政策。极化的政治使政治不是为了公共利益而是为了党派之争。美国独特的选举人制度使选举为少数州的少数人所决定，总统候选人往往为少数州的选民过度影响。特朗普的贸易战无疑与密歇根等铁锈州的选民对保护主义政策的偏好密切相关。选举周期短（众议院2年为一周期，而总统为4年，参议院6年）也使得政客更关注于有短期效果的政策，比如减税或者增加福利。

美国的政治危机还来自政府无法提供足够的公共服务。一方面是新自由主义对政府功能的极力压缩；另一方面是政府受党派权力之争所束缚。尤其是美国复杂的权力分立与制衡设计，使许多政策即便有利于公共利益，甚至获得了绝大多数民众的支持，也难以进行任何改革。比如美国的基础设施状况很差，美国土木工程师协会在2017年对其的打分只有D^+，并严重缺乏投资。对基础设施进行投资和修复得到了两党的支持，但是政府和国会却未能做任何事情。对于教育投入的长期不足使2018年多个州都出现了大规模的中

① 美国的医疗支出占GDP的比例在2016年为17.2%，而经合组织成员国的中位值为8.9%。见https：//www.jhsph.edu/news/news-releases/2019/us-health-care-spending-highest-among-developed-countries.html. 而该年美国的预期寿命是78.6岁，而同等发展水平国家的均值是82.6岁。其他包括医疗资源的指标如医生、护士数量、病床数量等也明显低于经合组织国家的中位数。见https：//www.healthsystemtracker.org/chart-collection/u-s-life-expectancy-compare-countries/#item-le_the-u-s-has-seen-slower-growth-in-life-expectancy-than-comparable-countries 2019.

小学教师罢工，抗议收入过低，甚至不足以维持基本生活。而在一系列的枪击案之后，特别是2018年2月14日佛罗里达帕克兰市高中造成17人死亡的枪击案后，即便绝大多数民众都支持限制枪支，但是为少数利益集团裹挟的政治家们再次无动于衷。而在2017年遭受了双重飓风打击的波多黎各，居然经历了长达11个月到2018年才全面恢复电力供应[①]。而引以为傲的权力分立制衡在特朗普面前也显得异常地无力，其政府的任人唯亲、贪腐以及无能也罕有被校正。

美国的政治危机还源自其制度无法适应信息社会的变革。信息社会以及社交媒体的繁荣使普通民众往往为各种信息所淹没。而对所谓个人权利的原教旨信任使民意易于为各种泛滥的民粹分子、极端分子、阴谋论思想所操控、煽动。脸书在2016年总统选举中的不光彩作用在2018年被广泛揭露。善于利用社交媒体来操纵选民的政客往往获利。在信息社会中期望普通人能够理性地选择信息并做出理性的判断无疑是不现实的[②]，而基于这种假定的政治制度无疑也难以适应新的时代。如果任由社交媒体无限制地操控信息流，那么社会必然会陷入混乱，政治上的危机也会接踵而至。这不仅仅在美国，英国脱欧也与之有关。信息社会的发展还导致了社会的进一步分化，人们更容易聚集于自己的小群体之中，而“自由民主”制度中对个人权力的过度强调使得民意的聚合变得异常困难，而最终会使多数民众对政治制度的普遍不信任，因为不管政府作出任何决定，其满足的群体规模都会比原来更小，多维度的偏好很难压缩成二维的。信息化社会带来的信息洪流还加剧了社会文化冲突，特朗普的成功固然有全球化带来的不平等和贫困的因素，但更为重要的原因是美国内部发生的文化战争，保守主义与新兴的社会思潮之间的剧烈冲突。而在强调个人权利优于政府的“自由民主”制度中，政府近乎只能旁观这种战争，而不能以理性引导。

美国的危机有其独特性，但是也有很多问题是西方的“自由民主”制度国家所共有的。

英国的国内政治危机突出体现在脱欧上。即便任何理智的人都明白脱欧

---

① Emily Sullivan, “Nearly A Year After Maria, Puerto Rico Officials Claim Power Is Totally Restored”, NPR, August 15, 2018, https: //www. npr. org/2018/08/15/638739819/nearly - a - year - after - maria - puerto - rico - officials - claim - power - totally - restored.

② 美国素来具有反智主义传统，而信息时代的来临严重加深了这种倾向，导致了普遍的对专业人士的毫无根据的怀疑，可参看 Nichols, Tom. *The death of expertise: The campaign against established knowledge and why it matters.* Oxford University Press, 2017.

对于英国国家利益会带来巨大的伤害，为民粹裹挟的英国政治家却不得不继续推动。2018 年 6 月，英国议会正式通过了退欧法，并开始与欧盟谈判退欧协议。由于在 2017 年 3 月 29 日触发了欧盟条约的第 50 条，所以如果没有双方同意的延期，英国就将于 2019 年 3 月 29 日正式退出欧盟，不管双方有无协议（无协议即为硬脱欧）。由于脱欧本身是非理智的，所以政府无论达成何种协议，这个协议必然是会有严重缺陷的而为人们所激烈反对的。这就为政治动荡和危机埋下了伏笔。而更为严重的是脱欧将会引发的经济、社会危机。[①]而英国的政治制度却无法阻止这场人尽皆知的危机。

欧洲大国的“自由民主”国家也未能幸免于政治危机。在总统选举中击败了极右翼候选人勒庞之后，法国总统马克龙也迅速面临国内民众的不满，并最终酿成 2018 年 10 月开始的“黄马甲”抗议运动，并于 11 月 17 日开始了大规模示威，后面甚至爆发了 1968 年以来最为严重的骚乱。“黄马甲”运动虽然肇始于油价上涨，但其背后的原因也是对法国政治经济制度的长期不满。马克龙政府虽然宣布了停止增加燃油税并增加一些社会福利，但却未能阻止示威活动的蔓延和继续。在更为稳定的德国，2017 年的联邦选举中，默克尔虽然连任总理，但组阁之路却十分艰难。在 2018 年的巴伐利亚州选举中，默克尔的基督教社会联盟遭遇不利，而右翼民粹主义的德国另类选择党则首次进入了州议会。随后举行的黑森州选举也类似。选举之后，默克尔随即宣布不再连任党主席，并将在 2021 年选举后不再担任德国总理。

西方大国的政治危机一方面使得一些极端领导人有可能得以上台并采取极端政策影响国际稳定，而即便是温和的领导人也可能由于国内压力而难以在国际事务中发挥更大作用，这些国家的信誉也为激烈动荡的国内政治所侵蚀，当然更为危险的是，为了选举的需要，政客将国内危机的根源指向国外，比如美国对中国的妖魔化[②]以及英国对欧盟的指责，这些倾向都会加剧世界战略安全的不稳定因素。

---

① 英国政府在 2018 年的一份内部报告显示，所有可能的脱欧路径都不能避免对英国经济造成负面冲击，见 House of Commons Exiting the European Union Committee，“EU Exit Analysis Cross Whitehall Briefing”，January 2018，https：//www. parliament. uk/documents/commons – committees/Exiting – the – European – Union/17 – 19/Cross – Whitehall – briefing/EU – Exit – Analysis – Cross – Whitehall – Briefing. pdf.

② 将美国的种种问题归结于中国在美国政坛非常常见，并使美国对华政策日趋强硬，可参看 Shobert，Benjamin. *Blaming China：It Might Feel Good But It Won't Fix America's Economy.* U of Nebraska Press，2018.

（二）气候变化

从根本上来说，即便我们不采纳那些极端的自然环境决定论，我们也必须承认人类的历史发展仍很大程度上是为自然的力量所塑造，毕竟自然提供了人类发展的物质基础。气候变化将全方位影响战略安全。气候变化将产生赢家与输家，带来国际格局的变化，而这种权力结构的变化将意味着更多的战略动荡。而极端的天气将导致农作物的减产、灾害更为频繁和极端并导致人类在某些区域的活动被迫终止，这些都将是引发冲突和动荡的催化剂。而因气候变化而失去家园的大规模的气候难民潮也将与今天的战争难民潮一样冲击我们的世界秩序。正如联合国所警告的，气候变化也许是人类长期的战略安全面临的最大单一威胁。2018 年各种极端的天气依然频频发生，日本的热浪、加州与欧洲的山火、台风山竹与玉兔等都与气候变化密切相关，而一项国际研究也表明亚洲高山上的冰川移动速度受到气候变化的影响变慢，将影响中印等大国的淡水资源①。对许多国家的人而言，气候变化已经是生与死的问题了②。但即便如此，各国在气候变化上所做的努力依然远远不够，而 2018 年气候变化并未得到遏制。2018 年的二氧化碳排放量再创历史新高③，而且是近 7 年来最快的增长。

2018 年 10 月联合国政府间气候变化专门委员会（IPCC）在韩国仁川发布了《IPCC 全球升温 1.5℃特别报告》。报告指出了全球气温如果比工业革命之前升高 2 摄氏度，将会给人类社会带来比原来预想要严重得多的后果，而如果升温控制在 1.5℃，则影响要显著缓和。因此 0.5℃的差别是质的差别。但是按照目前《巴黎协定》，即便各个国家都实现了其中设定的减排目标，全球升温仍将达到 3℃，而这将是人类社会所无法承受的。为了实现 1.5℃的目标，人类需要在 2050 年实现零排放。

2018 年 12 月在波兰卡托维兹举行的第 24 次联合国气候变化大会上，各国就 2020 年开始正式生效的《巴黎协定》的实施制定了具体的操作细节，包括从 2024 年起参与国每两年汇报一次排放以及取得的进展、碳交易以及为发

---

① https://climate.nasa.gov/news/2835/nasa-finds-asian-glaciers-slowed-by-ice-loss/.

② UN. *UN Climate Change Annual Report* 2018, https://unfccc.int/sites/default/files/resource/UN-Climate-Change-Annual-Report-2018.pdf.

③ Chelsea Harvey, "CO2 Emissions Reached an All-Time High in 2018", *Scientific American*, December 6, 2018, https://www.scientificamerican.com/article/co2-emissions-reached-an-all-time-high-in-2018/.

展中国家提供气候融资等。但是各国未就气候变化专门委员会的报告以及其推荐的行动计划达成一致。

美国特朗普政府否认气候变化，并阻止联邦机构采取政策应对。这无疑给人类共同应对气候变化的努力带来巨大的阴影。虽然美国还未正式退出《巴黎协定》，但按照退出生效日规定，期望特朗普在2020年总统大选日后一天即11月4日前能够回心转意撤回退出申请无疑是不现实的。但美国的一些州政府与大型跨国企业对国际气候变化努力持非常积极的态度，而国际社会也更多转向与它们合作。在美国退出的情况下，中国的领导作用就显得更为重要。

各国政府对气候变化反应迟缓的最重要原因无疑是转向清洁能源的经济与社会成本高昂，而这些成本在国际社会（发达国家与发展中国家）以及国内（传统能源与清洁能源行业）的分配难以同时满足各方要求的公平。法国的“黄马甲”运动示威者虽然认可控制气候变化，但是却认为不应通过增加燃油税的方式让普通人承担应对气候变化的负担，而应该让跨国公司负责。波兰总统强调的“正义转型（just transition）”即针对此类问题。发达国家应当主动补上历史欠账，承担更多的责任。认识到气候变化的严峻性不难，但是设计出能为各方接受的解决方式却很难并似乎遥遥无期，这无疑是世界战略安全的梦魇。

四、评估与展望

2018年全球战略安全的基础依然存在，但是不管是其核安全、实力基础、经济基础和制度基础都面临着前所未有的挑战。核平衡面临着新的大国核军备竞赛的威胁，国际权力转移也使现有大国加大了对新兴大国的打压围堵，世界的经济联系为保护主义和贸易战所冲击，世界秩序的制度基础也频频为某些大国的单边主义所挑战。大国的政治危机以及气候变化等领域在2018年的发展也昭示着战略安全即将迎来动荡与变化的时期。在今后一段时间内，这些驱动变化的力量将进一步显现和强化。大国竞争的激烈使得军备竞赛（包括核武器）的阴影复现。大国兴衰变化与权力格局的演变将继续，美国相对实力下降的趋势也难以逆转。贸易战的冲击将会越来越明显，而即便贸易战停止，各国之间相互信任的恢复也将面临长期挑战。国际制度和秩序也将因为国际社会的实力格局的变化而不得不继续调整。而西方大国的国内政治危机也使各国越来越难以推动理性的政策和改革，更不用说解决紧迫的全球问题。这其中最为严峻的问题来自气候变化。人类目前所做的努力依然远不足以应对气候变化带来的各种问题。正面临百年未有之大变局的国际社会将不得不面对全球战略安全的动荡，也许人类最终将能重建世界战略安全的基础，但是问题的关键却在于这个重建与过渡时期的种种压力与紧张是否会将人类文明的部分成果吞噬？我们等待也焦虑。

2. 世界经济

王萍萍*

摘　要：2018 年世界经济延续温和增长，但是增速有所放缓。全球 GDP 总量达 82.63 万亿美元，同比增长 3.04%，但不及 2017 年 3.15% 的增速。受全球贸易摩擦拖累，全球贸易增速有所下降，贸易量同比增长 3%；但是得益于能源价格上涨，全球商品贸易额达 19.67 万亿美元，同比上涨 10%。美国税制改革推动美国跨国企业将外国收益大规模汇回本国，在一定程度上抑制了对外直接投资规模，2018 年全球外国直接投资流量减少 13%，降至 1.3 万亿美元。2018 年全球金融市场表现差强人意，货币政策和通货膨胀呈现分化局面，主要国家股指普遍负增长，除美元外多数货币出现不同程度贬值。

关键词：经济增长　国际贸易　对外投资　国际金融

世界经济是世界各国之间相互依存、相互作用而结成的世界经济体系。世界经济体系由不同类型的国家构成，各国经济通过国际分工、国际合作、国际交换、国际贸易等形式日益形成密切的联系。通常，世界经济是以货币为单位对世界范围内商品和服务进行计量的各国经济的总和。世界经济主要包括国际贸易、国际投资、国际金融等内容。

一、经济总量

当时间的指针来到 2018 年，已是 2008 年金融危机后全球经济走过的第 10 个年头。从全球 GDP 数据来看，经济总量整体上延续了金融危机以来的上涨势头，全球 GDP 总量达 82.63 万亿美元（以 2010 年不变价美元计），较

---

* 王萍萍，女（1989—），清华大学经济管理学院博士，中央财经大学国防经济与管理研究院副教授。主持中国博士后科研基金、海南省军民融合财税政策研究等课题，在《经济管理》、《管理评论》、《技术经济》等期刊发表学术论文。研究方向：军工企业技术创新、企业技术转移。

基金项目：北京高校高精尖学科战略经济交叉学科（GJJ2019163）支持项目。

2017 年增长 3.04%（见图 2.1）。

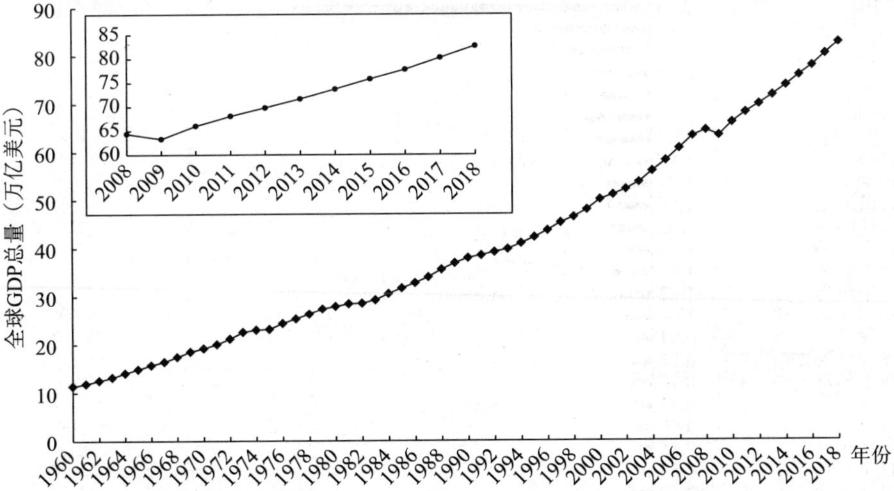

图 2.1　全球经济总量（GDP）发展演变（以 2010 年不变价美元计）

资料来源：世界银行。

按照世界银行发布的数据[①]，2018 年全球 GDP 总量为 85.80 万亿美元。其中，美国 GDP 总量为 20.49 万亿美元，占全球 GDP 总量之比为 23.88%，占比继续下滑（2016 年和 2017 年占全球 GDP 之比分别为 24.58% 和 24.09%）。中国 GDP 总量为 13.61 万亿美元，仅次于美国排名第二，占全球 GDP 总量之比为 15.86%，较 2017 年的 15.01% 有所增加。排名第三至第五位的国家仍然是日本、德国和英国，GDP 总量分别为 4.97 万亿美元、4.00 万亿美元和 2.83 万亿美元（见图 2.2）。2018 年，美国经济仍然独占鳌头，GDP 总量是排名第二的中国 GDP 总量的 1.51 倍，大致相当于排名第三至第十位的八个国家日本、德国、英国、法国、印度、意大利、巴西、加拿大的 GDP 之和。

2018 年全球年中人口为 75.94 亿人，人均 GDP 为 11298.57 美元，高于 2017 年的人均 GDP 水平（10714 美元）。虽然从总量上看，中国、印度和巴西作为发展中国家有较好的表现。但是人均 GDP 却远低于发达国家的水平。根据世界银行统计，2018 年卢森堡人均 GDP 继续蝉联第一，达到 114340.50

① 数据更新截至 2019 年 10 月 16 日。如非特别注明，本文所述 GDP 均以现价美元计。

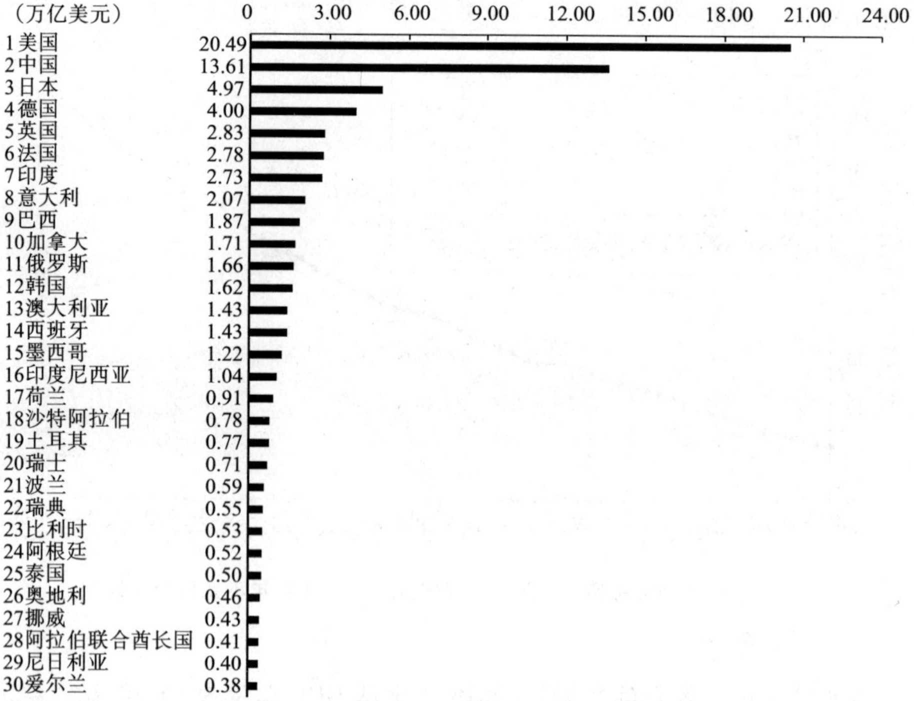

图 2.2 2018 年世界 GDP 前三十大经济体排名①

数据来源：世界银行。

美元。相较而言，印度 2018 年的人均 GDP 仅 2015.59 美元，中国和巴西则分别为 9770.85 美元和 8920.76 美元，尤其是巴西人均 GDP 与 2017 年相比更是出现了 9.17% 的下降。GDP 总量排名前十的国家人均 GDP 情况如图 2.3 所示。

从人均 GDP 分区域来看，东亚与太平洋地区 GDP 总量为 25.92 万亿美元，年中人口为 23.28 亿人，人均 GDP 为 11132.23 美元；欧洲与中亚地区 GDP 总量为 23.04 万亿美元，年中人口为 9.19 亿人，人均 GDP 为 25077.98 美元；拉丁美洲和加勒比海 GDP 为 5.79 万亿美元，年中人口为 6.41 亿人，人均 GDP 为 9023.5 美元；中东与北非地区 GDP 总量为 3.62 万亿美元，年中人口为 4.49 亿人，人均 GDP 为 8056.95 美元；北美 GDP 总量为 22.21 万亿美元，年中人口为 3.64 亿人，人均 GDP 为 60976.80 美元；南亚 GDP 总量为

① 排名仅限于公布 2018 年 GDP 数据的国家。如 2017 年 GDP 总量排名第 26 位的伊朗，2018 年未公开数据，因此不纳入本次排名。

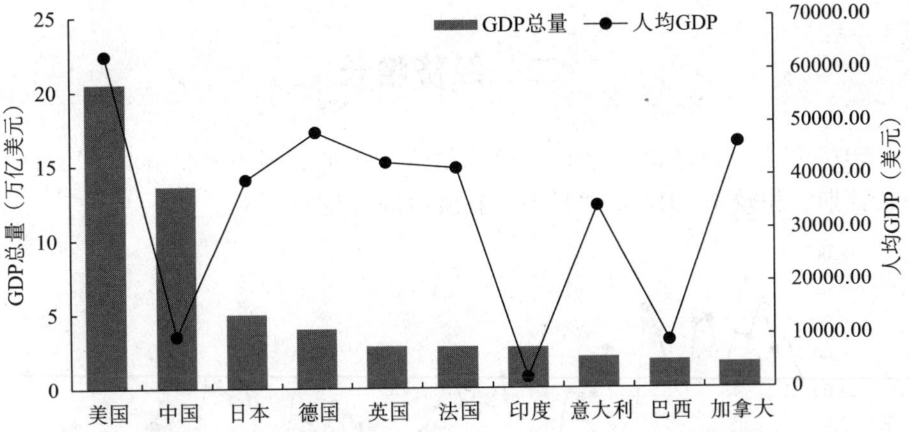

图 2.3　2018 年 GDP 总量排名前十的国家及人均 GDP

数据来源：世界银行。

3.46 万亿美元，年中人口为 18.14 亿人，人均 GDP 为 1905.77 美元；撒哈拉以南非洲 GDP 总量 1.70 万亿美元，年中人口为 10.78 亿人，人均 GDP 为 1576.05 美元（见图 2.4）。除拉丁美洲与加勒比海地区、撒哈拉以南非洲地区之外，其他各区域人均 GDP 较 2017 年均有不同程度增加。

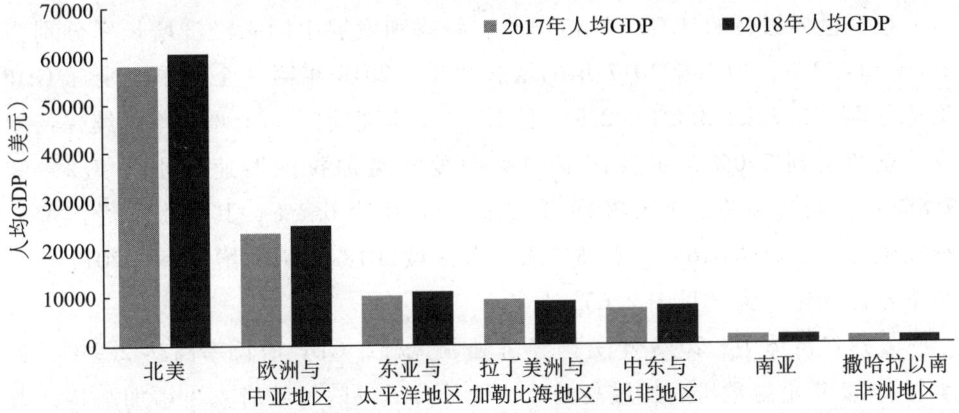

图 2.4　2017—2018 年全球分区域人均 GDP 水平

数据来源：世界银行。

二、经济增长

2018 年全球经济保持增长，增长率达 3.04%，但不及世界银行 3.1% 的增长预期，相较于 2017 年增长率也有所回落（见图 2.5）。

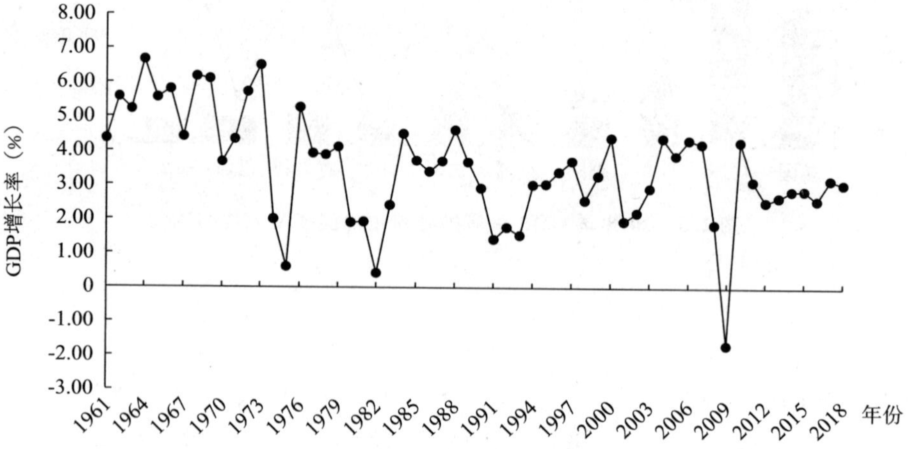

图 2.5 1961—2018 年全球 GDP 增长率

数据来源：世界银行。

根据世界银行的计算，发达国家、新兴和发展中国家经济增长率分别为 2.1% 和 4.3%，均不及 2017 年的增长水平。2018 年第一至四季度全球 GDP 增速分别为 3.2%、3.2%、2.9% 和 2.7%。南亚地区 GDP 增长率继续保持领先，增速达到 7.0%，主要南亚国家印度和孟加拉国增速分别为 7.2% 和 7.8%。东亚与太平洋地区 2018 年 GDP 增长率为 6.3%，其中中国经济增长继续强劲，增速达6.6%。总体来看，各区域2018 年 GDP 增长率与2017 年增长率相比变化不大（见图 2.6）。

发达经济体中，2018 年美国经济独领风骚，GDP 增长率高达 2.9%，为美国 2008 年金融危机后的最高增速。增长背后反映了政府支出增加与特朗普政府的减税政策对经济增长的刺激作用，失业率也达到了近 50 年来的最低水平。虽然出口，尤其是对欧洲和亚洲的出口有所下滑，但是生产率和劳动参与率的提高仍对经济形成强有力的支撑。自 2018 年初，欧元区经济条件就出现了恶化，尤其是反映在制造业和工业界，PMI 指数自进入 2018 年持续下降，国内需求也有所下降，出口出现了大幅度下滑。为此，欧元区 GDP 增长率在

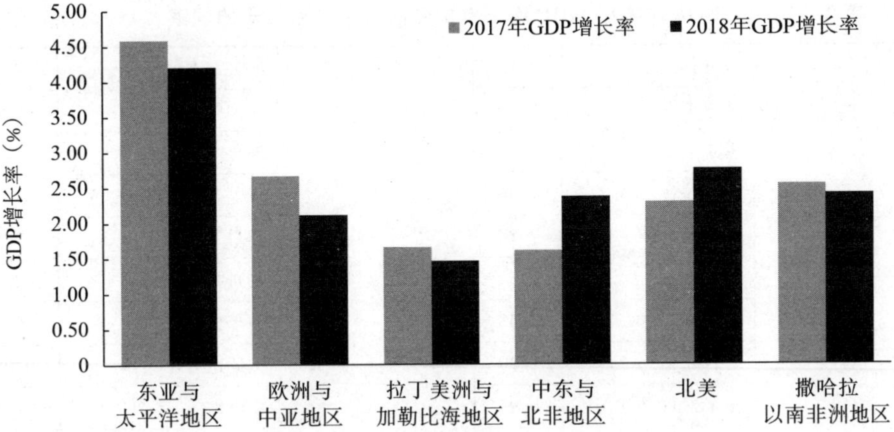

图 2.6 2017—2018 年全球分区域 GDP 增长率

数据来源：世界银行。

2017 年达到 2011 年以来的最高增速（2.4%）之后在 2018 年有所回落，GDP 同比增长 1.8%。类似地，日本在 2017 年 1.9% 的增长之后，2018 年 GDP 增速有不小下滑，GDP 增长率仅为 0.8%，但仍然高于 2016 年的增长水平。

新兴和发展中国家 2018 年 GDP 增长率 4.3%，与 2017 年（4.5%）相比有所下降。其中，中国和印度 GDP 增长率分别为 6.6% 和 7.2%。阿根廷在 2017 年扭转了此前几年负增长的局势之后，2018 年又陷入衰退，GDP 下滑达 2.51%。同样处于衰退期的巴西 2018 年 GDP 增速达 1.12%，为近 5 年来的最高增速。俄罗斯 2018 年 GDP 增长率为 2.25%，为 2014 年以来的最好增长表现。俄罗斯经济增长主要是由于 2018 年石油价格上涨的贡献、能源相关的建设项目以及世界杯成功举办的影响。伊拉克在 2016 年实现了全球排名第一的 GDP 增速之后，2017 年和 2018 年经济增长表现均不尽如人意，2018 年 GDP 增长率为 0.63%，伊拉克战后重建之路依然崎岖。深陷泥潭的委内瑞拉 2018 年经济增长表现更为惨淡，根据国际货币基金组织的预测，2018 年以本币计算的委内瑞拉 GDP 负增长 18%，若以美元计其 GDP 负增长率甚至超过 50%。2018 年全球 GDP 增长率排名前二十位和后二十位的国家如表 2.1 所示。

表 2.1 2018 年实际 GDP 增长率排名前二十和后二十的国家 单位:%

经济增长率排名前二十的国家	卢旺达	8.67	经济增长率排名后二十的国家	波多黎各	-4.91
	几内亚	8.66		尼加拉瓜	-3.82
	爱尔兰	8.17		瑙鲁	-3.48
	孟加拉国	7.86		赤道几内亚	-2.95
	利比亚	7.84		苏丹	-2.32
	柬埔寨	7.52		安哥拉	-2.13
	科特迪瓦	7.43		纳米比亚	-0.07
	塔吉克斯坦	7.30		文莱达鲁萨兰国	0.05
	多米尼加共和国	6.95		黎巴嫩	0.20
	蒙古国	6.95		汤加	0.30
	贝宁	6.86		巴布亚新几内亚	0.43
	埃塞俄比亚	6.81		多米尼克	0.53
	塞内加尔	6.77		圣卢西亚	0.60
	冈比亚	6.60		斯威士兰	0.62
	马耳他	6.55		伊拉克	0.63
	布基纳法索	6.51		特立尼达和多巴哥	0.70
	老挝	6.50		意大利	0.86
	肯尼亚	6.32		约旦河西岸和加沙	0.91
	尼泊尔	6.29		刚果（布）	1.03
	加纳	6.26		阿富汗	1.03

数据来源：世界银行。排名仅限于世界银行数据可得的国家。

三、国际贸易

国际贸易亦称“世界贸易”。世界各国或地区之间的商品和服务流通活动，是一种超越国家界限、超越国民经济范围的商品和服务流通。国际贸易是各国社会生产过程在流通领域的延伸，是社会再生产过程的重要组成部分。国际贸易一般由进口和出口两部分构成。

（一）国际贸易总体情况

受中美贸易摩擦直接影响，2018 年全球贸易增速放缓。根据 WTO 统计数据，全球商品贸易量（按进出口平均水平衡量）同比增长 3.0%，贸易量增速比 2017 年下降 1.7 个百分点，低于 WTO 在 2018 年 9 月发布的 3.9% 的预测增长水平。其中，2018 年前半年贸易量同比增长 3.9%，后半年同比增长 2.7%，第四季度贸易量同比甚至出现了 0.3% 的下滑。2018 年贸易量增速基本持平全球 GDP 的增速，贸易弹性趋近 1.0（见图 2.7）。

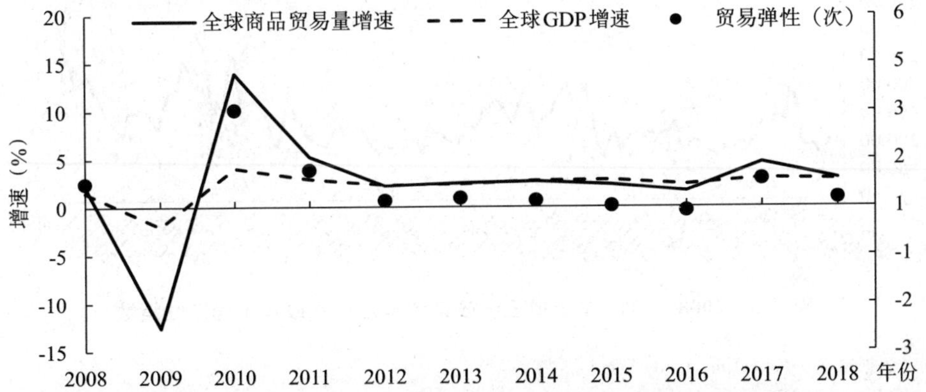

图 2.7　2008—2018 年全球 GDP 增速和贸易量增速变化趋势①

从贸易额来看，2018 年全球商品贸易额达 19.67 万亿美元（进出口总额的平均值），同比增长 10%。在贸易量有较大幅度下滑的情况下，商品贸易额的增长主要源于能源价格上涨的驱动，尤其是燃料和矿石产品 2018 年价格上涨幅度高达 23%。2018 年全球服务贸易总额为 5.63 万亿美元，同比增长 7.7%，基本持平 2017 年的服务贸易增速。

2018 年全球贸易量增速不及预期，主要是由于贸易紧张和经济政策不确定性急剧增加造成。一方面，主要经济体 GDP 增速有所放缓，尤其是 2018 年下半年。例如，G20 国家 2018 年上半年 GDP 增速为 3.9%，而后半年 GDP 增速仅为 3.5%。经济增长的放缓使发达国家和发展中国家进口需求减少，无法对贸易增长形成良好支撑。另一方面，货币政策、金融市场动荡、美国等主要经济体普遍提高商品关税等因素也对贸易形成较大冲击。美国扩张性财政政策效应递减、欧元区货币刺激措施逐步停止、单边主义和贸易保护主义蔓延都对贸易增长形成压力。2018 年全球经济政策不确定性和美国贸易政策不确定性均急剧增加（如图 2.8）。美国贸易政策不确定性指数甚至在 2018 年 7 月达到 535.48 的高峰，全球经济政策的不确定性指数也在 2018 年 12 月达到

---

① 由于世界银行和国际货币基金组织统计口径和计算方法不同，GDP 增速有所差异。本图所用 GDP 增速和贸易量增速数据均来源于国际货币基金组织。

了2008年以来的最高值。

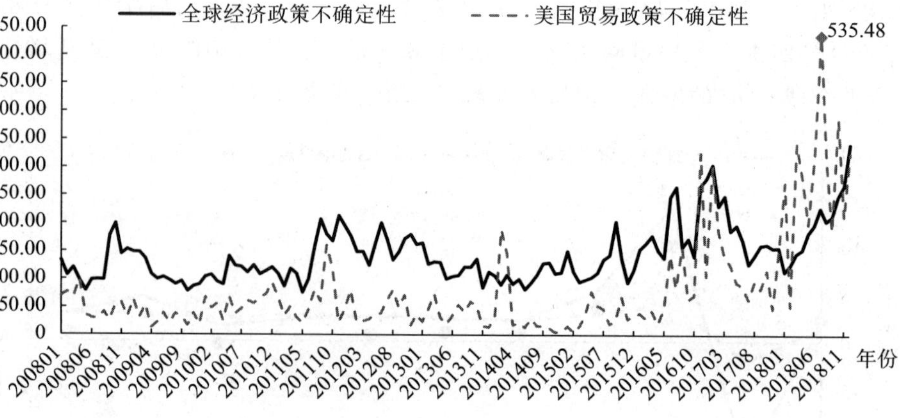

图2.8 2008—2018年全球经济政策和美国贸易政策不确定性指数

数据来源：PolicyUncertainty. com.

全球商品贸易额同比增长10%，主要得益于能源等商品价格的上涨，其中，燃料和矿石产品价格同比上涨23%，工业品价格同比上涨8%，农产品价格同比上涨5%，主要商品价格指数变化如图2.9所示。

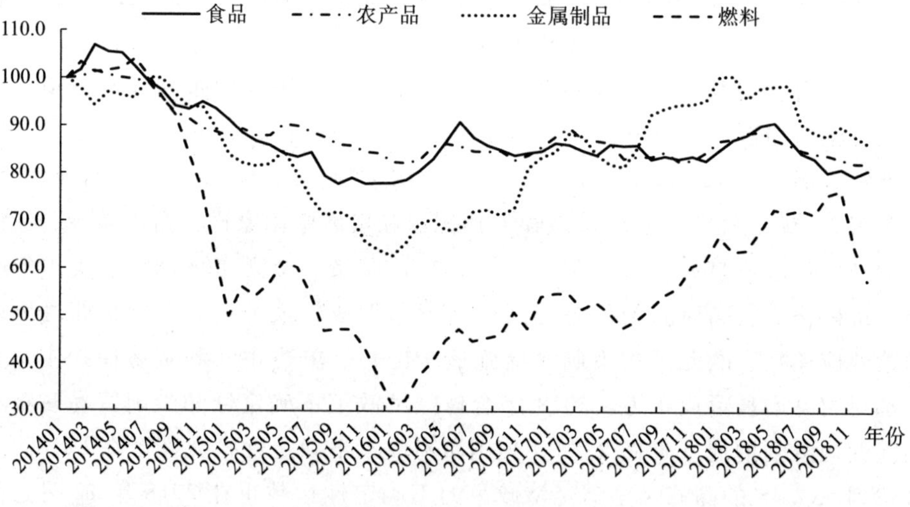

图2.9 2014—2018年全球主要商品价格指数变动趋势（2014年=100）

数据来源：WTO.

发达国家仍是全球贸易的主力军，2018 年发达经济体进出口总额 28.22 万亿美元，占到全球进出口总额的 55.87%，发展中国家进出口总额 20.86 万亿美元，转型经济体进出口总额 1.42 万亿美元，发展中国家和转型经济体进出口总额占到全球进出口总额的 44.13%（见图 2.10）。

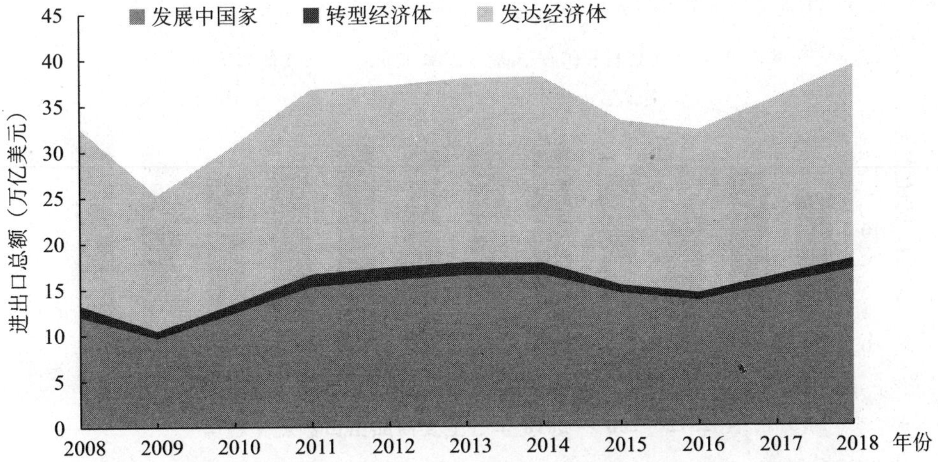

图 2.10　2008—2018 年全球进出口贸易总额来源分布

数据来源：WTO.

从区域表现来看，各区域出口和进口额均分别实现了不同幅度的增长（见图 2.11），其中，非洲地区商品进口和出口额增速均位列各区域之首。

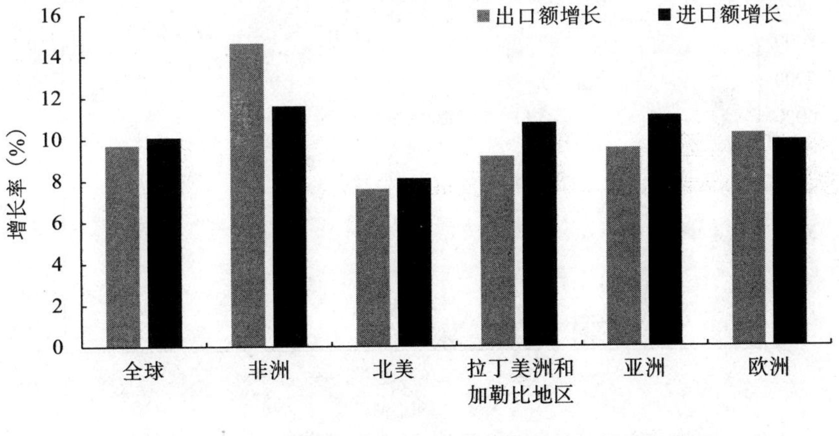

图 2.11　2018 年不同地区商品进口额和出口额增长情况

数据来源：WTO.

（二）商品贸易结构

2018 年全球出口的商品中，有 68.8% 是工业品，农产品、燃料和矿石产品分别占出口商品总额的 9.5% 和 17.0%。2007—2018 年各主要商品出口额变动趋势如图 2.12 所示。

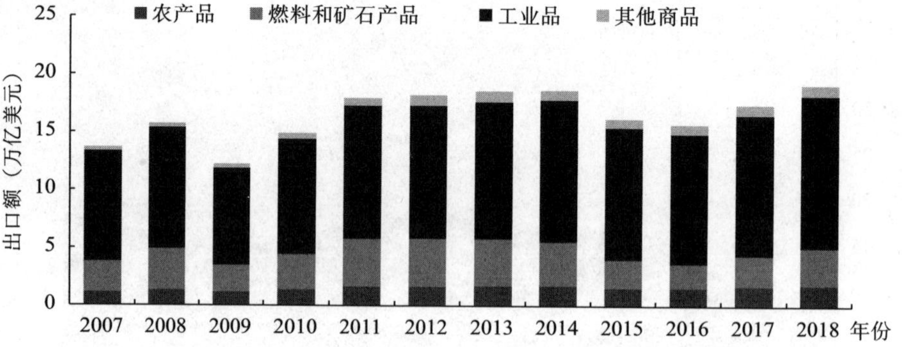

图 2.12 2007—2018 年各主要商品出口额变化趋势

数据来源：WTO.

2018 年，全球前七位农产品出口国或地区与 2017 年相比保持不变，依次分别是欧盟、美国、巴西、中国、加拿大、印度尼西亚、泰国。前十大农产品出口国中，中国 2018 年农产品出口额增幅最大，达 9%，其他国家或地区农产品出口额增长率如图 2.13 所示。

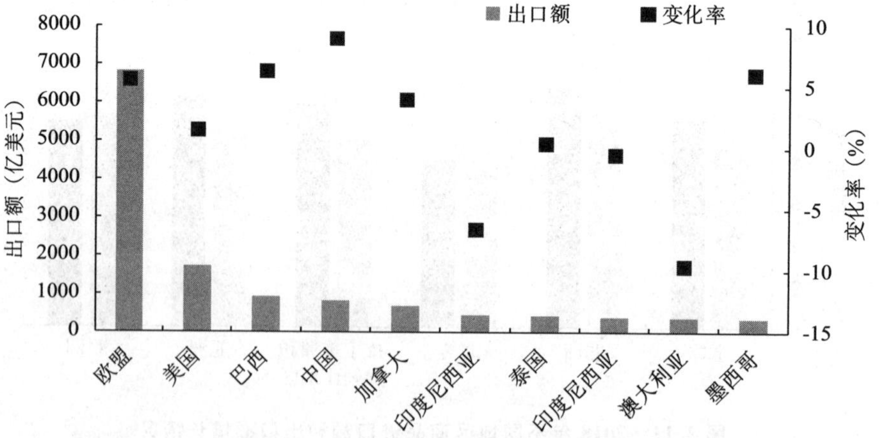

图 2.13 2018 年前十大农产品出口国或地区及出口额变化率

数据来源：WTO.

2018年燃料和矿石产品前十大出口国的燃料和矿石产品出口额同比均实现了增长，不同国家或地区出口额增幅在17%—44%。其中，伊拉克增幅最大，为44%；俄罗斯增幅最小，为17%。增长主要是石油价格的上涨所致。同样地，前七大燃料和矿石产品进口国与2017年相比也保持不变，它们依次分别是欧盟、俄罗斯、美国、沙特阿拉伯、澳大利亚、加拿大、阿拉伯联合酋长国（以下简称阿联酋）（见图2.14）。

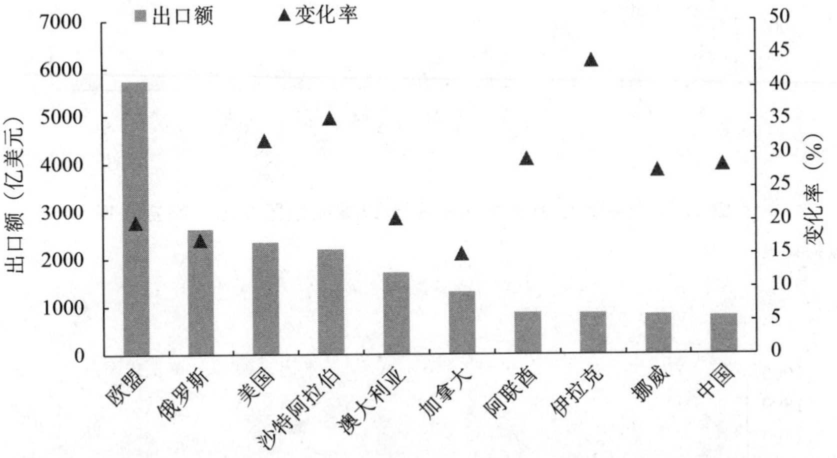

图2.14　2018年前十大燃料和矿石产品出口国或地区及出口额变化率

数据来源：WTO.

工业品出口方面，2018年欧盟仍然是第一大工业品出口国或地区，且工业品出口额同比增长9%，至5.09万亿美元，占全球工业品出口总额的38.65%。中国次之，2018年工业品出口总额达2.32万亿美元，同比增长9%。美国排名第三，工业品出口总额为1.18万亿美元。日本和韩国工业品出口总额分别位列第四和第五名。2018年瑞士替代加拿大进入工业品出口额前十大国或地区之列。对于所有工业品出口额排名前十的国家和地区，2018年工业品出口额同比均实现了增长。各国和地区工业品出口额及增长率如图2.15所示。

欧盟同时也是最大的钢铁出口国或地区，2018年钢铁出口额排名前六的国家或地区与2017年相比保持不变，分别是欧盟、中国、日本、韩国、俄罗斯和美国。钢铁出口额排名前十的国家或地区中，除了美国和印度出口额分别出现了5%和14%的下降之外，其他国家和地区出口额同比均出现了不同幅度的上涨（见图2.16）。

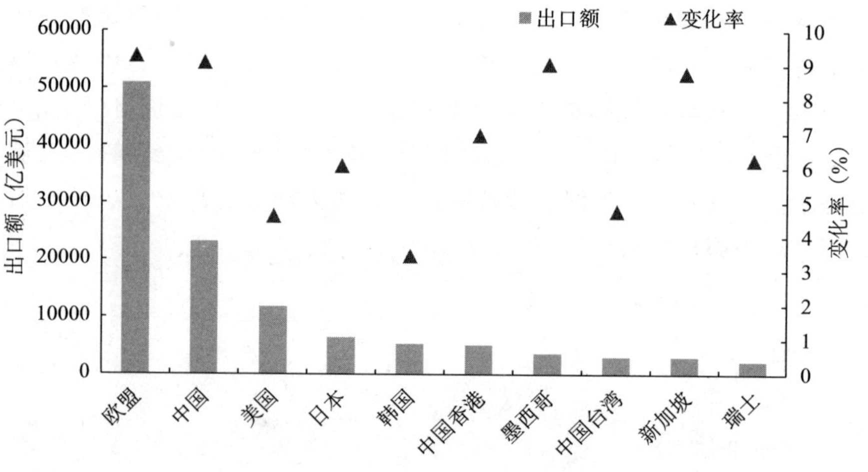

图 2.15　2018 年前十大工业品出口国或地区及出口额变化率

数据来源：WTO.

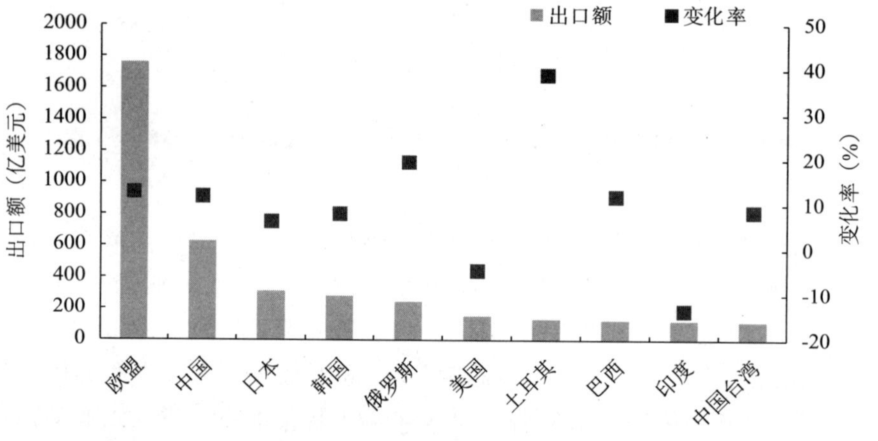

图 2.16　2018 年前十大钢铁出口国或地区及出口额变化率

数据来源：WTO.

2018 年前十大化学品出口国或地区贡献了全球化学品出口额的 87%，欧盟地区出口额仍位列第一，出口额占全球化学品出口总额的 49%，美国和中国紧随其后。前十大国家或地区化学品出口同比都实现了增长，增幅从 7%—20% 不等。

中国是最大的办公和电信设备出口国，2018 年贡献了全球近三分之一的办公和电信设备出口。欧盟、中国香港、韩国、美国分别位列办公和电信设备出口的第二至第五位。

2018 年欧盟地区汽车出口额位列第一，日本、美国、墨西哥和韩国分别位列第二至第四位。

主要产品的前十大出口国或地区汇总如表 2.2 所示。

表 2.2　　主要产品的前十大出口国或地区

排名	农产品	燃料和矿石	工业品	钢铁	化学品	汽车	办公和通信设备
1	欧盟	欧盟	欧盟	欧盟	欧盟	欧盟	中国
2	美国	俄罗斯	中国	中国	美国	日本	欧盟
3	巴西	美国	美国	日本	中国	美国	中国香港
4	中国	沙特阿拉伯	日本	韩国	瑞士	墨西哥	韩国
5	加拿大	澳大利亚	韩国	俄罗斯	韩国	韩国	美国
6	印度尼西亚	加拿大	中国香港	美国	日本	加拿大	中国台湾
7	泰国	阿联酋	墨西哥	土耳其	新加坡	中国	新加坡
8	印度	伊拉克	中国台湾	巴西	印度	泰国	马来西亚
9	澳大利亚	挪威	新加坡	印度	中国台湾	土耳其	越南
10	墨西哥	中国	瑞士	中国台湾	加拿大	印度	墨西哥

（三）服务贸易结构

2018 年全球服务贸易增长依然坚挺，同比增长了 7.7%，至 5.63 万亿美元，其中与商品相关的服务贸易额增长最快，增速达 10.6%；运输业增长最为缓慢，但也实现了 7.1% 的增长（见图 2.17）。

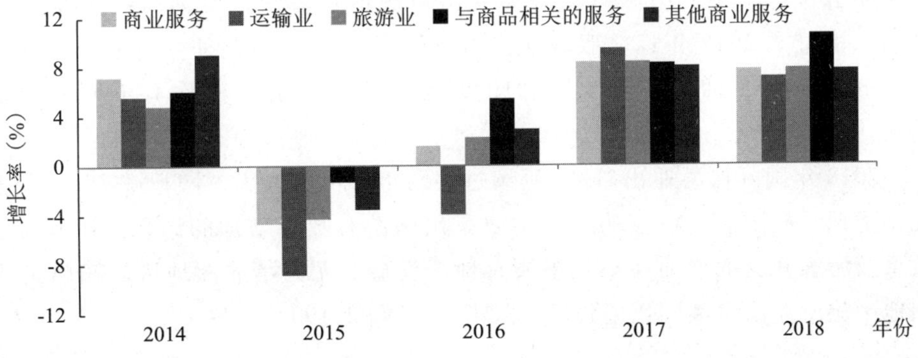

图 2.17　2014—2018 年不同服务贸易额增长情况

数据来源：WTO.

2018年全球运输服务业出口总额为1万亿美元，同比增长7%，所有地区运输服务业出口额均实现了增长（见图2.18）。其中，2018年欧洲地区运输服务业出口增幅最大，为9%，欧洲运输服务业出口额占到当年全球运输服务业出口总额的近一半。中东、拉丁美洲和加勒比地区运输服务业出口增速相对较低，仅为2%。一方面是由于该地区主要经济体GDP增速放缓所致，另一方面与大西洋飓风季节有关。

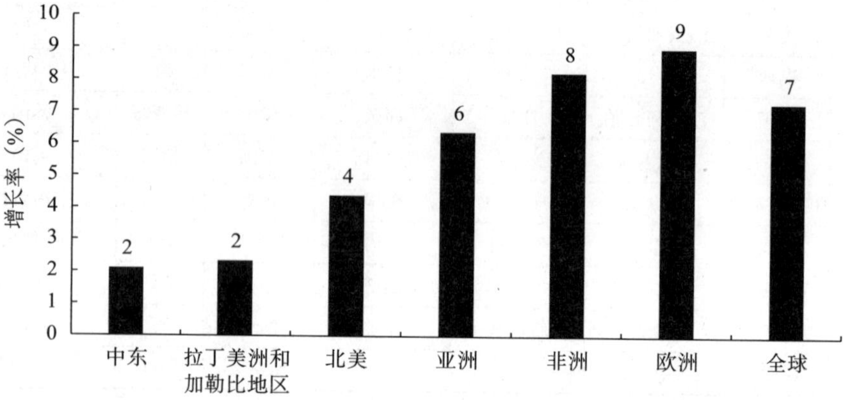

图2.18 2018年不同地区运输服务业增长情况

数据来源：WTO.

从单个经济体情况来看，欧盟运输服务业出口额最大，且2018年同比增长了9%。美国、新加坡、中国与中国香港运输服务业出口额分别位列第二至第五位。其中，中国运输服务业出口额增长较快，增幅高达14%。排名第六的日本2018年运输服务业出口额下降了15%。此外，排名第七至第十位的阿联酋、韩国、俄罗斯和印度运输服务业出口额均有不同程度的增长。

2018年国际旅游业出口额①延续过去两年增长的势头，增长逾7%。与前几年类似，旅游业出口额的增长主要是出国游客数量增加的结果。国际游客数量及游客开支的增加使得几乎所有地区受益，尤其是非洲地区。2018年非洲地区旅游业出口额同比增长了12.5%（见图2.19）。

① 统计数据涵盖游客在境外旅游期间在食品和服务上的开支。

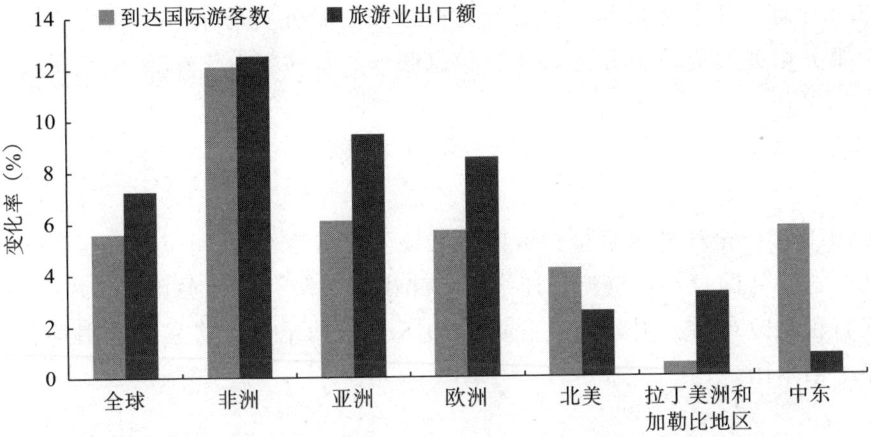

图 2.19　2018 年不同地区旅游业及到达国际游客数变化情况

数据来源：WTO.

从单个经济体来看，欧盟旅游业出口额最大，美国次之，泰国排名第三。澳大利亚、日本、中国澳门、中国、中国香港、印度和土耳其旅游业出口额分别位列第四至第十位。前十大旅游业出口国或地区出口额及到达游客变化情况如图 2.20 所示。

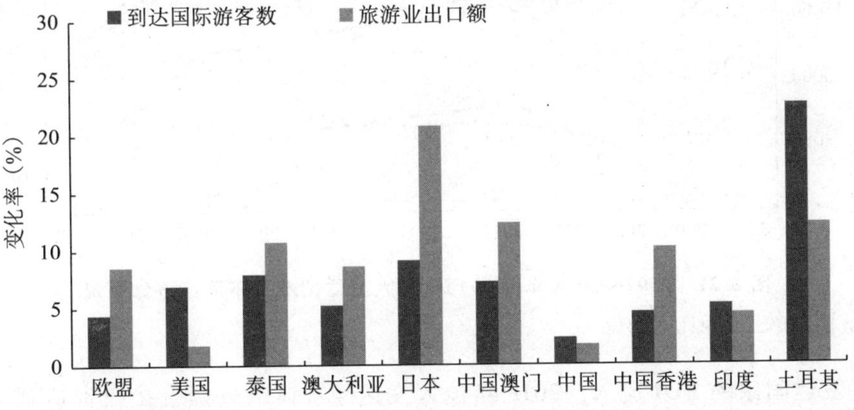

图 2.20　2018 年旅游业出口额排名前十位的国家或地区及其接待外国游客数变化情况

数据来源：WTO.

2018 年，除运输业和旅游业之外的“其他服务”贸易额达到 3.1 万亿美元。其中，以信息、通信和计算机（ICT）服务增长最为迅速，增幅达 15%。

2018 年全球 ICT 服务贸易中，与计算机相关的服务贸易额占比高达 78%，与通信服务相关的贸易额占比 16%，信息服务的贸易额占比 6%。

四、全球投资

2018 年，全球外国直接投资流量继续下滑，减少了 13%，降至 1.3 万亿美元。这是外国直接投资流量连续第三年出现下降，主要原因是 2017 年底美国实行税制改革后，美国跨国企业在 2018 年前两个季度将累积的国外收益大规模汇回本国。

（一）FDI 流入的地区结构

从流入情况来看，发展中国家 FDI 流入量与 2017 年相比有所上升，发达国家 FDI 流入有较大幅度下滑，导致发展中国家 FDI 流入量在全球总量中的占比继续增加，由 2017 年的 47% 上升至 2018 年的 54.43%（见图 2.21）。

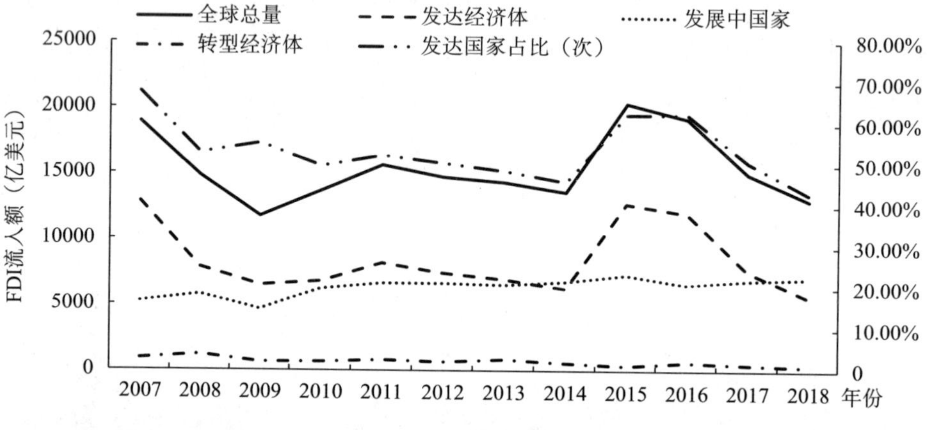

图 2.21 2007—2018 年全球 FDI 流入总体情况及不同经济体情况

数据来源：UNCTAD 数据库。

发达国家的 FDI 流入。2018 年流入发达经济体的外国直接投资达到 2004 年以来的最低点，为 5569 亿美元，同比减少了 27%。流入欧洲的投资从 2017 年的 3840 亿美元减少到 2018 年的 1719 亿美元，减少幅度高达 55.24%，主要原因是资金回流导致若干大型东道国出现投资负流入，尤其是美国跨国公司在税收改革后大量汇回了累积的海外盈利。2017 年，流入英国的对外直接投资额为 1012 亿美元，到了 2018 年这一数字仅为 645 亿美元；流入德国的对外投资也出现了大幅度下滑，由2017年的369亿美元减少到2018年的257亿美元。流入北美地区的对外投资也出现了下滑，其中流入美国的投资量减少了9.18%，至2518亿美元。流入日本的对外投资减少了5.49%，至98.57亿美元。从单个经济体来看，虽然流入美国的FDI比2017年有所下滑，但是美国仍然是FDI流入最多的国家，荷兰、英国、澳大利亚、西班牙和加拿大分别为发达国家中FDI流入排名第二至第六位的国家（见图2.22）。

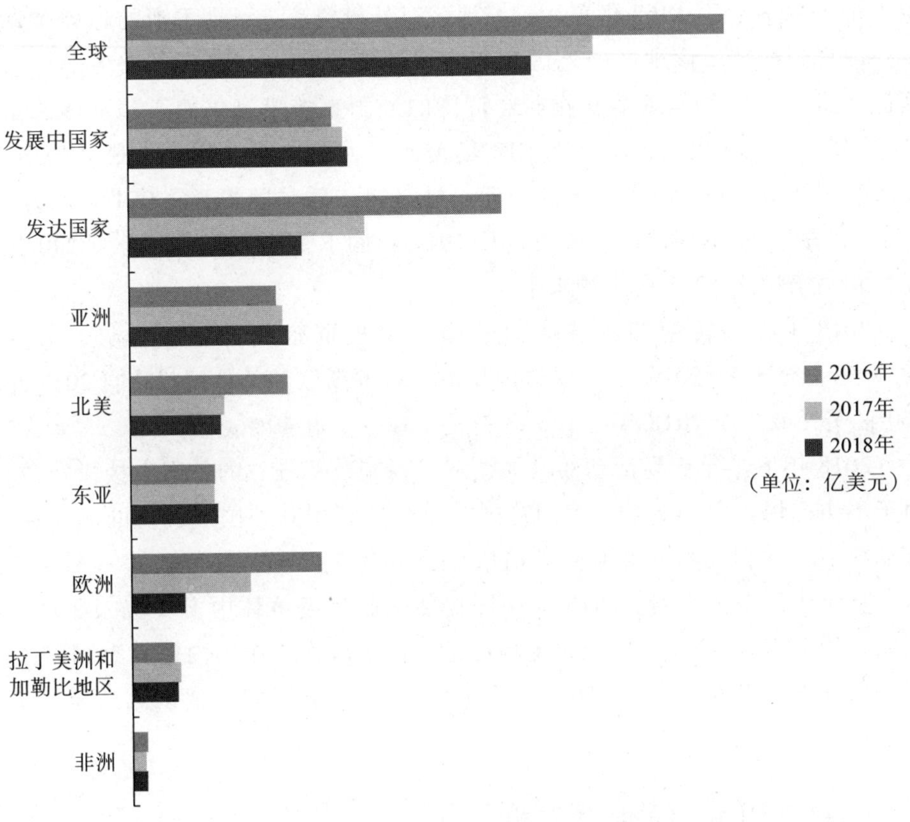

图2.22　2016—2018年各区域FDI流入情况

数据来源：UNCTAD数据库。

发展中国家的FDI流入。流入发展中国家的投资保持稳定，FDI流入总额为7060.43亿美元，同比增长了2.24%。虽然流入发展中国家的FDI增幅较小，但是在发达国家FDI流入下降的情况下，发展中国家在全球外国直接投资流入中所占的份额进一步上升至54.43%，创历史新高。

其中，流入非洲地区的外国直接投资增加了10.90%，达到459亿美元。支持这种增长的是寻求资源的投资持续流入、一些多样化的投资和流入南非的投资在若干年持续走低后复苏。2018年，亚洲发展中国家仍是全球FDI流入量最大的地区，流入亚洲发展中国家的投资增加了3.84%，至5117亿美元。该地区保持活力的一个迹象是，所宣布的绿地项目总价值翻了一番，从2017年的停滞中恢复。其中，流入东亚和东南亚的FDI总额为4282亿美元，占整个亚洲FDI流入的83.68%。流入拉丁美洲和加勒比地区的外国直接投资减少了5.59%，至1467亿美元，该地区对外投资流入长期下滑的趋势在2017年一度得到扭转。该地区的外国直接投资流入量仍比初级商品繁荣的鼎盛时期低27%。流入结构薄弱和脆弱经济体的外国直接投资仍然不到全球总量的3%。其中，流入巴西的FDI为612亿美元，为该地区FDI流入最多的国家；其次是墨西哥，FDI流入316亿美元；排名第三的是阿根廷，FDI流入为122亿美元。流入最不发达国家的投资从2017年的下降中恢复，回升至240亿美元，相当于过去10年的平均水平。

2018年流入转型期经济体的外国直接投资延续其下降趋势，减少了28.02%，至342亿美元，主要原因是流入俄罗斯联邦的外国投资自2017年的260亿美元减少至2018年的133亿美元，减少了近49%。

2018年下半年交易活动的增加缓解了税制改革导致的外国直接投资减少。由于不再受税收负担影响，美国跨国企业开始利用其外国子公司的流动资产，推动跨境合并和收购（并购）总值增加了18%①。

从单个经济体来看，2018年中国仍然是新兴经济体中FDI流入量最大的国家，为1390亿美元，中国香港地区FDI流入仅次于中国内地，为1157亿美元。新加坡、巴西、印度FDI流入分别位列发展中国家或地区第三至第五位（见图2.23）。

（二）FDI流出的地区结构

2018年全球FDI流出总量为1.01万亿美元。从总体情况来看，发达国家仍然是全球对外投资主要输出国，2018年共输出5584亿美元的对外投资，占FDI流出总量的55.06%，但是相较于2017年有很大幅度下滑，2017年发达国家输出投资9253亿美元，占当年全球FDI总流出的64.92%。发展中国家

---

① UNCTAD. World Investment Report 2019［J］. 2019：x.

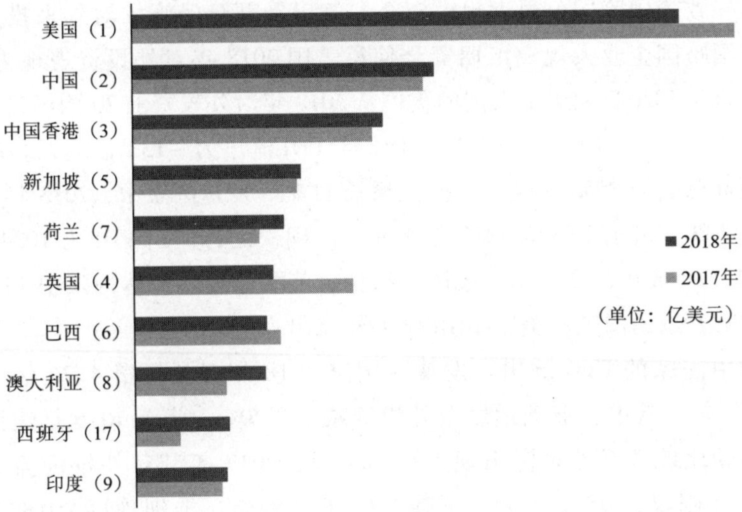

图 2.23　2017—2018 年 FDI 流入排名前十位的国家或地区

数据来源：UNCTAD 数据库（注：括号中为 2017 年排名）。

的 FDI 流出与 2017 年相比也有所下降，由 4617 亿美元减少到 4176 亿美元，下降幅度为 9.6%。但相较于发达国家，发展中国家 FDI 流出在全球 FDI 总流出中的占比上升至 41.17%。转型经济体的 FDI 流出相对稳定，2018 年 FDI 流出为 381 亿美元（2017 年为 385 亿美元）（见图 2.24）。

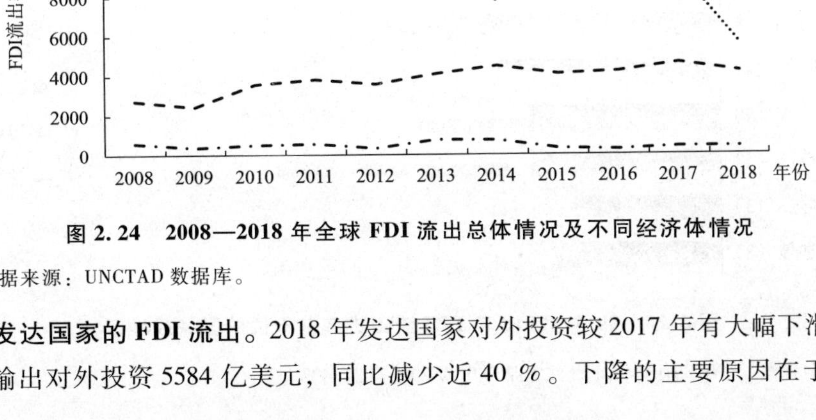

图 2.24　2008—2018 年全球 FDI 流出总体情况及不同经济体情况

数据来源：UNCTAD 数据库。

发达国家的 FDI 流出。2018 年发达国家对外投资较 2017 年有大幅下滑，全年共输出对外投资 5584 亿美元，同比减少近 40 %。下降的主要原因在于美国税改政策导致美国跨国公司大规模资金回流以及部分经济体对外来投资的审查收紧。美国跨国企业大规模汇回资金使得美国 2018 年对外投资表现为负流出，多年来一直是 FDI 第一流出大国的美国从 2018 年对外投资前 20 的经济体名单中消失（UNCTAD，2019）。北美地区 2018 年 FDI 流出为 -131 亿美元。2018 年欧洲对外投资总额为 4555 亿美元，同比增长 11%。发达国家中，2018 年日本对外投资最为活跃，流出 FDI 为 1432 亿美元。法国次之，流出 FDI 为 1024 亿美元，是 2017 年 FDI 流出的 2.5 倍。德国、荷兰、英国分别是发达国家中 FDI 流出排名第三至第五位的国家。美国 2018 年 FDI 流出为 -636 亿美元。

发展中国家的 FDI 流出。发展中国家 2018 年对外投资 4176 亿美元，同比减少 9.6%。其中，亚洲地区对外投资减少 2.5%，降至 4015 亿美元；拉丁美洲和加勒比地区对外投资出现了巨幅下滑，2017 年其对外投资为 364 亿美元，2018 年则仅为 65 亿美元，下降幅度高达 82%。非洲地区 2018 年对外投资流出 98 亿美元，相较于 2017 年的 133 亿美元下降幅度也高达 26%。从单个经济体对外投资情况来看，虽然由于欧洲和美国等经济体对外资项目审查收紧等原因，中国 2018 年对外投资同比减少约 18%，但仍然是发展中国家中最大的对外投资输出国。中国香港 2018 年也流出了 852 亿美元的投资。韩国、新加坡和俄罗斯则分别位列第三至第五位。墨西哥和阿根廷对外投资分别出现了不同程度的增长，而巴西 2018 年对外投资为 -130.4 亿美元。2018 年 FDI 流出排名前十位的经济体如图 2.25 所示。

图 2.25　2017—2018 年 FDI 流出排名前十位的国家或地区

数据来源：UNCTAD 数据库（注：括号中为 2017 年排名）。

五、国际金融

2018 年全球金融市场极不平静。受全球贸易摩擦、美联储加息、英国脱欧、意大利预算危机、德国经济失速、伊朗制裁等一系列因素影响，除美元资产外其他资产收益表现糟糕，根据美林美银统计，2018 年全球资产中只有 23% 实现了正向回报。2018 年是全球货币政策转向的关键年份，美国继续引领货币政策正常化，主要国家货币政策、通胀水平呈现分化局面，全球股票市场哀鸿遍野，外汇市场上美元一枝独秀，全球主要经济体货币对美元普遍出现不同程度的贬值。

（一）货币政策

整体而言，2008 年全球金融危机后持续了 10 年的宽松货币政策开始转向，2018 年全球货币整体步入紧缩，但不同经济体货币政策仍有分化。其中，美国依然领跑、率先推动货币政策正常化，欧、英、日等发达国家和地区紧随其后。美联储加息稳健推进，最终按照年初的承诺如约加息 4 次，美元基准利率（联邦基金目标利率）达到 2.25%—2.5% 的水平。英国央行于 2018 年 8 月 2 日加息 25 个基点至 0.75%，为全年唯一一次加息，也是英国自 2008 年金融危机以来的第二次加息。加拿大央行 2018 年全年加息三次，最终将基准利率上调至 1.75%。与美国、加拿大、英国不同，欧洲央行和日本央行继续维持超低利率水平，但是欧洲央行于 2018 年底结束于 2015 年出台的量化宽松政策，表明欧洲央行也在稳健推进货币政策正常化。

（二）通货膨胀

受能源价格上涨影响，美欧通胀压力上升，尤其是美国。1 至 11 月，美国 CPI 同比涨幅一直维持在 2% 以上，超过了政府 2% 的目标通胀率，这也为美联储的加息提供了依据。欧元区调和消费者价格指数（HICP）① 同比涨幅持续攀升，WIND 数据显示 2018 年 5 月 HICP 同比涨幅攀升至 2%，并在 10 月份达到当年最高涨幅 2.3%，通胀压力明显增加。日本通胀率一直在 2% 的

① HICP（调和消费者物价指数，Harmonized Index of Consumer Prices）是欧洲央行的通货膨胀和物价稳定的消费物价指数，采用欧元的成员国价格指数的加权平均。

目标通胀率水平下波动；俄罗斯全年 CPI 同比增幅持续走高，但 1—11 月始终控制在 4% 的目标水平之下，12 月达到 4.26%；印度和巴西等新兴市场也摆脱了高通胀压力。主要国家通胀率水平如图 2.26 所示。

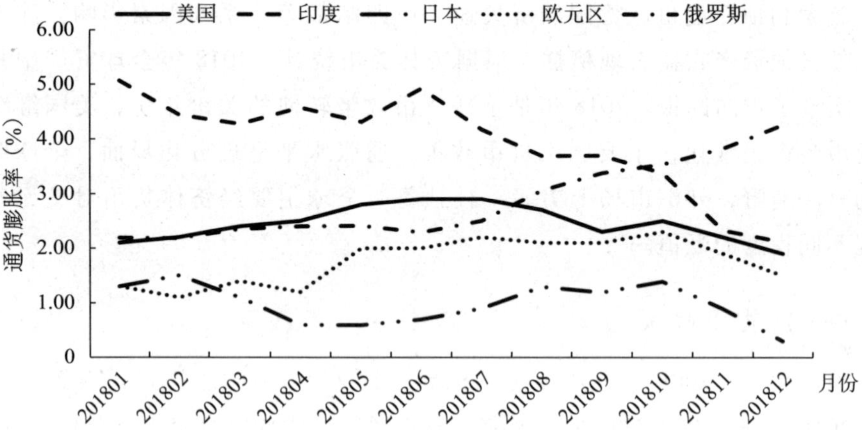

图 2.26　2018 年主要国家通货膨胀率

数据来源：WIND 数据库。

（三）股票市场

2018 年全球股市沦陷，成为最惨淡的市场①，截至 2018 年 12 月 28 日，MSCI 全球指数较年初下跌逾 11.75%。美国股市近 10 年的历史最长牛市终结，美股于第四季度大幅度回落，三大股指集体跳水，道琼斯工业指数 2018 年 9 月 21 日达到最高点 26743.5（收盘价），2018 年 12 月 21 日跌至最低 22445.37（收盘价），标普 500 和纳斯达克指数也有较大跌幅（见图 2.27）。

从全球范围来看，巴西圣保罗 IBOVESPA 指数上涨表现最佳，较年初上涨幅度高达 12.83%；印度孟买指数上涨 6.67%。除此以外，全球主要国家或地区股票指数表现为负向上涨，如图 2.28 所示。与 2017 年全球股票市场的表现大相径庭，其中 2017 年全球新兴市场和发达市场股指分别出现了 34.35% 和 20.11% 的上涨，24 个新兴市场国家只有卡塔尔和阿联酋股指出现

① 维权骑士品牌馆．全球金融市场 2018 大盘点［EB/OL］．（20190104）［20191020］．https：//cj. sina. com. cn/articles/view/6543835 119/1860affef04800eatr.

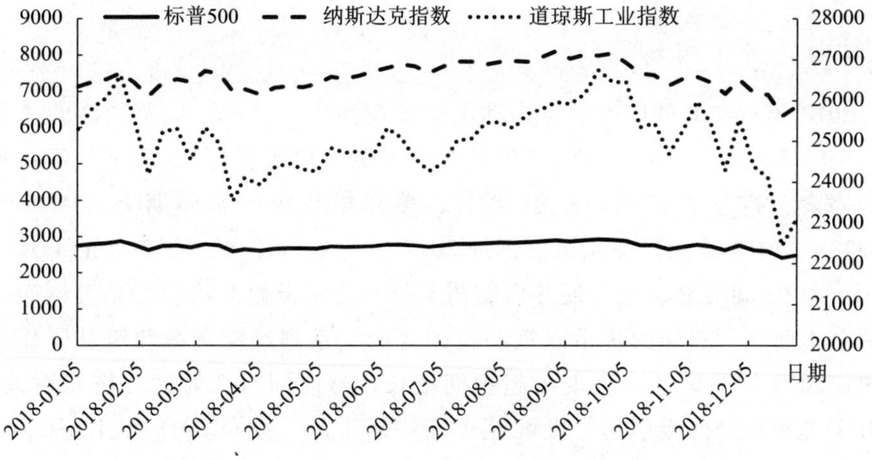

图 2.27　2018 年美国三大股指走势

数据来源：WIND 数据库。

负增长，23 个发达国家只有新西兰和以色列出现了负增长，阿根廷、土耳其和中国香港地区股指涨幅甚至分别达到 73%、43% 和 36%（见图 2.28）。

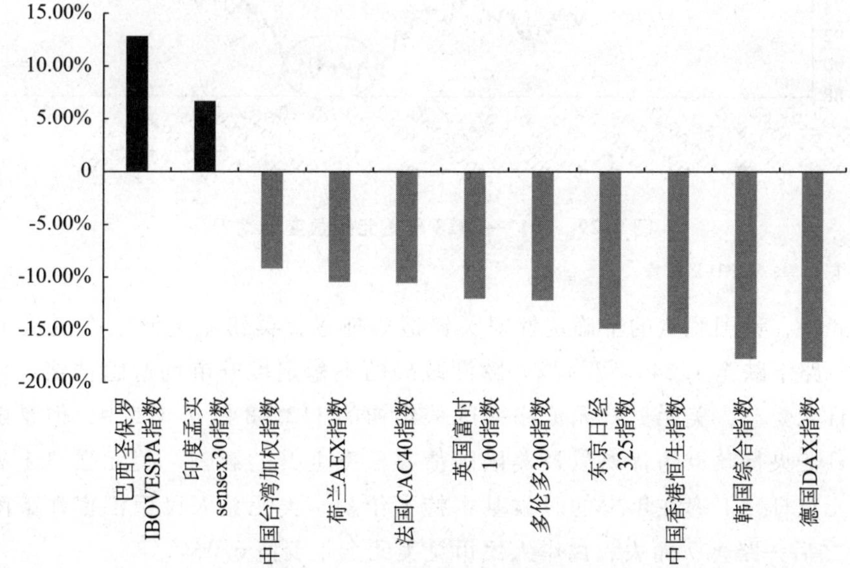

图 2.28　2018 年全球主要国家和地区股票指数变动情况

数据来源：WIND 数据库。

（四）外汇市场

2018 年，美联储四次加息推动美元加速回流，造成全球范围内的“美元荒”，进一步推动美元价值节节攀升，使得美元成为支配 2018 年外汇市场的关键因素。截至 2018 年 12 月 28 日，美元指数较去年同期上行 4.46% 至 96.3738。2018 年初，美元指数延续 2017 年的下行趋势，在 2 月至 4 月中旬在 88—90 区间波动，之后便开启震荡上行。美元指数上涨背后是美国经济良好的基本面、美联储的货币政策和特朗普的一系列经济刺激政策共同作用的结果。2018 年美国经济表现出超预期增长，与此同时欧元区经济相对疲软，提升了美元资产的吸引力，欧元兑美元一路下跌，截至 2018 年 12 月 31 日，欧元兑美元跌幅达 4.51%（见图 2.29）。

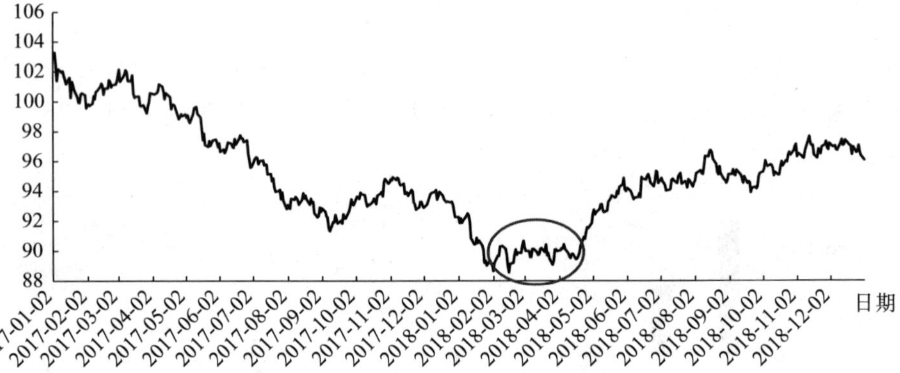

图 2.29 2017—2018 年美元指数变动情况

数据来源：WIND 数据库。

此外，英国脱欧的不确定性对英镑造成拖累，英镑兑美元汇率也从 1.40 关口一路下跌至 1.24。贸易战、欧洲政局的不稳定推升市场避险情绪，同时使得日元受益，美元兑日元汇率一度从年初的 112.68 跌至 105.9，但是随后由于日美央行政策的背离以及美国国债收益率上升的影响，美元强势走高使得美元兑日元汇率在年末的时候基本持平年初。美元兑人民币汇率在下降至 6.27 之后一路奔 7 而去，离岸人民币兑美元全年贬值 6.03%。

六、评估与展望

2018 年，全球经济整体上延续了上涨趋势，但是增长动能有所减缓。受贸易摩擦影响，全球贸易增速有所下滑，但是得益于能源价格上涨，贸易额涨幅较大。2018 年全球对外直接投资继续下滑，流入发展中国家的对外投资占比有所增加，发达国家仍然是对外投资的主要来源。2018 年全球金融市场极不平静，主要国家货币政策和通货膨胀率分化明显，且股票指数普遍下跌，美元指数逆势上涨，主要货币对美元呈现不同程度贬值。

展望 2019 年，世界经济仍然存在较大的下行压力。一方面，美国挑起的贸易战短期内难见终结，对全球贸易的影响将继续加深，贸易对全球经济增长的拉动作用将进一步减弱。另一方面，2008 年金融危机之后持续近 10 年的宽松货币政策逐步转向，美联储持续加息或推动美国货币政策率先步入紧缩，欧洲央行加息计划有可能于 2019 年付诸实施，但加息计划或由于疲软的经济而中止。可以预测，2019 年全球经济增长将继续放缓。

3. 全球冲突

侯　娜　刘晓宇*

摘　要： 全球冲突形势依然不容乐观，尽管冲突的杀伤力有所减少，但持续时间更长，且更经常发生在国内行为体之间，而不是国家之间。伴随冲突而来的贫困、失业与经济困难，使一些国家面临着毁灭性的影响。2018 年国家冲突的数量从 2017 年的 50 起上升到 52 起，其中有 6 起达到了战争的标准；非国家冲突的数量在 2018 年下降，从 2017 年的 83 次下降到 76 次；单边暴力为 32 起，比 2017 年减少 1 起。2014 年有组织暴力造成的死亡总人数高达 131920 人，2015—2018 年则连续四年下降，2018 年下降至 75884 人，其中国家冲突导致的死亡人数为 53081 人，与 2017 年的 68969 人相比，2018 年减少了 21%，这是自 2012 年以来死亡人数最低的一年。然而非国家冲突导致的死亡人数在 2018 年达到了新高峰，为 18288 人。单边暴力导致 4515 名平民被杀害，相较 2017 年的死亡人数 7082 人有所下降。2018 年墨西哥成为饱受暴力冲突折磨的典型国家，也门被联合国称为世界上最严重人道主义危机的国家。恐怖主义行径继续肆虐，伊拉克与“伊斯兰国”（IS）的冲突导致了 9974 人死亡，而“博科圣地”的暴力活动也在尼日利亚造成了 854 人死亡。

关键词： 国家冲突　非国家冲突　单边暴力

近年来冲突和暴力的性质已发生重大变化，冲突的杀伤力尽管有所减少，

---

* 侯娜（1979—），英国伯明翰大学博士，中央财经大学国防经济与管理研究院副教授。研究方向：国防与安全、军费与国防预算、国防经济前沿。主编、参编和参译 *Cooperation for a Peaceful and Sustainable World*（Ⅱ）、《国防经济学》、《国防经济学前沿专题》、《国防预算与财政管理》、《和平经济学》等著作，专著 *Arms Race, Military Expenditure and Economic Growth in India*。在 *Defense and Peace Economics*、*Peace Economics, Peace Science and Public Policy* 等国际期刊发表论文多篇。主持国家自然科学基金、北京市社会科学基金、北京市国民经济动员等项目研究。刘晓宇（1997—），中央财经大学国防经济与管理研究院硕士研究生；研究方向：国防与安全、军费与国防预算。

基金项目：北京高校高精尖学科战略经济交叉学科（GJJ2019163）支持项目、中央财经大学双一流和特色发展引导学科专项（022959918005）。

但是冲突持续的时间更长，更经常发生在国内行为体之间，而不是国家之间，针对平民的单边暴力的影响愈加恶劣。外部势力和大国涉入使国际化的国内冲突更为复杂，更难以解决。伴随冲突而来的贫困、失业与经济困难，对一些国家造成毁灭性的影响和严重的人道主义危机。

一、总体情况

2018 年，国家冲突的数量从 2017 年的 50 起上升到 52 起，其中有 6 起达到了战争的标准，即至少有 1000 人在战争中死亡。非国家冲突的数量在 2018 年下降，从 2017 年的 83 次下降到 76 次。单边暴力为 32 起，比 2017 年减少 1 起。2008—2018 年十年间，国家冲突数量在 2016 年（53 起）达到峰值，非国家冲突与单边暴力的数量则均在 2017 年达到峰值（见图 3.1）①。

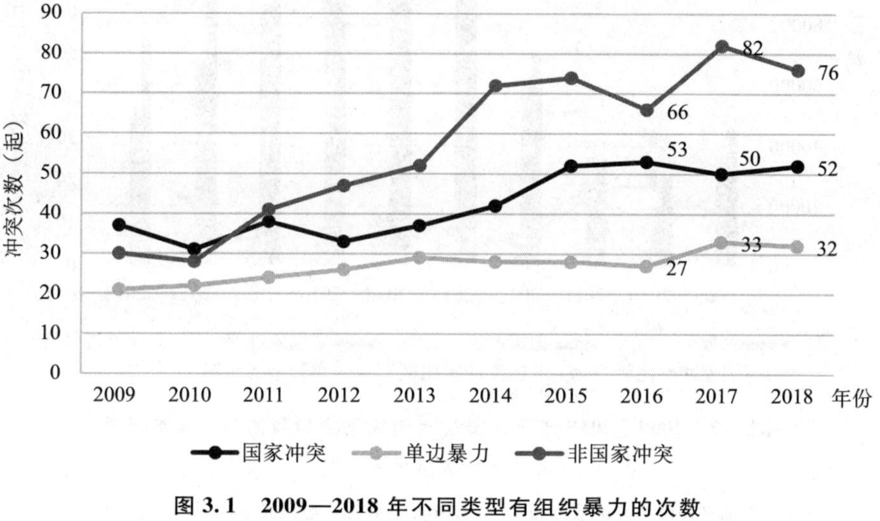

图 3.1　2009—2018 年不同类型有组织暴力的次数

资料来源：根据乌普萨拉冲突数据项目（UCDP）的数据，整理计算获得。

如图 3.2 所示，有组织暴力事件导致的死亡人数在 2011—2014 年不断增加，2014 年有组织暴力造成的死亡总人数高达 131920 人，2015—2018 年则连续四年下降，2018 年下降至 75884 人。2018 年大多数死亡是在国家冲突中发生的，占死亡总人数的 70%，2009—2018 年，国家冲突导致的死亡人数占总

① 数据来源于乌普萨拉冲突数据项目（UCDP）：http：//www. ucdp. uu. se/#/exploratory，最新统计可能与数据库中的统计数据稍有差异。

体死亡人数的比例在前四年基本维持在 60%—80%，在 2012 年大幅升至 88%，且在 2012—2016 年这几年一直保持在了 80% 以上，而在 2017 年下降至 77%，2018 年仍继续下降至 70%。在 2009—2018 年，国家冲突和单边暴力导致的死亡人数均在 2014 年达到峰值，而非国家冲突导致的死亡人数则在 2018 年达到了新峰值。国家冲突导致的死亡人数从 2017 年的 68969 人下降到 53081 人，非国家冲突导致的死亡人数则从 13662 人迅速上升到 18288 人。2018 年，单边暴力导致的死亡人数为 4515 人，相较 2017 年的死亡人数 7082 人，下降三分之一左右（36. 24%）（见图 3. 2）。

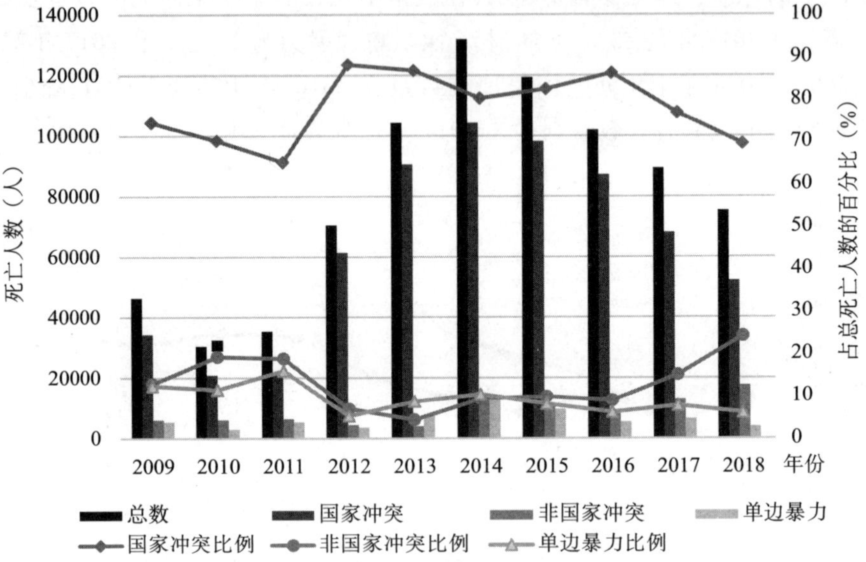

图 3. 2　2009—2018 年不同类型有组织暴力导致的死亡人数及其占总死亡人数的百分比

资料来源：根据乌普萨拉冲突数据项目（UCDP）的数据，整理计算获得。

二、国家冲突

国家冲突是涉及政府或领土而引起争端的相互对立，在国家冲突中，当事双方的军队使用武力，且其中至少有一方系一国政府。

2018年发生了52起国家冲突，相较2017年的50起国家冲突[①]，活跃的国家冲突数量增加了。2014—2018年，冲突总数量明显高于2007—2013年的水平，冲突数量年度最大幅度发生在2014—2016年，从42起增加到了53起。近年来，冲突数量的增加主要源于“伊斯兰国”（IS）在伊拉克以外国家的扩张。2017年伊拉克和叙利亚都报道了“伊斯兰国”的失败，然而2018年“伊斯兰国”仍活跃在不同国家的12个武装冲突之中，但相比于2017年的16起冲突有所减少。2018年在黎巴嫩、伊朗、土耳其和孟加拉国四国政府对其进行打击之后，“伊斯兰国”参与的冲突有所减弱（见图3.3）。

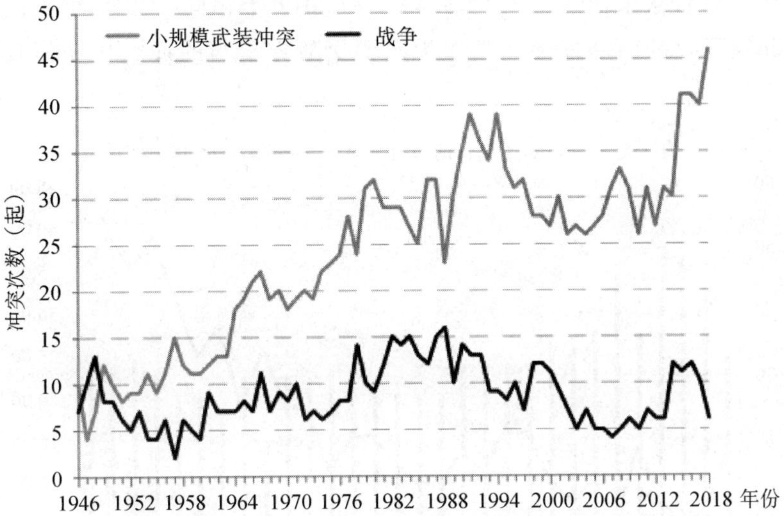

图3.3 1946—2018年按强度划分的国家冲突

资料来源：Therese Pettersson，StinaHogbladh and Magnus Oberg（2019），Organized Violence and peace agreement，1989 - 2018，*Journal of Peace Research* 56（4）：591.

国家之间的冲突仍是少见事件。在2018年的52场国家冲突中，有两场发生在国与国之间，即印度和巴基斯坦之间以及伊朗和以色列之间，分别导致105人和103人死亡。印度和巴基斯坦双方在2018年5月声明恢复停火协议，但双方之间的边界冲突仍保持居高不下的状态。2018年双方跨境的小规模战争导致至少100人死亡。2018年伊朗和以色列之间的冲突第一次开始活

① 来自乌普萨拉冲突数据项目（UCDP）的最新数据，https：//www. ucdp. uu. se/#/encyclopedia。2016年的国家冲突数目和《战略与经济评估：2017》中的数据：2016年49起国家冲突有一定差异。根据最新的信息，2016年新添加的4起国家冲突，均涉及“伊斯兰国”，包括其与突尼斯、菲律宾、孟加拉与阿尔及利亚政府之间的国家冲突。

跃。自 1979 年伊朗革命以来，伊朗与以色列的外交关系一直紧张，并在 2006 年以色列与伊朗真主党（Hezbollah）之间的冲突发生之后恶化。2018 年以色列军方指控当地时间 5 月 9 日深夜至 10 日凌晨，叙利亚境内的伊朗军队向以方控制的戈兰高地发射近 20 枚火箭弹。以色列军队作为回应在 10 日凌晨向伊朗在叙境内的多个目标发动攻击①。

在 50 起国家内冲突中，有 18 起存在着外国军队向冲突中的一方或双方提供支持的情况，即国际化的国内冲突（Internationalized intrastate conflicts）。自 2014 年之后连续五年，有 30% 多的冲突都属于国际化的国内冲突，这样的高比重在二战后从未出现（见图 3.4）。和 2017 年相同，2018 年美国部队参与了 7 起国际化的内部冲突，其作为次要交战方参与的冲突比任何其他国家都多。

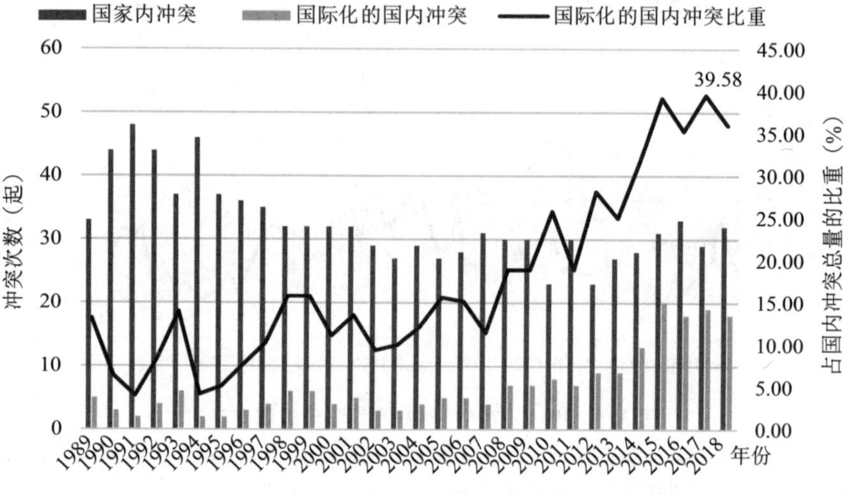

图 3.4 1989—2018 年国际化的国内冲突的数量

资料来源：根据乌普萨拉冲突数据项目（UCDP）的数据，整理计算获得。

2018 年有 6 起国家冲突达到了战争的强度，即至少有 1000 人的死亡与战斗有关。与 2017 年相比减少了 4 起，因此 2016 年与 2014 年依然是 2009—2018 年战争数量最高的年份（见图 3.3）。值得注意的是，这 6 场战争都是国际化的冲突，而外部势力的参与通常都使冲突具有更严重的致命性。

与战争相关的死亡人数近四年来持续下降，2018 年的战争死亡人数约

① “以色列伊朗冲突升级各方呼吁克制唯独美国煽风点火”，环球网，2018 - 05 - 11，http://mil.news.sina.com.cn/world/2018 - 05 - 11/doc - ihamfahw3382858.shtml.

5.3 万，比 2017 年的 6.9 万减少了 21%，相较 2014 年的高峰值 10.4 万减少了近 50%。一些国家冲突在 2018 年经历了大幅度的降级。最突出的例子是伊拉克，与上一年相比 2018 年的国家冲突死亡人数减少了 9000 多人，下降 92%，降至 800 多人。2018 年叙利亚的国家冲突造成约 11500 人死亡，相比 2017 年减少近 9000 人，达到了自 2011 年以来的最低水平。然而冲突的升级使得也门的国家冲突死亡人数几近翻了一倍，众多外部势力的参与使冲突局势变得越来越复杂。2018 年联合国指出也门发生了全球最严重的人道主义危机。

三、非国家冲突

乌普萨拉冲突数据项目（UCDP）自 1989 年以来，共记录了 721 起非国家冲突[①]，平均每年有 39 起活跃的冲突。2010 年以来非国家冲突的增加趋势在 2016 年出现逆转，但在 2017 年再次大幅上升，且达到了 1989—2017 年以来非国家冲突的新峰值 83 起。2018 年，UCDP 记录了 76 起此类冲突，非国家冲突的数量仍处于较高水平。2018 年 UCDP 记录死亡人数为 18288 人，几乎与 2017 年（整个 1989—2018 年的高峰值）持平。自 1989 年以来，过去 6 年所有非国家冲突的发生率都高于其他任何一年。

2018 年遭受非国家冲突影响最严重的国家是叙利亚和墨西哥，共占非国家冲突总量的 30%，总死亡人数的 67%。在叙利亚，许多反叛组织因政府对反叛分子控制地区的攻势而受到严重削弱，叙利亚的非国家冲突数量从 2017 年的 15 起减少到 2018 年的 10 起，死亡人数则减少了 35%。墨西哥的非国家冲突主要由于卡特尔犯罪集团的分裂，特别是“锡那罗亚卡特尔（the Sinaloa Cartel)”，其被美国政府称为全球最大的毒品犯罪集团[②]。由于“锡那罗亚卡特尔”的失势，其他犯罪组织已经介入并填补空缺，尤其是“新一代哈利克斯卡特尔（the Jalisco Cartel New Generation)”在 2018 年卷入了 6 场不同的非国家冲突。2018 年墨西哥共发生了 13 次卡特尔之间的冲突，与上一年相比增

---

① 非国家冲突被界定为在两个有组织的团体之间使用武力，而这两个团体均不属于某国政府，造成在一年内至少 25 人与作战有关的死亡。根据相关团体的组织水平，非国家冲突可再分为三类：一是如反叛组织等有正规组织的行为体之间的冲突；二是未经正规组织的政党及候选人支持者和所属人员（非正规组织的支持者团体）之间的冲突；三是因种族、氏族、宗教、民族或部落传统而具有认同感的非正规组织团体（非正规组织的种族或宗教团体）之间的冲突。

② “Mexico cartels: Which are the biggest and most powerful?”, BBC NEWS, 24 October 2019, https://www.bbc.com/news/world-latin-america-40480405.

加了 5 次，使其成为 2018 年非国家冲突数量最多的国家。

在参与非国家冲突的组织中，反叛组织等有正规组织的行为体之间的冲突与非正规组织团体之间的冲突导致的死亡人数存在明显的差异。与社区团体等非正式组织的行为体相比，正式组织的行为体通常可以获得更多的资源、更好的培训和更稳固的指挥结构，反叛组织也更有可能作为其他国家的代理人，从而通过获得这些外部行为体的军事支持来提高其能力，因此有正规组织的行为体之间的冲突可能导致更严重的后果和更多的死亡人数①。总的看来，非正式组织的行为体之间的冲突平均导致死亡人数较低，然而 20 世纪 90 年代末及 21 世纪初期，这些行为体之间的冲突造成的死亡人数多于有正规组织的行为体之间的冲突（见图 3.5）。自 2014 年以来，有正规组织的行为体之间的冲突占据了主导地位。2018 年，记录非国家冲突的 18288 人死亡中，至少 14800 人，将近 81% 死亡于有正规组织的行为体之间的冲突。

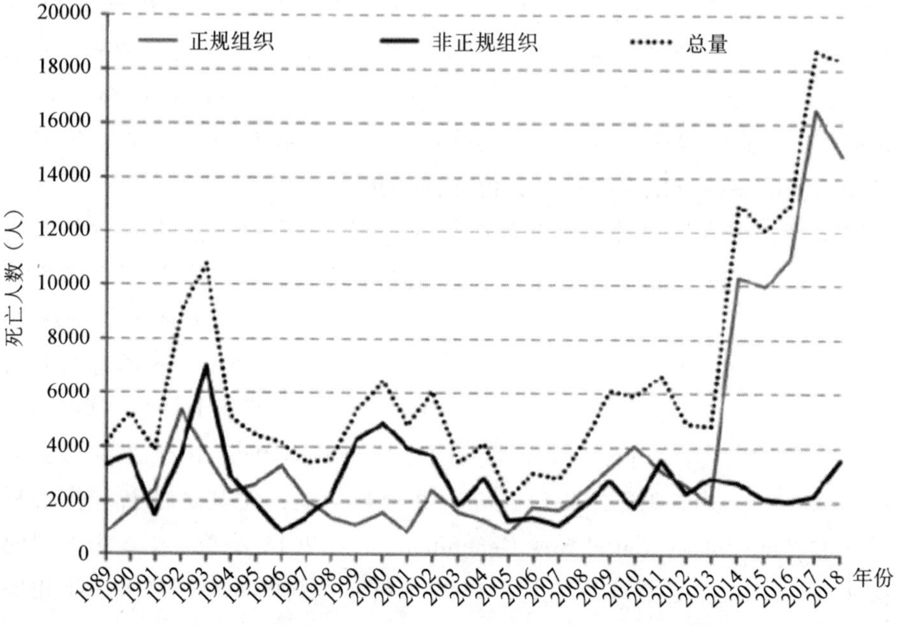

图 3.5 1989—2018 年非国家冲突导致的死亡人数

资料来源：Therese Pettersson，StinaHogbladh and Magnus Oberg（2019），Organized Violence and peace agreement，1989 - 2018，*Journal of Peace Research* 56（4）：592.

① Themne'r，Lotta& Peter Wallensteen（2014）Patterns of organized violence，2003—12 in SIPRI Yearbook 2014：Armaments，Disarmament and International Security. Oxford：Oxford University Press，70 - 91.

尽管远低于正式组织之间冲突的致死人数，非正式组织的行为体之间的冲突导致的死亡人数也在2018年明显增加，达到自2011年以来的最高值。推动这一趋势的两个国家是埃塞俄比亚和刚果民主共和国［刚果（金）］。此外，近年来外部势力对非国家冲突的支持成为值得关注的一个问题，例如“伊斯兰国”与获得美国领导的联军空袭和地面部队支持的库尔德领导的联盟“叙利亚民主力量（Syrian Democratic Forces，SDF）”之间的冲突。在过去四年中，仅仅这个冲突就造成近19000人死亡，超过了UCDP记录的任何其他非国家冲突死亡人数。

四、单边暴力

乌普萨拉冲突数据库（UCDP）自1989年以来，共记录了274个单边施暴行为体（actors），每年平均有33个活跃的行为体。2018年，单边施暴行为体的个数为32个，相比2017年的33个减少1个。单边施暴行为体个数减少幅度最大的是刚果民主共和国［刚果（金）］，从2017年的8个降为2018年的3个。2016年8月，卡穆纳·纳萨普（Kamuina Nsapu）武装组织的领导人皮埃·潘迪被刚果金安全部队杀死之后，当地叛乱组织便开展了一系列暴力袭击，尤其是在2017年3月24日，武装叛乱组织袭击了警方，并斩首了40名警察，震惊了国际社会[①]。卡穆纳·纳萨普运动的蔓延加之卡比拉总统推迟选举，使得刚果金2017年的单边暴力不断升级。2018年，菲利克斯·齐塞克迪在总统选举中获胜之后，卡穆纳·纳萨普运动逐渐瓦解，单边暴力的数量和强度都明显降低。然而暴力冲突带来的动荡局势与民众对政府的不信任加剧了2018年埃博拉病毒的蔓延，刚果（金）卫生部宣布从2018年8月1日暴发到12月1日为止，全国因埃博拉病毒死亡人数多达2201人[②]。

如图3.6所示，据乌普萨拉冲突数据库（UCDP）估计，自2014年以来，单边暴力造成的死亡人数呈下降趋势，2018年单边暴力[③]共造成了近4500名平民的死亡，达到2012年以来的最低水平，1989—2018年在此类暴力事件中造成如此死亡程度只有4年。尽管“伊斯兰国”的杀戮从2015年开始大幅减

① “总统大选延期，刚果金政局恶化”，凤凰国际智库，2017-04-07，https://pit.ifeng.com/a/20170407/50901249_0.shtml，最后访问时间2019年12月30日。

② “埃博拉病毒导致刚果（金）2200多人死亡”，人民网，2019-12-03，http://world.people.com.cn/n1/2019/1203/c1002-31487560.html，最后访问时间2019年12月30日。

③ 单边暴力被界定为某国政府或某个正规组织对未经组织的平民使用武力。UCDP数据库将某个国家或团体在一年内杀害25个或更多非武装平民的暴行记录为单边暴力。

少，2017 年降至 7 年来的最低水平，但该组织仍然是大多数单边暴力事件的罪魁祸首——大约占总死亡人数的 40%，即使该组织的军事力量被削弱，许多正式据点被击退，但仍继续在全球许多国家实施着恐怖袭击。2018 年“伊斯兰国”的攻击地点发生巨大改变，从叙利亚、伊拉克和尼日利亚等地转向亚洲，尤其是转向了阿富汗和巴基斯坦。

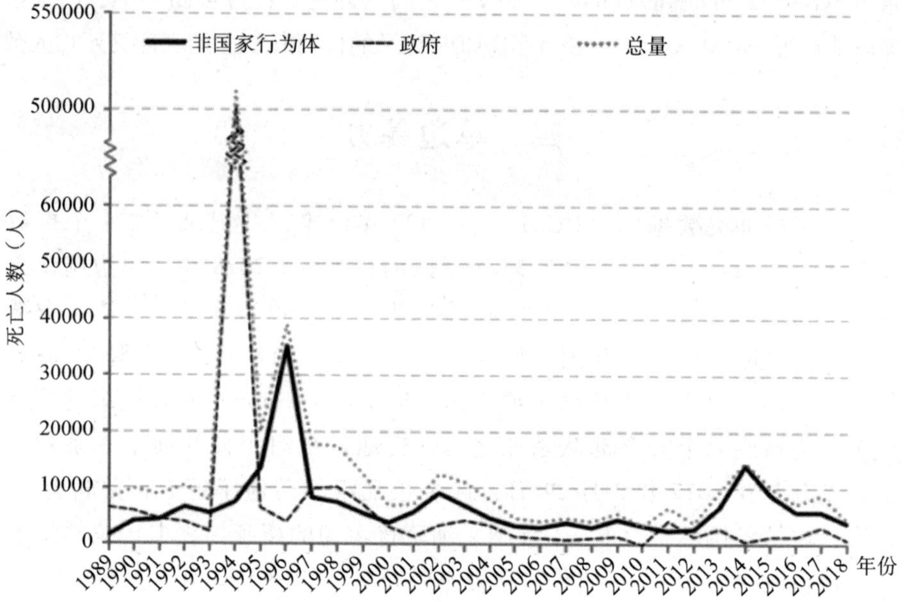

图 3.6 1989—2018 年单边暴力导致的死亡人数

资料来源：Therese Pettersson，StinaHogbladh and Magnus Oberg（2019），Organized Violence and peace agreement，1989 - 2018，*Journal of Peace Research* 56（4）：593.

单边暴力造成的死亡人数绝大部分是由非国家行为体造成，自 1989 年以来的大多数年份都是如此：在 29 年的时间里，只有 7 年政府要比非国家行为体需要为更多的死亡负责。2018 年政府造成 18% 的死亡人数。这主要是非国家组织通常比他们的对手（国家政府）的力量更弱，对平民的袭击可以作为克服这种力量不对称的策略；另一方面，各国政府面临着来自国际社会的更多压力，这可能影响其不以平民为目标的决定，他们也可能选择将这种类型的镇压外包给亲政府的民兵①。

① Therese Pettersson，StinaHogbladh and Magnus Oberg（2019），Organized Violence and peace agreement，1989—2018，*Journal of Peace Research* 56（4）：589 - 603.

五、年度重大冲突

2018 年国家冲突导致的死亡人数为 53081 人，其中死亡人数最多的国家是阿富汗、叙利亚和也门。非国家冲突导致的死亡人数则为 18288 人，其中死亡人数最多的国家为叙利亚、墨西哥和尼日利亚。除阿富汗与叙利亚[①]，也门为国家冲突导致死亡人数最多的国家，墨西哥的非国家冲突导致死亡人数仅次于叙利亚，在 2018 年导致了 4656 人死亡，可见 2018 年也门与墨西哥的冲突占据着重要的角色（见表 3.1）。

表 3.1　　2018 年死亡人数最多的冲突　　单位：人

排名	国家	国家冲突的死亡人数	排名	国家	非国家冲突的死亡人数
1	阿富汗	25679	1	叙利亚	7381
2	叙利亚	11498	2	墨西哥	4656
3	也门	4523	3	尼日利亚	1415
4	索马里	2207	4	刚果（扎伊尔）	1226
5	尼日利亚	1171	5	阿富汗	631
6	土耳其	886	6	利比亚	614
7	伊拉克	831	7	巴西	428
8	印度	826	8	也门	322
9	喀麦隆	755	9	中非共和国	301
10	埃及	704	10	埃塞俄比亚	270

资料来源：根据乌普萨拉冲突数据项目（UCDP）的数据，整理计算获得。

（一）也门冲突

2018 年，也门发生了 1 起国家冲突和 4 起非国家冲突，两种类型的冲突分别导致 4523 人和 322 人死亡。随着冲突的升级以及众多外部行为者的参与，死亡人数几乎翻了一番，并且局势变得越来越复杂。2018 年联合国将也门描述为发生了世界上最严重的人道主义危机（见表 3.2）。

① 叙利亚与阿富汗冲突的具体情况可参见《战略与经济评估：2017》。

表 3.2　　2018 年也门冲突　　单位：人

	也门国家冲突			
	对立因素	反政府组织	起始年份	2018 年致死人数
1	政府	阿拉伯半岛的基地组织（AQAP），哈迪部队	2009	4523
	也门非国家冲突			
	当事方（A）	当事方（B）	起始年份	2018 年致死人数
1	阿拉伯半岛的基地组织（AQAP）	哈迪部队	2015	210
2	阿拉伯半岛的基地组织（AQAP）	“伊斯兰国”	2018	42
3	哈迪部队	南方过渡委员会（STC）	2018	38
4	“伊斯兰国”	哈迪部队	2015	32

资料来源：根据乌普萨拉冲突数据项目（UCDP）的数据，整理计算获得。

目前也门的冲突和人道主义危机的根源具有复杂性和争议性。胡塞叛乱始于 2004 年，扎伊迪派领导人侯赛因·巴德丁·胡塞发动了反对也门政府的起义，胡塞在那次暴动中被杀。自那以后，叛乱分子被称为“胡塞”，胡塞武装组织也被称为“真主卫士”（Ansar Allah）运动[①]。经过几年暴力事件不断增长，也门在 2014 年陷入了一个全新的内战阶段，即国际公认的哈迪总统政府与伊朗支持的胡塞武装及忠于也门前总统萨利赫的军队结成的联盟之间的内战。2015 年 3 月，一个由沙特阿拉伯领导的联盟在哈迪总统一方进行军事干预。联盟成员为阿联酋、巴林、埃及、科威特、约旦、摩洛哥、卡塔尔（2017 年退出联盟）、塞内加尔和苏丹，这些国家提供地面部队支持，或是进行空袭[②]。联盟本身因为冲突和敌对导致分裂。和平倡议和停火协议都未能停止战斗，在 2017 年年底，联军对胡塞所控制的地区进行部分封锁造成了毁灭性的人道主义后果。

除了这场主要位于北部的内战之外，也门还有另外两场独立但相互关联的冲突。其一为中央政府和“南部运动”之间正在发生另一场内战。2018 年

① SIPRI Yearbook 2019: Armaments, Disarmament and International Security. Oxford: Oxford University Press, p. 79.

② On the role played by the UAE, see Abdul - Ahad, G., ‘Yemen on the brink: How the UAE is profiting from the chaos of civil war’, *The Guardian*, 21 Dec. 2018. in SIPRI Yearbook 2019: Armaments, Disarmament and International Security. Oxford: Oxford University Press, 79 - 80.

1 月，“南部运动”在港口城市亚丁与政府军交战，也门政府自 2015 年以来一直驻扎在亚丁。其二为全国范围的反恐运动，打击包括阿拉伯半岛的基地组织（AQAP）的伊斯兰组织。从 2009 年开始，美国对也门阿拉伯半岛的基地组织进行定期空袭。在 2014—2018 年，美国进行了至少 238 次空袭①。

2018 年也门有组织暴力事件的数量与 2017 年相比增加了 25%，没有理由的袭击和潜在的违反国际人道主义的行为增加，造成大量平民伤亡。根据联合国的说法，也门的人道主义状况在 2018 年恶化，依然是世界上最糟糕的国家。2016 年年末至 2018 年 12 月期间，除了霍乱疫情导致超过 136 万例疑似病例和近 2800 例相关死亡之外，估计 80% 的也门人口（2400 万人）需要某种形式的人道主义或保护援助，其中 1430 万人有紧急需要（即面临饥荒风险）。2018 年与 2017 年相比，急需援助的人数增加了 27%，联合国称也门危机“可能成为 100 年来最严重的饥荒”②。

（二）墨西哥冲突

墨西哥的军事暴力和社区冲突部分导致了 2018 非国家冲突整体的激增。2018 年，墨西哥发生了 13 起非国家冲突，占非国家冲突总体的 17.10%，与前一年相比增加了 5 起，使其成为 2018 年非国家冲突数量最多的国家。墨西哥的非国家冲突共导致 4656 人死亡，占 2018 年非国家冲突总死亡人数的 25.45%（见表 3.3）。

造成墨西哥这种趋势主要是由于卡特尔犯罪集团之间的分裂，特别是“锡那罗亚卡特尔”。在 13 场非国家冲突中，“锡那罗亚卡特尔”参与了 3 起，共造成 2276 人死亡，占墨西哥总死亡人数近二分之一（48.89%）。由于“锡那罗亚卡特尔”的失势，其他犯罪组织已经介入并填补空缺，尤其是“新一代哈利斯科卡特尔”在 2018 年卷入了 6 场不同的非国家冲突。“新一代哈利斯科卡特尔”造成了墨西哥近一半的冲突数量，共导致 4226 人死亡，占墨西哥非国家冲突死亡人数的 90.76%，成为 2018 年墨西哥最大的安全威胁。

---

① Bureau of Investigative Journalism, “Drone strikes in Yemen”, [n. d.]. in SIPRI Yearbook 2019: Armaments, Disarmament and International Security. Oxford: Oxford University Press, 79 – 81.

② UN Office for the Coordination of Humanitarian Affairs, “2019 humanitarian needs overview: Yemen”; and BBC News, “Yemen could be ‘worst famine in 100 years’”, 15 Oct. 2018. in SIPRI Yearbook 2019: Armaments, Disarmament and International Security. Oxford: Oxford University Press, 79 – 81.

表 3.3 2018 年墨西哥冲突 单位：人

墨西哥非国家冲突				
	当事方（A）	当事方（B）	起始年份	2018 年致死人数
1	Beltra'n Leyva Cartel	阿卡普尔科卡特尔	2018	83
2	海湾卡特尔	洛斯塞塔斯	2010	50
3	新一代哈利克斯卡特尔	洛斯塞塔斯	2011	62
4	新一代哈利克斯卡特尔	锡那罗亚卡特尔	2015	1957
5	新一代哈利克斯卡特尔	拉努瓦家族	2017	35
6	新一代哈利克斯卡特尔	努埃瓦普拉扎卡特尔	2018	182
7	新一代哈利克斯卡特尔	圣罗莎—德利马卡特尔	2018	1965
8	新一代哈利克斯卡特尔	拉家族	2018	25
9	华雷斯卡特尔	锡那罗亚卡特尔	2004	100
10	塔皮托联盟	Fuerza Anti Unioo	2018	39
11	洛斯阿兹台卡	拉利纳	2018	114
12	洛斯泽塔斯—非斯特派	洛斯泽塔斯—旧派齐塔派	2016	44
13	锡那罗亚卡特尔	提华纳卡特尔	2004	219

资料来源：根据乌普萨拉冲突数据项目（UCDP）的数据，整理计算获得。

（三）“伊斯兰国”（IS）参与的冲突

2018 年，如表 3.4 所示，USDP 记录了“伊斯兰国”参与的 12 起国家冲突、11 起非国家冲突和 1 起单边暴力，这三种类型的冲突分别导致的死亡人数为 10041 人、5000 人和 1788 人。与 2017 年相比，“伊斯兰国”参与的国家冲突减少了 4 起，导致的死亡人数明显下降，与 2017 年的 31432 人相比减少近 70%。同样非国家冲突减少了 5 起，导致的死亡人数与 2017 年的 7113 人相比减少了近 30%，“伊斯兰国”发起的单边暴力导致的死亡人数自 2017 年的 2524 下降近三成（29.20%）。2017 年后，“伊斯兰国”所引发的冲突显著减弱，然而“伊斯兰国”仍是全球最致命的恐怖组织。

表 3.4　　2018 年“伊斯兰国”（IS）参与的暴力冲突　　单位：人

国家冲突				
序号	国家	对立因素	起始年份	2018 年致死人数
1	叙利亚	领土（“伊斯兰国”）	2013	4258
2	阿富汗	领土（“伊斯兰国”）	2015	2842
3	尼日利亚	领土（“伊斯兰国”）	2015	836
4	伊拉克	政府	2004	831
5	埃及	领土（“伊斯兰国”）	2015	676
6	菲律宾	领土（“伊斯兰国”）	2016	168
7	马里	领土（“伊斯兰国”）	2017	125
8	乍得	领土（“伊斯兰国”）	2017	108
9	尼日尔	领土（“伊斯兰国”）	2015	74
10	巴基斯坦	领土（“伊斯兰国”）	2016	51
11	利比亚	领土（“伊斯兰国”）	2015	44
12	俄罗斯	领土（“伊斯兰国”）	2015	28
	小计			10041

非国家冲突					
序号	国家	当事方（A）	当事方（B）	起始年份	2018 年致死人数
1	叙利亚	“伊斯兰国”	叙利亚民主力量（SDF）	2015	3732
2	阿富汗	“伊斯兰国”	塔利班	2015	577
3	叙利亚	“伊斯兰国”	沙姆解放组织	2017	203
4	叙利亚	“伊斯兰国”	南方阵线，沙姆解放组织	2017	106
5	马里、尼日尔	雷格·伊姆哈德和自卫武装组织联盟、阿扎瓦德拯救运动	“伊斯兰国”	2017	78
6	利比亚	众议院部队	“伊斯兰国”	2015	77
7	叙利亚	自由沙姆人伊斯兰运动，征服阵线，南方阵线	“伊斯兰国”	2017	64
8	叙利亚	Aknaf Bait al - Maqdis，伊斯兰军，黎凡特解放组织	“伊斯兰国”	2018	57
9	也门	阿拉伯半岛基地组织（AQAP）	“伊斯兰国”	2018	42

续表

非国家冲突					
序号	国家	当事方（A）	当事方（B）	起始年份	2018 年致死人数
10	也门	“伊斯兰国”	哈迪部队	2015	32
11	马里、尼日尔	“伊斯兰国”	阿扎瓦德拯救运动	2017	32
	小计				5000
	单边暴力				
序号	国家		行为体	起始年份	2017 年致死人数
1	叙利亚、阿富汗和巴基斯坦①		“伊斯兰国”	2004	1788
	总计				16829

资料来源：根据冲突数据和乌普萨拉冲突数据项目（UCDP）的数据，进行整理计算获得。Therese Pettersson，StinaHogbladh and Magnus Oberg（2019），Organized Violence and peace agreement，1989 - 2018，Journal of Peace Research 56（4）：589 - 603.

2017 年 12 月初伊拉克政府正式宣布“伊斯兰国”已被驱逐出其以前拥有的所有领土。2018 年“伊斯兰国”在叙利亚发生的冲突造成近 1 万人死亡，是近几年来死亡人数最少的一年，同时“伊斯兰国”的活动范围基本局限于叙利亚北部的伊德利卜省。在此情况下，“伊斯兰国”将视线逐渐转向阿富汗，将其视为重新部署武装力量的选择地之一。在阿富汗逐渐扩张，“伊斯兰国”和基地组织出现死灰复燃的趋势。随着全球对“伊斯兰国”恐怖主义行为的有力打击，“伊斯兰国”在叙利亚和伊拉克的大规模存在和持续性扩张已经成为过去，然而这并不意味着“伊斯兰国”恐怖主义行为从此消失。

六、评估与展望

有组织暴力造成的死亡总人数在 2018 年继续下降，2014 年有组织暴力造成的死亡总人数高达 131920 人，2015—2018 年则连续四年下降，2018 年下降至 75884 人。2018 年大多数死亡是在国家冲突中发生的，占死亡总人数的 70%。国家冲突的数量从 2017 年的 50 起上升到 52 起，其中有 6 起达到了战争的标准。非国家冲突的数量在 2018 年下降了，从 82 起大幅减少至 76 起。

① 绝大多数暴力发生在这三个国家。同时也包括发生在澳大利亚、比利时、布基纳法索、喀麦隆、埃及、法国、伊拉克、利比亚、马里、尼日尔、尼日利亚、菲律宾、俄罗斯、索马里和塔吉克斯坦的单边暴力。

单边暴力为32起，比2017年增加了1起。2009—2018年，国家冲突数量在2016年（53起）达到峰值，非国家冲突与单边暴力的数量则均在2017年达到峰值。在2018年的52起国家内冲突中，多达18起为国际化的国内冲突。

2018年至少有35个国家发生了武装冲突，许多国家的冲突涉及多个非国家武装组织和外部行动者。墨西哥发生了13起非国家冲突，成为饱受暴力冲突折磨的典型国家。也门发生了2起国家冲突和4起非国家冲突，被联合国称为发生了2018年全球最严重的人道主义危机。恐怖主义行径继续肆虐，“伊斯兰国（IS）”参与各种类型的冲突24起，共导致了16829人死亡。

虽然总体上看世界可以称为和平，地区冲突和多种类型的暴力行为仍然使得多个国家深陷暴力和贫困的泥潭。全球经济持续衰退，世界主要大国之间的地缘政治紧张局势升级，多边主义和单边主义之争愈加尖锐，保护主义和民粹主义对全球治理的影响更加显著……诸多因素都将不利于许多长期存在的冲突的解决。中东“战火”将继续燃烧，叙利亚局势依然前景不明，阿富汗无法避免继续遭受恐怖袭击，也门冲突炮火难以熄灭，巴以问题困局难见曙光，中东仍是全球武装冲突强度最高的地区。非洲安全局势同样严峻，萨赫勒和乍得湖地区的恐怖袭击、非法武器交易、毒品、走私、难民等跨境问题依然泛滥。在刚果（金）暴力冲突带来的动荡与民众对政府的不信任不安的局势下，埃博拉病毒的蔓延更加难以控制。在许多非洲国家政府治理能力有限的情况下，若有类似的疫情发生，非洲多国将会发生严重的危机。美洲多国的政治危机与经济困境将会影响委内瑞拉，智利、厄瓜多尔、玻利维亚等国，暴力冲突事件可能升级。亚洲的不稳定态势仍将引起全球的关注，例如朝核危机、印巴冲突、缅甸问题，继续影响地区与全球的安全局势。恐怖主义的阴霾远未散尽，“伊斯兰国”、塔利班、“博科圣地”及“索马里青年党”等恐怖组织的袭击仍将对中东、亚洲、非洲乃至全球带来防不胜防的威胁。

4. 恐怖主义

王沙骋*

摘　要：2018 年，恐怖袭击事件再次出现下降，这是自 2014 年达到峰值以来的连续第四年下降。恐怖袭击事件集中分布在南亚、中东和北非以及撒哈拉以南非洲地区，仅南亚的死亡人数就接近 50%。恐怖主义行为通过暴力、恐吓、绑架等极端手段，制造社会恐慌，影响社会秩序，破坏经济发展，从而达到其目的。目前，众多国家积极构建系统的反恐体系。2018 年恐怖主义造成的经济损失达到 330 亿美元，受武装冲突影响的国家恐怖主义造成的经济影响远高于其他国家。

关键词：恐怖主义　反恐　GTD

近些年来由于各国以及国际社会的严厉打击，恐怖主义活动数量有所减少。但网络等新技术的发展，也使得恐怖组织得以凭借新的方式扩展影响，威胁人类安全。因此，国际组织联合多个国家在反对恐怖主义行为方面仍在进行进一步规划与行动，反恐已成为维护国际社会稳定发展不可缺少的重要一环。

一、恐怖主义态势

2018 年，世界范围内共发生 9607 起恐怖袭击事件，共计死亡人数达 22986 人。但同时也是自 2014 年恐怖袭击事件在达到最高值后，连续第四年下降。图

---

* 王沙骋（1977—），男，北京大学与哈佛大学联合培养管理学博士。现任教育部全国普通高校军事教学指导委员会秘书、成员，中央财经大学国防经济与管理研究院副教授、硕士生导师。研究方向为国防金融、恐怖融资、军民融合等。先后主持国家社科基金一般项目“我国反恐怖融资的情报监管机制研究”、国家社科基金青年项目“我国面临的恐怖主义及情报主导反恐研究”、财政部项目、教育部项目、司法部项目、中央军民融合办项目、北京社科基金项目等。出版《世界金融反恐研究》、《恐怖融资与对策》、《网络恐怖主义与对策》等学术专著，在《中国军事科学》、《中国软科学》、*International Journal of Peace Economics and Peace Science* 等学术期刊发表多篇学术论文。

基金项目：国家社科基金一般项目“我国反恐怖融资的情报监管机制研究”。

4.1 显示了 1970—2018 年以来全球范围内恐怖袭击事件变化。2011 年之前，恐怖袭击事件均未超过 6000 件，2012—2014 年恐怖袭击事件出现大幅增加，年均增长速度超过 40%，直至 2015 年增长态势最终被遏制，出现下降。随着国际反恐的逐渐加强，尽管恐怖袭击事件在近些年呈现下降，但“独狼”式恐怖袭击以及网络恐怖主义依然是困扰各国发展的重要问题。

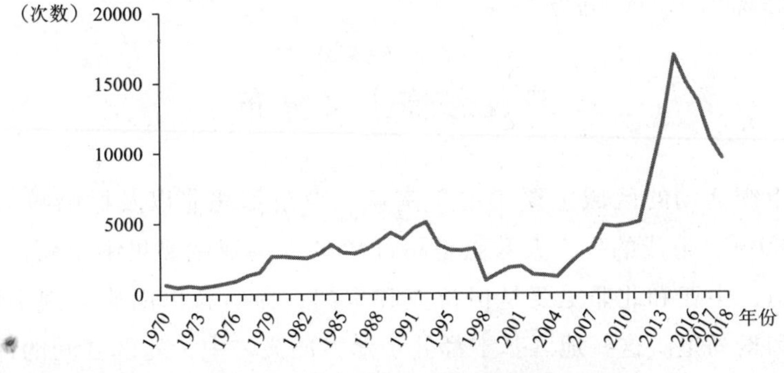

图 4.1　1970—2018 年年度恐怖袭击数

资料来源：Global Terrorism Database（GTD）.

图 4.2 显示的是 2018 年月度恐怖事件趋势。2018 年，超过一半的恐怖袭击发生在 5 个国家：阿富汗（18%）、伊拉克（14%）、印度（9%）、尼日利亚（7%）、菲律宾（6%）。超过一半的死亡发生在三个国家：阿富汗（43%）、尼日利亚（11%）、叙利亚（7%）。恐怖袭击事件集中于中东、北非和南亚地区，这些地区由于宗教矛盾、意识形态的差异以及大国博弈等多重因素，在历史上战争不断，加之地区武装势力复杂，恐怖组织与之结合，煽动民族宗教情绪，发动恐怖袭击。

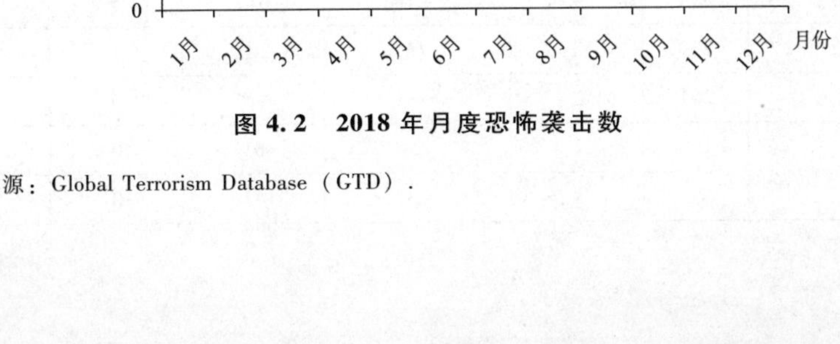

图 4.2　2018 年月度恐怖袭击数

资料来源：Global Terrorism Database（GTD）.

“9·11”事件后，由于国际社会反恐力度的加强，恐怖组织逐渐减少直接武装对抗政府和军队，越来越多地采用“无差别”袭击，袭击目标选择学校、车站、餐厅等，这些场所人流量大，防范意思较弱，且平民没有与之对抗的工具，实施袭击成本小，造成的影响大。另外，非热点地区由于安全防范力度较小，往往不是人们关注的重点，也逐渐成为恐怖组织的新目标，并以此扩大恐怖组织的影响力。

二、恐怖主义分布

恐怖组织活动的区域主要集中于南亚、中东和北非以及撒哈拉以南非洲，占比超过80%，造成的死亡人数更是超过95%。南亚主要集中于阿富汗、印度和巴基斯坦，中亚和北非主要是伊拉克和也门；撒哈拉以南非洲则主要集中在尼日利亚和索马里。这些地区基本都处于暴力冲突之中，地区之间的冲突不断，加之部分国家支持恐怖活动，恐怖组织在这些区域更加肆虐。对于欧洲以及北美地区，由于发达国家在反恐方面的投入巨大，建立了专门的情报系统，恐怖活动主要以“独狼”式恐怖袭击为主，通过独自行动或者寻找一两个帮手进行袭击活动。同时，随着“伊斯兰国”实际军事据点被攻克，其剩余成员回到母国，利用自身掌握的自杀式袭击技能，煽动蛊惑青少年等团体开展“自杀”式袭击、爆炸等恐怖活动。澳大利亚与大洋洲由于其独特的地理位置，往往忽视了恐怖主义的威胁，近些年来，恐怖分子也将目光转向这些新地点，试图引起世界范围内的轰动。2018年恐怖袭击的地区分布见表4.1。

表4.1 2018年恐怖袭击的地区分布

单位：人，%

地区	总袭击数（次）	总数百分比	相比2017年变化	总死亡人数	总数百分比	相比2017年变化
南亚	3285	34	-4	10936	48	43
中东和北非	2557	27	-33	4421	19	-59
撒哈拉以南非洲	2172	23	9	6615	29	-2
东南亚	874	9	-14	619	3	-24
南美	299	3	72	201	1	99
西欧	201	2	-31	25	0	-70
北美	100	1	2	81	0	-36
东欧	70	1	-37	41	0	-59

续表

地区	总袭击数（次）	总数百分比	相比2017年变化	总死亡人数	总数百分比	相比2017年变化
澳大利亚与大洋洲	21	0	62	2	0	-50
中美洲和加勒比地区	15	0	275	9	0	125
中亚	7	0	-13	34	0	386
东亚	6	0	-14	2	0	-88
全球总计	9607	100	-13	22986	100	-13

资料来源：Global Terrorism Database（GTD）.

近几年，恐怖主义暴力事件分布的地域较为集中。具体表现为：超过半数的袭击发生在阿富汗（18%）、伊拉克（14%）、印度（9%）、尼日利亚（7%）和菲律宾（6%）；超过半数的死亡发生在阿富汗（43%）、尼日利亚（11%）和叙利亚（7%）。表4.2是2018年受恐怖袭击数排名前十的国家。阿富汗无论在受袭击总数还是死亡人数上都位居第一，相比2017年，这两个指标均出现上升。伊拉克在2017年总袭击数为2503，是受袭击最多的国家，但在2018年下降了46%，死亡人数更下降了78%。印度、菲律宾、巴基斯坦和叙利亚也均在袭击数和死亡人数上出现下降，与此相反尼日利亚、也门、喀麦隆和哥伦比亚则出现上升。

表4.2　2018年恐怖袭击事件数十大国家

国家	总袭击数（次）	总数百分比	相比2017年变化	总死亡人数	总数百分比	相比2017年变化
阿富汗	1776	18	26	9811	43	61
伊拉克	1362	14	-46	1432	6	-78
印度	888	9	-8	412	2	-11
尼日利亚	645	7	33	2574	11	43
菲律宾	601	6	-13	440	2	-11
巴基斯坦	480	5	-33	697	3	-35
也门	325	3	43	829	4	9
喀麦隆	235	2	114	296	1	21
叙利亚	232	2	-6	1547	7	-24
哥伦比亚	205	2	73	132	1	57
总计	6915	72	-10	18414	80	-8

资料来源：Global Terrorism Database（GTD）.

2018 年恐怖袭击者以塔利班和“伊斯兰国”为首，袭击总数占全球的 20%，死亡人数占全球近 46%。伴随疯狂夺取领土，塔利班发动的恐怖袭击也较 2017 年增长了 40%，死亡人数更是增加 74%，占 2018 年全世界因恐怖袭击造成死亡人数的 36%。据估计，约一半的阿富汗人口居住在塔利班实际控制区或经常活动区域。近几年来，由于当地部队和国际联盟推动，严重打击了“伊斯兰国”在叙利亚和伊拉克的军事据点，其恐怖袭击活动急剧下降。2018 年“伊斯兰国”只在 5 个国家开展活动，而 2017 年和 2016 年分别在 10 个和 15 个国家开展活动。尽管“伊斯兰国”活动出现下降，但其在境外的分支机构数目却不断增加，非武装组织数目也在增加。例如，通过伊斯兰国的呼罗珊分部进入南亚，通过撒哈拉地区的伊斯兰国家进入西非和北非。

三、恐怖主义的经济影响

2018 年恐怖主义造成的经济损失达到 330 亿美元，相较于 2017 年减少了 38%，这也是自 2014 年峰值以来连续第四年下降。与犯罪、武装行动等其他形式的冲突活动相比，按经济学与和平研究所的统计，2018 年恐怖主义的经济成本只占全球冲突成本的 0.2%①。同时，应当明白，这里核算的经济影响是一种保守统计，有很多项目例如恐怖主义对地区经济的长期影响、对旅游业和商业的影响、生产投资的损失等无法进行精确的核算。图 4 -3 为 2000—2018 年恐怖主义对经济的影响，其中 2001 年“9·11”事件不做统计。恐怖主义经济成本在 2014 年达到峰值，为 1110 亿美元，随后逐年下降，至 2018 年降为 330 亿美元。

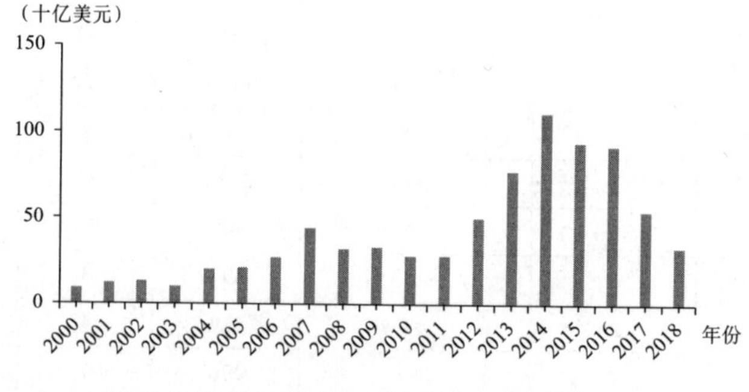

图 4.3 2000—2018 年恐怖主义的经济影响

资料来源：Institute of Economic and Peace，IEP.

① Institute for Eonomics and Peace，Global Terrorism Index 2019（GTI），Sydney，Austrila，2019.

受武装冲突影响的国家恐怖主义造成的经济影响远高于其他国家。表4.3统计了2018年恐怖主义经济影响最严重的10个国家。阿富汗受恐怖主义经济影响占国内生产总值的比重高达19.4%，相较于2017年，提高了7%，其他国家从2018年影响比重均在4%以下。伊拉克受恐怖主义的经济影响从2017年占GDP的10.8%，下降到2018年的3.9%，位于第二位。前十位国家大多位于南亚、中东和北非以及撒哈拉以南的非洲地区，这些地区武装冲突不断，宗教矛盾、资源争夺等问题突出，由此引发了恐怖主义的长期肆虐。

表4.3　2018年受恐怖主义经济影响最大的十个国家　单位:%

序号	国家	恐怖主义经济损失占GDP的百分比
1	阿富汗	19.4
2	伊拉克	3.9
3	尼日利亚	2.7
4	中非共和国	1.6
5	叙利亚	1.6
6	马里	1.4
7	利比亚	1.2
8	索马里	1.1
9	南苏丹	0.8
10	也门	0.6

资料来源：Institute of Economic and Peace，IEP.

恐怖主义对经济的影响主要包括四个部分：死亡、伤害、财产破坏和恐怖主义造成的国内生产总值的损失。图4.4展示了2018年恐怖组织对这四个部分的影响比例。其中，因恐怖主义导致的死亡对经济的影响最大，占58.1%，约192亿美元。GDP损失为第二大类，占比38.4%，其次是财产损失和受伤。但是仍要强调，该种核算仅针对可量化、可比较的成本，对于不可量化的部门未纳入影响成本核算中。因此，实际影响的货币价值是远大于此的。

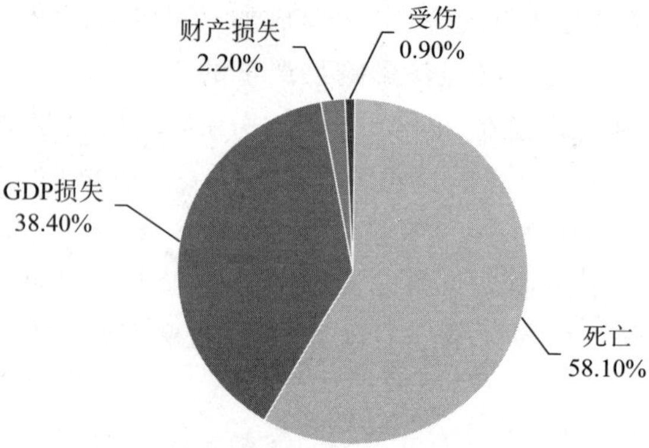

图 4.4 2018 年恐怖主义对经济的影响分类

资料来源：Institute of Economic and Peace, IEP.

来自恐怖主义的暴力和对恐怖主义的恐惧对地区经济造成的影响是长久的。对恐怖主义的恐惧主要通过改变消费和投资的经济行为以及将公共和私人资源从生产活动转移到实行保护措施，从而导致进一步的生产不足、收入损失、支出扭曲、商品价格等资源配置的错乱。恐怖主义所导致的无法准确估算的经济成本可通过五种传递途径影响经济：经济增长速度、贸易、金融市场、旅游业以及外国直接投资①。来自发达国家和发展中国家的研究也已表明恐怖组织对经济增长速度的影响。例如，从 1971—2004 年，恐怖主义损害了 18 个西欧国家的人均国内生产总值增长，每增加对百万居民的恐怖袭击 1 次，人均国内生产总值增长就下降 0.4 个百分点。而对于亚洲国家，从 1970—2004 年统计数据来看，每百万人发生一起恐怖事件，人均国内生产总值下降 1.5%。对于非洲 51 个国家，从 1970—2007 年跨国恐怖组织的增加使人均国内生产总值下降了 0.1%。从贸易角度来看，恐怖主义导致交易的不确定性增加，需要配套更高的保险和更高的工资溢价。例如，2000 年科尔号驱逐舰和法国林堡号油轮在也门遭遇恐怖袭击，导致来往贸易需绕过也门贸易路线，这一袭击造成使用也门航线的船只的保险费上升了 300%，增加了贸易成本。对于金融市场而言，一场大规模的控股袭击将导致金融市场的暂时波动，但长期来看，金融市场会吸收其影响。而成熟的金融市场与新兴金融市场在面对恐怖主义时恢复的速度也存在差异，恐怖主义对发展中国家的金融冲击更为强烈。恐怖主义对旅游业的影响更主要体现在对游客旅游时的心理

① Institute for Eonomics and Peace, Global Terrorism Index 2019 (GTI), Sydney, Austrila, 2019.

压力方面。1991—2001 年，以色列旅游业相较于恐怖袭击的强度，受恐怖袭击的频率影响对其更大。另外，恐怖主义也会影响到邻国的旅游业等部门。最后，对于外国直接投资而言，外商直接投资随着恐怖主义的增多而减少，跨国恐怖主义对发展中国家的 FDI 影响更大。

四、热点恐怖事件

2018 年度恐怖袭击次数与死亡人数自 2014 年后连续第四年下降。“伊斯兰国”由于在近几年受以美国为首的国际势力打击，从 2017 年恐怖袭击次数最多的恐怖组织下降为第二，而塔利班则在近几年迅速发展。2018 年 8 月，塔利班袭击阿富汗加兹尼，造成的死亡人数众多，是最为恶劣的一次武装袭击。同年 3 月，新西兰爆发枪击案，极端分子袭击清真寺，在国际社会引起强烈震动，这深刻表明恐怖组织以及极端分子将目光转向“非热点”地区的趋势。

（一）塔利班袭击阿富汗加兹尼暴力事件

2018 年 8 月 10 日，阿富汗加兹尼发生暴力袭击事件，造成 466 人丧生，其中包括 326 名袭击者，并绑架数人。这是 2018 年发生的最严重的恐怖袭击事件。加兹尼市距离阿富汗首都喀布尔约 150 公里，是连接首都喀布尔和南部地区的主要陆路枢纽。塔利班于 10 日携带迫击炮、爆炸装置和火器袭击阿富汗加兹尼，与当地政府军发生激烈交火。尽管整个交火过程中，塔利班未进入城内，但在郊区发生大规模的对抗。2018 年，加兹尼省超过了喀布尔，成为阿富汗地区由于恐怖袭击造成的死亡人数最多的地区。

塔利班于 1994 年在阿富汗崛起，1996 年实际控制了阿富汗。2001 年“9·11”事件后，塔利班被美军严重打击，但其领导人藏匿到深山里，保存了实力。2005—2006 年在奥马尔的领导下，重新武装并一步步再次壮大。截至 2018 年 1 月，塔利班被认为控制了阿富汗 229 个区中的大约 15%，还有 119 个区仍有争议。为再次“复兴”，塔利班在 2018 年造成更多的恐怖活动。

（二）恐怖组织及极端分子对美国的袭击

2018 年美国共发生 67 起恐怖组织或极端分子暴力袭击事件，共死亡 45 人，涉及 22 州，其中受袭击最多的前四个州分别是：加利福尼亚（11 起）、纽约（9起）、得克萨斯（8起）和华盛顿（8起），总占比54%。美国官方文件使用“暴力极端主义”代替“恐怖主义”。“暴力极端主义”是指为了实现某种政治目标，团体或个人实施的以意识形态驱动的暴力行为，其中，包括恐怖主义。这种定义扩大了反恐的范围，增加了反恐机构的复杂性，反映出美国在反恐方面的深入。自“9·11”事件后，美国政府变革国内反恐机制，经过长期的发展，形成由“情报、执法、救助”三大机构，建立了“事前情报预警，事中高效执法，事后及时救助”的机制①。然而，尽管这一体系在近十几年显著降低了恐怖主义的影响，但对近几年兴起的“独狼”式袭击却收效较小。一方面，欧美籍极端分子回流国内，通过互联网等手段传播极端思想，成为国内恐怖袭击的罪魁祸首。另一方面，“独狼”式恐怖袭击因其事前准备方便，袭击目标多为平民，成为恐怖分子针对欧美国家的主要形式。目前，由于“独狼”式袭击的自主性更强，分布的地域更广，在实际反击防控方面操作难度大，已成为欧美国家的长期隐患，急需从技术、制度层面进行突破，以遏制“独狼”袭击。

五、评估与展望

2018年全球恐怖主义事件较之前有所下降，恐怖分子与极端分子活跃地区集中于南亚、中东和北非以及撒哈拉沙漠以南地区，具体集中在阿富汗、伊拉克、印度等国家和地区。恐怖组织以塔利班和“伊斯兰国”为首，其中塔利班近几年大肆在阿富汗占领军事据点，实际控制的阿富汗国土不断扩张，恐怖主义活动也随之逐年增加。而“伊斯兰国”组织由于国际社会的严厉打压，逐渐转向地下，但其分支机构不断通过各种途径向其他国家输送恐怖分子，以扩大其在国际社会的影响。

信息化背景下，我们需要警惕恐怖主义在网络上的传播，在技术上突破侦查局限，避免互联网成为恐怖分子的宣传捷径。另外，在国际社会的打压下，“独狼”式恐怖袭击事件兴起，无差异伤害成为威胁人们安全的重大隐患，仍需加强反恐情报系统建设，各国开展密切合作遏制“独狼”式袭击事件的发生，捍卫全人类的共同利益。

---

① 雷少华．美国国家反恐体系的演进［J］．美国研究，2016，30（1）：9－33，5.

5. 维和

吕云震*

摘　要：2018年正值联合国维和70周年，自1948年至今维和行动环境变化巨大，全球趋势充满挑战，联合国维和行动是维持全球和平与安全的重要工具，目前日益凸显采取多边行动预防冲突、维持和平及保持和平的必要性。随着地区安全形势的发展和全球恐怖组织的勾连合并，维和行动模式已出现新变化，在未来，联合国期望以更加协调一致方式开展维和工作，进一步推进"以行动促维和"进程，更有效地处理好包括预防冲突、解决冲突、维持和平以及建设和平在内的全方位和平与安全问题。

关键词：联合国　维和　地区冲突　和平

2018年正值联合国维和70周年，自1948年至今维和行动环境变化巨大，全球趋势充满挑战，凸显了采取多边行动预防冲突、维持和平及保持和平的必要性。联合国维和行动积极构建独特的全球伙伴关系，将联合国大会、安全理事会、秘书处、部队和警察派遣国以及所在国政府等多方力量结合起来，帮助促进国际和平与安全。根据《联合国宪章》的原则以及安全理事会和大会的授权，联合国通过实施国际和平与安全方面的主要方案，为各成员国提供维和支持。

一、全球维和行动概况

联合国第一个维持和平特派团成立于1948年5月。当时，联合国安全理

---

* 吕云震，男，教育学博士，中央财经大学国防经济与管理研究院军事教研室副主任，中国指挥与控制学会国防教育专业委员会办公室主任。主要研究领域为国防教育、比较教育、国际组织教育政策等。在《比较教育研究》、《中国电化教育》、《中国高校科技》、《教育科学研究》、《人民教育》等核心期刊上发表二十余篇学术文章。

基金项目：中国指挥与控制学会2020年国防教育研究专项重点课题"普通高等学校军事课教学资源库建设"；中央财经大学双一流和特色发展引导学科专项（022959918005）研究成果。

事会授权向中东部署少量联合国军事观察员，以建立联合国停战监督组织（停战监督组织），负责监督以色列与其阿拉伯邻国之间的停战协定。70 年来，逾百万名男女工作人员集结于联合国的旗帜之下，先后参加了 70 多项联合国维持和平行动。当前，维持和平行动涉及方方面面，其目的不仅在于维持和平与安全，还在于推动政治进程、保护平民、解除战斗人员武装、支持选举、保护和促进人权及恢复法治，直接影响了数百万人的生活，保护了世界上最脆弱的群体，挽救了不计其数的生命。

截至 2018 年 12 月 31 日，为了支持履行安全理事会授权的任务，来自 120 多个国家的军警和文职人员正在执行 14 项维持和平行动（见表 5.1）。与 2017 年情况不同的是联合国派驻利比里亚的特派团已于 2018 年 3 月完成任务，派驻苏丹达尔富尔地区和海地的存在已过渡成为新的组合。2018 年，联合国在不同国家和区域部署了 30 多个特别政治任务、办公室和特使，其中包括部署在阿富汗、哥伦比亚、伊拉克、利比亚、索马里、阿拉伯叙利亚共和国、也门和中东的大型政治任务。联合国总共在 90 多个局势中提供了预警、分析、斡旋和调解服务，支持会员国预防冲突和巩固和平。

表 5.1　2018 年进行的联合国维和行动

地区	维持和平行动特派团
非洲	联合国南苏丹共和国特派团（南苏丹特派团）
	联合国马里多层面综合稳定特派团（马里稳定团）
	联合国西撒哈拉全民投票特派团（西撒特派团）
	联合国中非共和国多层面综合稳定团（中非稳定团）
	联合国组织刚果民主共和国特派团（联刚特派团）
	非洲联盟—联合国达尔富尔混合行动（达尔富尔混合行动）
	联合国阿卜耶伊临时安全部队（联阿安全部队）
欧洲	联合国科索沃临时行政当局特派团（科索沃特派团）
	联合国驻塞浦路斯维持和平部队（联塞部队）
中东	联合国驻黎巴嫩临时部队（联黎部队）
	联合国停战监督组织（停战监督组织）
	联合国脱离接触观察员部队（观察员部队）
美洲	联合国海地司法支助特派团（联海司法支助团）
亚洲	联合国印度和巴基斯坦观察组（印巴观察组）

资料来源：联合国维持和平行动网站，http：//www. un. org/zh/peacekeeping/ 。

2018 年参加 14 个维和行动的人员为 99663 人，其中联合国组织刚果民主共和国特派团（联刚特派团）兵力总数最多，为 20099 人，占据了年度维和总人数的 20%。维和人员还主要集中于联合国南苏丹共和国特派团（南苏丹特派团）、联合国马里多层面综合稳定特派团（马里稳定团）、联合国中非共和国多层面综合稳定团（中非稳定团）、联合国驻黎巴嫩临时部队（联黎部队），这些维和行动兵力总数均超过 1 万人。

二、维和力量

维持和平人员包括文职人员、军事人员、警察以及联合国志愿人员。随着维和任务日益复杂且涉及更多层面，维和人员的职责也在改变。维和行动已经从仅仅是监督停火发展到保护平民、解除前战斗人员武装、保护人权、促进法治、支持自由和公正的选举等。

2018 年 12 月的数据显示这一年共有 120 多个国家为联合国提供军人、警察及文职人员等共计 99663 名。其中警察人员 9843 人，军人 75554 人，文职人员 12932 人，联合国志愿人员 1334 人（见图 5.1）。

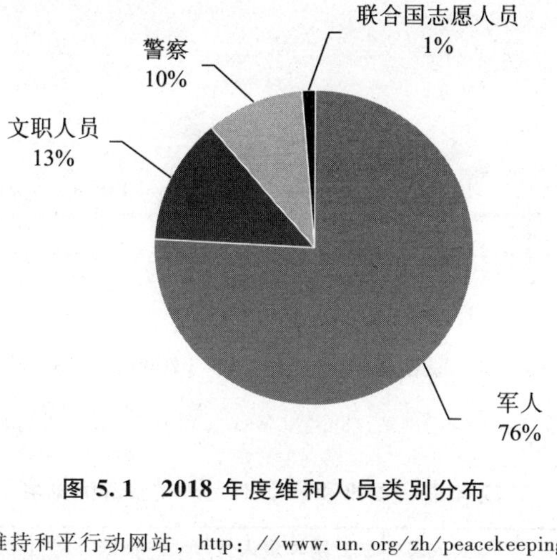

图 5.1　2018 年度维和人员类别分布

资料来源：联合国维持和平行动网站，http：//www.un.org/zh/peacekeeping/。

整体来看，2018 年度各月维和人员数比较均衡，从 1 月到 12 月有少许减少，减少了 2665 名维和人员（见图 5.2）。维和人员总数比 2017 年的 92682 人有所下降，是近九年来维和力量的最低水平（见图 5.3）。2018 年联合国维和派遣人员排名前 10 的国家均来自于亚洲或非洲地区（见表 5.2），仅这 10

国派遣总人数就达 52446 人，占 2017 年 125 个国家派遣总人数的 57%。

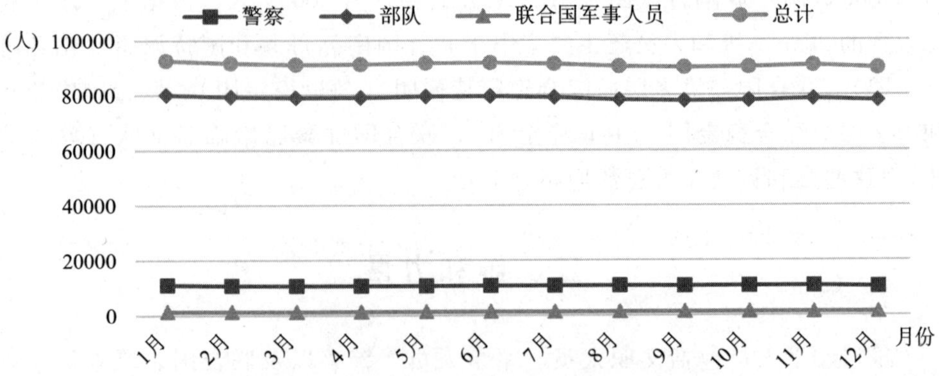

图 5.2 2018 年度维和人员月度统计

资料来源：联合国维持和平行动网站，http：//www. un. org/zh/peacekeeping/。

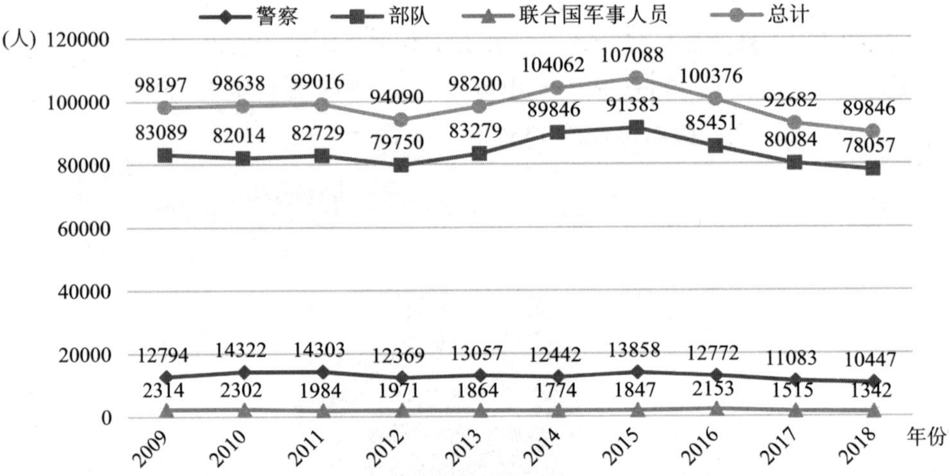

图 5.3 联合国维和人员统计（2009—2018 年）

资料来源：联合国维持和平行动网站，http：//www. un. org/zh/peacekeeping/。

表 5.2 2017 年联合国维和行动十大人员派遣国排名 单位：人

国家	地区	警察人员	联合国军事人员	部队	文职人员	总数
埃塞俄比亚	非洲	42	106	6797	115	7060
卢旺达	非洲	1197	36	5209	78	6520
孟加拉国	亚洲	648	40	5640	103	6431
印度	亚洲	177	38	5858	105	6178
尼泊尔	亚洲	591	43	4935	105	5674

续表

国家	地区	警察人员	联合国军事人员	部队	文职人员	总数
巴基斯坦	亚洲	140	45	4786	91	5062
埃及	非洲	864	55	2195	76	3190
印度尼西亚	亚洲	328	23	2517	43	2911
加纳	非洲	344	44	2314	76	2778
塞内加尔	非洲	1253	2	1356	40	2651

资料来源：联合国维持和平行动网站，http：//www.un.org/zh/peacekeeping/。

其中派遣维和人员数最多的10个国家里有5个来自非洲地区，其余5个来自亚洲地区，其中埃塞俄比亚为派遣维和人员数目最多的国家，共派遣7060人，卢旺达紧随其后，共派遣6520人，位列第二；非洲地区2018年共有35个国家为联合国维和行动派遣42845人，派遣的维和人员数占维和人员总数的49%，亚洲地区2018年共有24个国家为联合国维和行动派遣33873名维和人员，该地区派遣的维和人员数占维和人员总数的38.68%，欧洲地区2018年共有42个国家为维和行动派遣6932人；拉丁美洲地区2018年共有15个国家为维和行动派遣2248人；北美地区2018年共有2个国家为维和行动派遣184人，大洋洲地区2018年共有4个国家为维和行动派遣486人（见图5.4）。

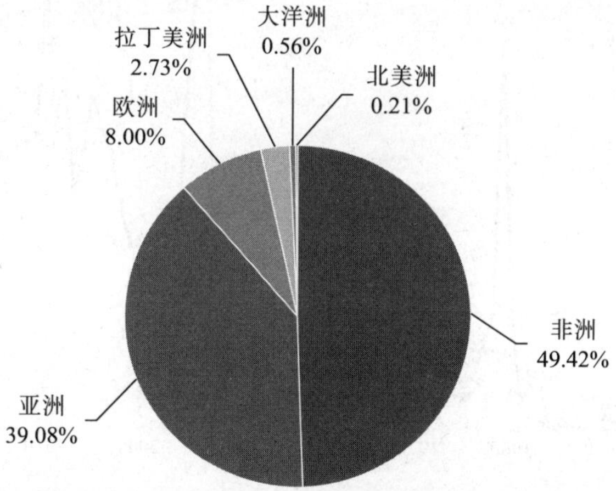

图 5.4　2018 年度维和人员地区分布

资料来源：联合国维持和平行动网站，http：//www.un.org/zh/peacekeeping/。

1948年以来在联合国部队服役期间因公殉职的3800余名维持和平人员，其中1030名维和人员殉职于恶意行为。2018年殉职的联合国维和人员有98

人，其中有27人因恶意行为死亡。相关挑战主要存在于非洲维和任务区，包括马里、中非、苏丹、刚果（金）、南苏丹等国。其中，联合国马里综合稳定团牺牲人数最多。

针对蓝盔部队的袭击迄今出现过三个高峰期：第一个高峰期是1960—1962年，袭击主要出现在联合国在苏伊士运河危机期间部署的紧急部队（UNEF I）和刚果（金）维和行动（ONUC）中；第二个高峰期是1992—1996年，伤亡主要源于联合国在卢旺达（UNAMIR）、索马里（UNOSOM II）、柬埔寨（UNTAC）和巴尔干地区（UNPROFOR）的维和行动。第三次高峰期始于2011年，并进一步恶化，自2013年以来，伤亡人数激增，有195人在暴力袭击中丧生，这一数字比联合国历史上任何其他五年期间的暴力致死人数还要多。持续至今尚无扭转迹象，占联合国维和行动历史上暴力袭击伤亡总数的五分之一（见图5.5）。

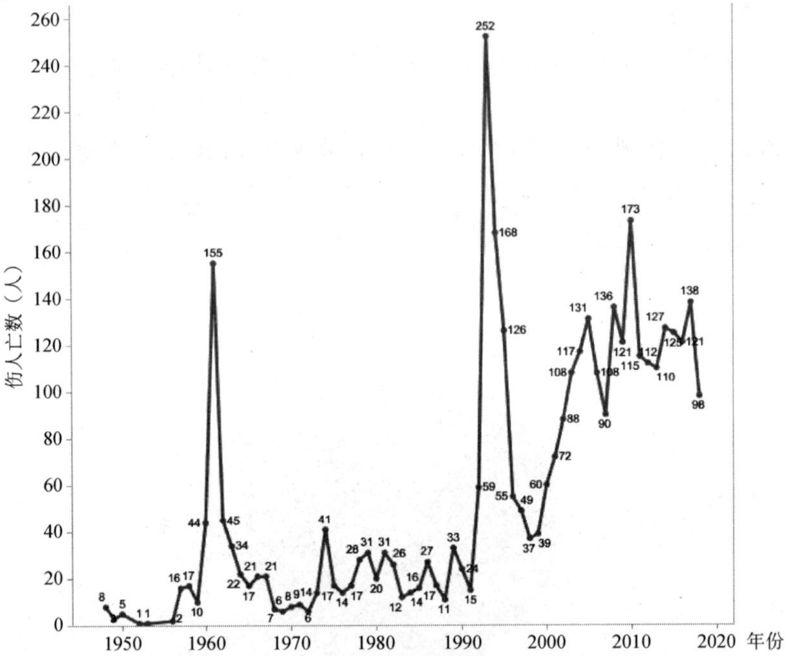

图5.5 联合国维和人员伤亡人数（1948—2018年）

资料来源：联合国维持和平行动网站，http：//www. un. org/zh/peacekeeping/。

成立70年以来，联合国维和行动所遇到的最大变化之一就是联合国维和行动的本质日益多层面化。联合国军事维和人员经常被派遣到荒凉、偏远和危险的环境中，面临着史无前例的挑战，尤其是在非对称威胁下保护平民的情况。维和人员在全世界最具挑战性的环境下发挥更大作用，参与更多行动，因此面临着巨大风险。随着地区安全形势的发展和全球恐怖组织的勾连合并，维和行动模式已出现新变化，今后的维和行动将主要针对“非对称式”的新型安全挑战。

三、维和经费

尽管建立、维持或扩大和平行动的决定是由安理会做出，但为联合国维持和平行动筹集资金是联合国全体会员国的共同责任。各会员国应遵循《联合国宪章》第十七条之规定，按照分摊比例向维和行动捐款。

大会根据具体的经费分摊比额表分摊维和费用。该计算方式以各国的经济财富状况为主要考量，同时五个安理会常任理事国需缴纳更高的份额，因为他们对维持国际和平与安全负有特殊责任。大会在第 55/235 号决议（2000 年 12 月 23 日）中重申了为维持和平行动筹集资金的各项基本与通用原则。维持和平行动预算的依据是安理会确定的特派团任务。因此，它们属于为实现行动的总体目标调配资源的战略文件。每项维持和平行动都有专门的预算和账户，包括业务费用（如交通和后勤）和人员费用（如工资）等。

联合国的维和预算周期为当年 7 月 1 日至次年 6 月 30 日。维和预算是依据行动任务所做出的未来 12 个月的规划，此周期很少与安理会的任务期一致。秘书长向行政和预算咨询委员会提交预算草案，经审议，向大会第五委员会提交提案，供其审核。最终，预算方案交由全体大会核准。各维和行动应在财政周期结束时编写并提交执行情况报告，说明资金的实际使用情况。该报告也需经大会审议和核准。目前，维和新任务预算的制订主要采取以下 10 条规则：

- 派调查团进入维和行动区，调查结果作为制订行动计划和预算分析的基础。
- 秘书长向安全理事会提交关于维和行动必要性以及所涉经费问题的报告。
- 安理会决议授权任务。
- 根据对新特派团的开办费用或由于任务扩展而增加的所需经费的初步估计，以及现有任务的所需经费，行政和预算咨询委员会最多为一个任务授权 1 亿美元的开办费用。

- 但行政和预算咨询委员会在任何时候授权承付款项的总额不得超过 1.5 亿美元。超过 1 亿美元时，大会将要求提交授权。
- 在编制预算提案时，根据标准化筹资模式，先编制第一年的预算提案。随后对未来几年的运作做详细的预算提案。
- 行政和预算咨询委员会和大会第五委员会进行预算的审核工作。
- 大会核准本任务期间和额外的预算数额，需要时可根据实际情况授权延长预算期限。
- 大会批准拨款后，向会员国发送与授权期相对应的评估函。
- 任务期限结束之前，秘书长就任务的执行情况和前景向安理会编写报告。

2018 财政年度（2018 年 7 月 1 日至 2019 年 6 月 30 日），联合国维和行动的核定预算约为 67 亿美元。这笔资金用于资助 14 个联合国维持和平特派团中的 12 个，为非洲联盟驻索马里特派团（非索特派团）提供后勤支持，并通过位于布林迪西（意大利）和巴伦西亚（西班牙）的全球服务中心及位于恩德培（乌干达）的区域服务中心为所有维和行动提供资源、技术支持和后勤服务。需要注意的是，其余两个维持和平特派团，即联合国停战监督组织（停战监督组织）与联合国驻印度和巴基斯坦军事观察组（印巴观察组），由联合国常规预算供资。

经比较发现，该年度维和行动的核定预算不及全球军事支出（2013 年约为 17470 亿美元）的 0.5%。相比 2017—2018 年，2018—2019 年度核定预算约减少了 1.47%（见表 5.3）。

近年来联合国维和行动次数增多，规模扩大，一些主要维和经费承担国开始逐渐削减经费，导致联合国维和经费成逐年下降趋势，面对资金匮乏的情况，维和行动往往不能及时有效地开展。相比 2016—2017 年，2017—2018 年度核定预算约减少 7.5%。

但是，许多国家不仅缴纳了份额内的摊款，还自愿且无偿地提供了交通运输、物资供给、人力和捐款等形式的其他资源，以行动支持联合国维持和平工作。这些工作对联合国维和行动的开展作出了具有不可忽视意义的贡献。

表 5.3　　2018 年联合国维和行动摊款份额前十位的会员国　　单位:%

排名	国家	比例
1	美国	28.47
2	中国	10.25
3	日本	9.68
4	德国	6.39
5	大不列颠及北爱尔兰联合王国	6.28
6	法国	5.77
7	俄罗斯联邦	3.99
8	意大利	3.75
9	加拿大	2.92
10	西班牙	2.44

资料来源：联合国维持和平行动网站，http：//www.un.org/zh/peacekeeping/。

四、维和进展与成就

联合国维持和平行动是国际社会用以促进国际和平与安全的一个有效手段。当前实行的多层面维和行动不仅仅是为了维护和平与安全，更有助于推进政治进程、保护平民、协助前战斗人员解除武装、复员和重返社会；支持宪法及选举进程，保护并推动人权，恢复法制和加强合法国家的权力。联合国建设和平活动旨在帮助国家走出冲突，减少再次陷入冲突的风险，并为建设可持续的和平与发展奠定基础联合国建设和平架构，包括建设和平委员会、建设和平基金与建设和平资助办公室等。建设和平资助办公室通过提供战略性意见和政策指导协助并支持建设和平委员会，管理建设和平基金，协助秘书长协调联合国各机构为建设和平而努力。

过去 70 年来，保护平民日益成为联合国维持和平行动的核心。当前，参与苏丹阿卜耶伊和达尔富尔地区、中非共和国、刚果民主共和国、海地、黎巴嫩、马里以及南苏丹等地的八项维和行动的维和人员中，90% 以上都肩负着保护平民的任务。这些维和人员每天都冒着生命危险保护平民免受暴力侵害。

联合国第一个维持和平特派团成立于1948年5月29日。当时，安全理事会授权向中东地区部署少量联合国军事观察员，成立联合国停战监督组织（停战监督组织），负责监督以色列与其阿拉伯邻国的停战协定。此后，逾100万人先后参与了72项联合国维和行动，直接影响了数百万人的生活，保护了世界上最脆弱的群体，挽救了不计其数的生命。1948年以来，联合国通过在数十个国家成功开展维持和平行动，帮助终止冲突和促进和解。

从柬埔寨、利比里亚、塞拉利昂、萨尔瓦多到危地马拉、莫桑比克、纳米比亚、塔吉克斯坦、东帝汶，联合国维持和平行动帮助许多国家从战争走向了和平。目前，联合国维持和平行动部署了8.8万多名来自124个会员国的军警人员，连同近1.3万名文职人员和1300名联合国志愿人员，在四大洲分别参与14项维和行动。尽管维持和平行动的规模大、范围广，但维和预算仍然不到全球军费开支的0.5%。维持和平已明确证明是对全球和平、安全和繁荣的稳健投资。

维持和平行动是联合国促进和维护国际和平与安全的最有效工具之一。然而，目前维和行动面临着若干挑战，显著减弱了其完成各项任务的能力。解决问题的政治途径经常缺位，特派团的任务似乎缺乏重点和明确的优先事项。部分环境中存在的复杂威胁导致维和人员伤亡增加，而特派团有时缺乏应对这些威胁的人员和装备。除此之外，维和行动在执行保护任务、实现长期可持续和平以及与在相同背景下开展行动的其他行为体保持一致等方面，也面临挑战。

为应对这些挑战，联合国秘书长发起“以行动促维和”倡议，呼吁各会员国、安全理事会、东道国、部队和警察派遣国、区域伙伴和财政捐助国，继续集体参与联合国维持和平行动，并相互承诺长久合作、共同追求卓越成效。

联合国秘书长希望通过倡议重申对维持和平行动的共同政治承诺，他呼吁各会员国与他一起，制订一套共同商定的原则和承诺协议，以打造适合未来需求的维持和平行动。彼时，联合国秘书长的阶段目标是在2018年年底之前达成正式协议。2018年9月25日，联合国秘书长主持召开大会第七十三届会议：“以行动促维和”高级别会议。超过100个会员国及数个区域和国际组织参会，其中许多为最高级别地区。此次高级别会议召集所有合作伙伴，展现和回顾已经取得的维和成就，认识到当下面临的挑战，并促使所有维和利益相关方采取所需的行动，来使得联合国特派团为需要帮助的国家带去长久的和平。

此次会议之前，联合国秘书处起草了一份《共同承诺宣言》（以下简称

《宣言》）的初稿，于2018年7月11日向各会员国发布。根据会员国的反馈，秘书处更新了该文件，并于7月25日提交了一份修订后的草案。该文件概述了会员国和秘书处将要作出的采取集体行动以加强维和力度的承诺。联合国秘书处于2018年8月16日发布了《宣言》的最终版本，并请会员国予以核可。最终，《宣言》得到140多个国家以及三个国际和区域组织的热烈支持。该会议将是所有秘书处和安理会成员、捐助国、部队派遣国和警察派遣国、东道国和区域组织执行《宣言》的关键基础。

五、评估与展望

联合国维和行动是对全球和平安全与繁荣的投资，是国际社会引以为自豪的一项特殊使命。2018年正值联合国维和70周年，联合国在本年度除维持索马里支助办公室外，还维持了14项维和行动，派遣了14个维和特派团共10万多名军警和文职人员前往多个国家支持和平与稳定，其中，非洲是联合国年度维和的热点地区。此外，派驻利比里亚的特派团已完成任务，而派驻苏丹达尔富尔地区和海地的队伍已过渡成为新组合。1948年至今，维和行动环境变化巨大，在安理会目前授权执行维和任务的多个地点存在着旷日持久的危机，牵涉到众多敌对方，和平进程陷入停滞，有组织犯罪大肆横行，暴力极端主义恐怖分子不断发动袭击，本年度近100名维和人员因公殉职。

2018年尽管面临严峻形势的种种挑战，联合国维持和平行动还是取得了一些进展。例如，在马达加斯加，联合国与非洲联盟及其他合作伙伴协调开展工作，帮助在总统选举前消除分歧；在马里，联合国与非洲联盟和西非国家经济共同体合作开展斡旋，有助于防止在2015年签署和平协议以来举行的第一次总统选举期间发生局势升级的状况；在索马里，联合国和政府间发展组织努力遏制邦特兰和“索马里兰”之间的紧张局势；在刚果民主共和国，维和特派团发挥了稳定影响，帮助了该国进行总统选举，并实现了历史上首次权力和平移交；为帮助西撒哈拉形成长期稳定的局势，联合国协助召开了六年来有关各方的首次会议。

维和是联合国的使命之一，也得到了国际社会的广泛共识。未来，联合国有望以更加协调一致方式开展维和工作，进一步推进“以行动促维和”进程，更有效地处理好包括预防冲突、解决冲突、维持和平以及建设和平在内的全方位和平与安全问题。

6. 军力

余冬平 *

摘　要： 2018年国际安全形势不容乐观，大国之间军事斗争和竞争博弈加剧，尤其是中美、俄美关系中的竞争性、对抗性加剧。美国特朗普政府对全球推行"美国优先"战略、对亚洲推行"印太战略"、对中国推行"竞争战略"，大力推行单边主义，退约退群，致使国际安全局势动荡不安。面对错综复杂且充满不确定性的国际安全形势，各国积极提高本国国防实力和军事能力，特别注重新型高科技武器装备的研发与应用。

关键词： 军事人力　战略武器　常规武器

军力是一个国家综合国力最直观、最直接的体现。它是一个国家综合国力的重要组成部分，反映了一个国家对内保持社会稳定、制止国家分裂的能力，也反映了国家对外寻求国家利益最大化的外部实力。

一、军力态势

2018年，国际安全形势不容乐观。最近几年，大国之间军事斗争和竞争博弈加剧，围绕地缘政治和新型领域的竞争一直是国际形势演变的重要标志

---

* 余冬平（1976—），湖北当阳人，北京航空航天大学管理学博士毕业，现任中央财经大学国防经济与管理研究院副教授、硕士研究生导师，主要从事军民融合、国防金融、国防预算、国防采办研究。主持国家自然科学基金、教育部人文社会科学基金、北京市人文社会科学基金、原总装陆装科订部科研基金、国家发改委科研基金、河北发改委科研基金等多项国家级和省部级课题。出版专著《基于期权博弈的企业投融资决策互动行为研究》、《军民融合理论基础》，主编、副主编参编参译著作与教材《国防金融理论与实践》、《国防经济学》、《国防经济学手册Ⅱ》、《国防经济学前沿专题》、《国防经济思想史》、《中国国防经济学》、《军事理论教程》等10余部。在《中国军事科学》、《系统工程理论与实践》、《控制与决策》、《中国管理科学》、《北京航空航天大学学报》、《系统工程》、《军事经济研究》、《军民融合》等中文核心期刊和重要国际学术会议上发表学术论文30余篇。

基金项目：北京高校高精尖学科战略经济交叉学科（GJJ2019163）支持项目，教育部人文社会科学基金规划项目（15YJAZH103），北京市人文社会科学基金一般项目（14JGB085）。

之一。这种竞争和博弈在2018年呈现出新的趋势。竞争的范围由过去主要集中在一两个领域向综合性、全方位竞争发展。例如，俄罗斯与西方大国围绕乌克兰问题的矛盾未解且有升级之势，在叙利亚和中东的争夺也日趋激烈，同时围绕太空、网络、军控等问题的斗争全面展开，经济领域的相互制裁也随之升温。美国频繁“毁约”、“退群”，中美贸易摩擦愈演愈烈，冲击现有的全球治理体制机制；国家主义理念强势回归，动摇全球治理的价值基础。片面强调“本国利益至上”，威胁共同安全治理目标。面对错综复杂且充满不确定性的国际安全形势，国际社会亟须凝聚共识，加强全球安全治理。

在新的安全形势下，各国也都在努力提高本国国防实力和军事能力，注重新型武器的研发与应用，以求在世界军事竞争上占据更有利的位置。按照全球火力指数①发布的数据，2018年已对136个国家的军事实力进行评估，其中排名前十五的国家分别为美国、俄罗斯、中国、印度、法国、日本、韩国、英国、土耳其、德国、意大利、埃及、巴西、伊朗和巴基斯坦（各国军力排名如表6.1所示）。

二、安全形势、行动与战略

2018年国际形势呈现出冲击下调整的特征，世界力量对比加速演变，大国之间竞争博弈日趋激烈，地缘政治斗争依然紧张，传统热点纷争挥之不去，气候变化、难民等非传统安全难题接踵而来。国际恐怖主义如“百足之虫，死而不僵”，局部地区甚至出现回潮。单边主义、保护主义抬头，对当前国际政治经济秩序构成严重挑战，安全问题、气候变化、援助发展等全球问题的解决受到影响。2018年国际安全形势中最引人关注的热点之一就是中美关系。美国对华政策正在进行根本性调整，对华利益认知、威胁判断及其态度都发生了重大变化。新形势下，美国将中国定位为“首要竞争对手”、“新扩张主义者”、“不公平贸易者”等，并将中国崛起看作是“对美国全球领导地位的结构性挑战”。与之相适应，美国各层次的战略都开始着眼应对所谓“来自中国和俄罗斯的威胁”。这是冷战结束后，美国历届政府对华政策从未有过的新

① 全球火力指数，简称GFP。GFP排行榜是国际上有代表性的军事排行榜之一，其数据库主要收集世界各国军队信息，并进行分析和总结。为了比较世界各国军事实力，“全球火力指数”使用了复杂的评估方法，考虑50多个不同因素，根据相关计算结果，得到一个大致反映某国军队实力的评分（火力指数）。

表 6.1 世界军力排行表

排名	国家	分数
1	美国	0.0615
2	俄罗斯	0.0639
3	中国	0.0673
4	印度	0.1065
5	法国	0.1584
6	日本	0.1707
7	韩国	0.1761
8	英国	0.1797
9	土耳其	0.2089
10	德国	0.2097
11	意大利	0.2277
12	埃及	0.2283
13	巴西	0.2487
14	伊朗	0.2606
15	巴基斯坦	0.2798

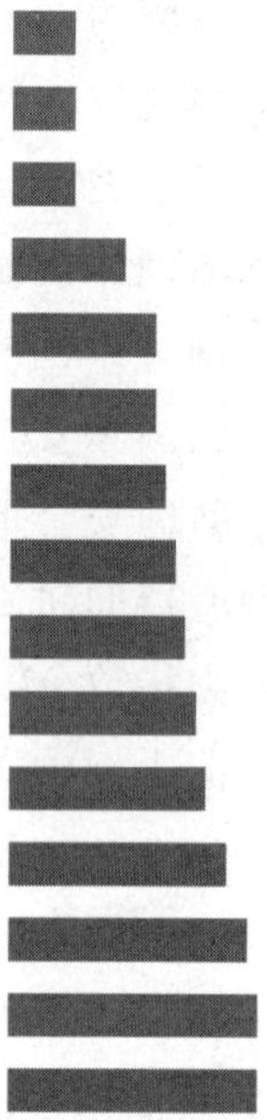

资料来源：全球火力排名，https：//www.globalfirepower.com。

现象。当然这些变化并未突破大国关系的底线，管控危机避免直接冲突仍具广泛共识，世界总体和平稳定的局面可以保持。

2018 年年初，美国政府在国防战略报告中明确提出，世界重回大国竞争时代，国家间战略竞争将取代恐怖主义，成为美国国家安全首要关切。2018 年，美国及其盟国在南海、太平洋地区针对中国的军事行动进一步升级。7 月，美国通过 2018 财年国防授权法案，法案首次加入了南海条款，并支持英法等国派遣军舰参加所谓“南海自由巡航”行动。6 月 27 日至 8 月 2 日，规模最大的国际海上演习“2018 环太平洋联合军演”在夏威夷群岛海域举行，共有 26 个国家参与。此次演习美国以南海问题为由拒绝邀请中国参加，而越南、马来西亚、菲律宾等国家则应邀参加。亚太地区，美军继续加强海空军力量，维持双航母战斗群部署，巩固联盟体系，发展新型伙伴，特别是将太平洋司令部更名为印太司令部，意图将印度纳入其战略轨道。美俄关系在 2018 年继续走低，美国国会对俄罗斯发起新一轮严厉制裁。在叙利亚、乌克兰、伊朗等问题上，美俄关系紧绷。4 月，美英法对叙利亚进行空中打击，俄罗斯向叙利亚提供的防空系统击落大量来袭导弹。10 月 8—19 日，乌克兰和北约八国在乌克兰举行了“晴空 2018”军演。10 月 25 日至 11 月 7 日，北约在挪威及其周边地区举行了自冷战结束以来最大规模的军事演习，代号“三叉戟接点—2018”。此外，2018 年 10 月，特朗普宣布退出中导条约，并在 11 月通知俄罗斯，开始退约程序。11 月，俄罗斯封锁刻赤海峡，并俘虏乌克兰三艘军舰。12 月，美国国会宣布向乌克兰出售杀伤性武器。欧洲方向，美军宣布重建第二舰队，在时隔 5 年后重新增兵欧洲战区，加强武器装备战略预置，敦促北约盟友大幅增加国防开支，并与前苏联国家频繁开展大型军演并提供军援，逐步加大对俄战略压力。中东地区，随着在叙利亚打击极端组织“伊斯兰国”的战事取得成果，12 月，特朗普突然宣布从叙利亚完全撤军。在阿富汗，美军意图通过适度增兵、增加空袭强度迫使塔利班接受政治和解，体面地结束美国历史上“最漫长的战争”。

2018 年，欧盟的凝聚力和一体化受到巨大冲击。从各国国内政治的乱象，到欧盟层面的离心失序，再到欧洲地缘政治环境和外部环境的持续动荡，三方面的失序呈现联动共振效应。欧洲在这样的条件下，勉力多措并举，维护其自身利益和全球主要战略力量的位置。为更好地协调军事行动，从而为欧洲在非洲等地区参与军事行动提供更多支持，共同应对地区性气候危机，以及维护海洋安全，法国、德国、英国等 10 个共同签署“欧洲干预倡议”，确定 2018—2019 年度军事合作方针。此外，欧盟提出将于 2019—2020 年为欧洲国防工业发展计划（EDIDP）拨款 5 亿欧元，以加强国防工业合作。欧洲国防工业发展计划是一个新计划，旨在将重点放在欧盟国家间的国防能力发展上，如军用无人机或欧洲网络防御机制。

2018 年，虽然英国脱离欧盟情况仍然复杂和不确定，但英国与德国、法国之间军事合作仍比较广泛。1 月，英法两国达成协议，法国政府将在 2019 年为驻扎在爱沙尼亚的英国主导的强化前线部署战斗群提供进一步支持，威慑俄罗斯，加强北约东翼的安全。英国皇家空军将通过部署“支奴干”直升机向法国在马里的反恐行动提供后勤支援。此外，两国将继续推动英国国防工业参与欧洲防务研究和能力发展计划，并对“欧洲干预倡议”的发展提供支持。4 月，法德两国国防部长宣布正式开始合作开发欧洲下一代战斗机，同时英国也表示将会部分参与该合作项目。4 月，美英法联军未经联合国授权，突然对叙利亚首都大马士革发起精准打击，以作为对当前叙东古塔地区发生“化武袭击”的回应。

为提升法军处理突发事件的能力和战略自主性，以保障国家安全和海军军事行动。2018 年，法国进行了一系列国防改革。法国 2018 年国防预算大幅增长到342 亿欧元，国防预算在国内生产总值的占比将从 1.8% 上调到 2%。1 月，马克龙表示他将在 5 年任期内启动核威慑力量的更新工程，包括互为补充的海基和空基核力量两大部分。他还重申从 2018 年起逐步增加国防预算的承诺，从而能在 2025 年达到北约设定的成员国国防开支占国内生产总值 2% 的目标。2 月，法国出台《军事规划法 2019—2025》。作为马克龙政府国防改革的指导性文件，法案着眼重塑国防战略和重振防务力量，为未来 7 年国防改革制定了详细规划。7 月，法国宣布进行武装部队改革，启动了国防采购机构——法国武器装备总署（DGA）的重组。9 月，法国国防部正式成立国防创新局，负责面向欧洲和法国私营企业，资助高科技部门和企业技术创新。11 月 6 日，法国总统马克龙在凡尔登参加第一次世界大战结束百年纪念活动时再次呼吁打造“欧洲军队”应对恐怖袭击、难民潮、网络攻击等问题，促进深化欧洲合作，致力于实现“战略自主”。

2018 年，俄军依据叙利亚战场作战经验持续推进结构编成改革，突出快反精兵力量建设，为空降兵增编陆航、电子战、防空反导等力量，提升空降兵综合作战能力。3 月，俄罗斯总统普京在国情咨文演说中，披露了“匕首”高超音速导弹、战术导弹、核动力鱼雷和巡航导弹、激光武器等武器装备，并首次公开核动力巡航导弹“雨燕”试飞的画面。俄罗斯凭借多年经营，在叙利亚发挥重要影响力，实现了破局美国的中东封锁。4 月，叙利亚“化武疑云”再起，美国最终联合英法对叙实施导弹袭击。9 月，俄罗斯一架伊尔 -20 电子侦察机在叙利亚上空被击落，俄指责以色列空军故意利用俄罗斯飞机作为掩护导致悲剧。随后俄罗斯宣布向叙利亚提供 S -300 导弹并迅速交付。11 月，俄空天军对叙北部阿勒颇省反政府武装控制的化武阵地进行了打击。2018 年，俄罗斯与欧洲国家波澜不断，曲折连连。3 月，以俄罗斯前特工“中毒”事件为由，美欧和俄罗斯之间上演了自冷战结束以来最大规模的“外交战”。5 月，美国宣布退出伊核协议，在伊核协议问题上，俄欧持有共同立场，德法领导人 1 周内相继访问俄罗斯。10 月，英、荷、德等国纷纷指责俄罗斯策划了一系列网络攻击。年末，俄罗斯与乌克兰因刻赤海峡冲突再度升级，两国关系急剧激化。2018 年，俄罗斯不断加强与亚洲国家合作关系，与印度关系有很大改善，与日本关系获得了额外的推动力，与韩国也签署了建立的协定。2018 年 9 月 11—13 日，俄罗斯联合中国举行了近年来规模最大的“东方—2018”联合军演，动用兵力仅次于冷战时期苏联“西方—81”演习。

2018年，各大国特别是美国和中国之间战略性竞争的大幅增加，在亚太地区进行了明显的政策调整，并且加大了在地区的力量集聚力度，朝鲜半岛和东海局势呈现缓和态势。东盟继续保持团结，加大共同体建设合作力度并实施一个“坚韧与创新”的东盟相关优先任务，努力有效落实《东盟共同体愿景2025》和三大支柱的东盟建设总体规划，继续在地区以及同各大国关系中肯定了自己的地位。2018年，美国加快完善“印度洋—太平洋”愿景内涵并抓紧实施“印太战略”，以同“一带一路”直接竞争。

2018年12月，安倍签署了新日本防卫大纲，新防卫大纲将过去的动态防御改为多次元防御，学习美国建立太空部队，加强网络作战能力，提升电子战作战水平，并建立跨区域防御体系，使日本的防卫战略向军事大国的方向渐进演变。根据大纲指导，日本不仅将建立太空部队，而且将加强网络作战能力，加强海上自卫队远程机动和运输支援保障能力，通过对出云级直升机航母的改造，使其可以搭载F35B战机，大幅增加国防开支和武器装备，这次是日本第一次正式将搭载固定翼飞机的航空母舰列入中期防计划，也标志着日本进一步突破二战体制的束缚。除此外，日本首次购买AGM-158巡航导弹，也是首次具备了有进攻性的攻击武器。日本军事能力的升级，一定程度打破了东亚地区海上力量平衡。

与2017年相比，2018年朝鲜半岛局势迎来了明显改善，这主要得益于朝鲜积极进行政策调整以及各国的外交努力。4月，朝鲜宣布将拆除核试验场设施。6月，美朝领导人在新加坡举行历史性会晤，一举打破僵局。随后，朝韩领导人三次会晤推动南北关系解冻，半岛局势从延续多年的战争边缘徘徊重回缓和向好轨道。2018年，在文在寅政府的积极主导斡旋下，韩朝双方成功签署了《板门店宣言》和《9月平壤共同宣言》，共同承诺将把朝鲜半岛建设成没有核武器与核威胁的和平家园。为了配合南北关系回暖的外交氛围，韩国对韩美联合军演规模进行了一系列压缩和调整。如韩美取消了原定于8月举行的“乙支自由卫士”联合军演。2018年7月，韩国国防部决定裁军并缩短军人服役期限。但与此同时，韩军又不断加紧主战装备更新迭代，3种骨干武器体系建设持续推进，大批新型舰艇下水或列装海军，并继续推进杀伤链体系、国产导弹防御体系、大规模报复体系的建设，并积极发展卫星侦察、中程地对地弹道导弹、远距离精确打击等能力。

印军加快推进现代化建设。仰仗陆军正酝酿启动独立后规模最大的编制体制改革，大幅压缩陆军总部规模，改善作战与后勤力量比例，优先发展网络战、信息战、心理战等新型作战力量，计划在未来3—5年裁军10万人。海军谋求大幅扩大舰艇规模，计划到2027年将军舰数量从117艘增至200艘。印度在美俄之间左右逢源。一方面，印度不顾美国制裁威胁，坚持从俄进口S-400防空导弹。11—12月，俄印“因陀罗—2018”年度跨军种大规模联演在印举行。另一方面，印度在美国“印太战略”中发挥“支点”作用。9月，美印签署《通信兼容性和安全协议》，两军将实现情报、数据共享，标志着两国防务合作迈上新台阶。此外，印度与日本、澳大利亚等国防务关系也持续升温。

三、军事人力

世界军队规模自1995年达到3000余万人之后开始下降，虽然偶有个别年份轻微上升，但总体呈下降趋势，最近几年稳定在2800万人左右。由于人们生活质量水平提高，医疗卫生技术的进步以及部分国家鼓励生育的政策，世界人口数量持续增长，2018年已经超过75亿人。军队数量占劳动人口比例持续下降，2018年比例已降为0.7955%（见图6.1）。面对快速变化的世界格局，世界各国都在提高本国军事实力，并调整军队规模。

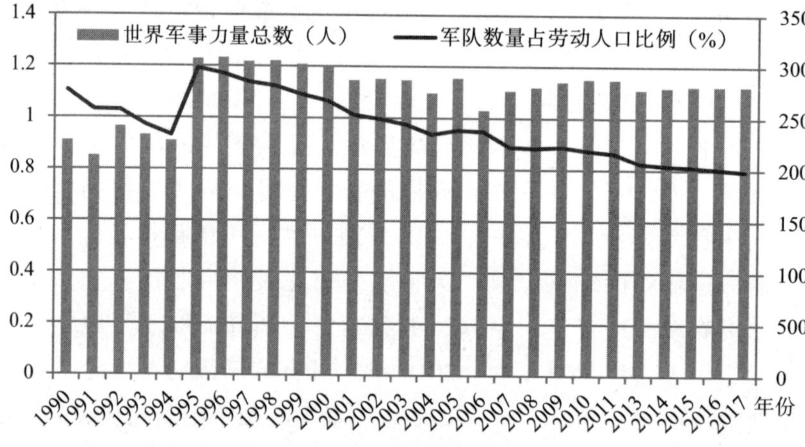

图6.1 世界军事人力概况

资料来源：世界银行。

按全球火力指数发布的全球军事人力排名，从世界各个主要国家的情况来看，2018年与前几年变化不大。在军队规模上，中国、印度、美国、印度尼西亚、巴西、巴基斯坦、尼日利亚、俄罗斯、墨西哥、日本、菲律宾、越南、伊朗、土耳其、埃及处在最前列（见图 6.2）。

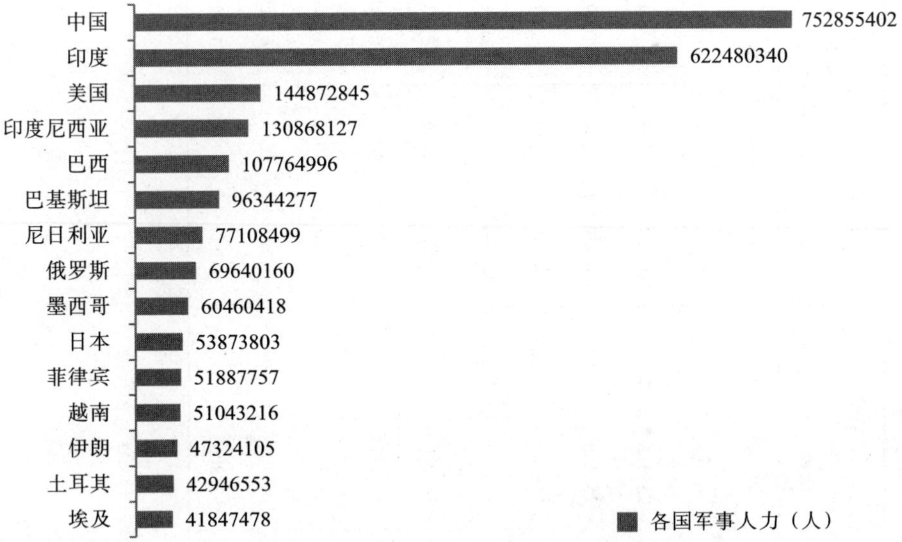

图 6.2　2018 年军事人力规模前十五位国家排名

资料来源：军事人力排名，https：//www. globalfirepower. com/available - military - manpower. asp。

美军是世界上军事人力最多的国家之一，从表 6.2 可以看出，美军 2018 年现役军队在 134 万人左右，较之前几年 110 万人的军队规模增长较快。其中，陆军约为 47 万人左右，海军约为 50 万余人，空军约为 32 万余人，海岸警卫队也算在其中，约为 41000 人。

由于合同制志愿兵招募顺利，俄罗斯 2018 年三军现役军队达到 90 余万人。根据全球火力指数评级，俄罗斯军队在世界上排第二位，第一位则为美国。俄罗斯武装部队的人数估计为 3586128 人，国防预算约为 470 亿美元[①]。作为战斗民族的俄罗斯，其军队规模一直不容小觑。

2018 年法国军队规模也在逐渐扩大，已经达到 20.7 万余人，其中陆军 112500 人，空军 41150 人，海军 35000 余人。准军事人员 103400 人，预备役 32300 人。英国三军现役人数达到 150250 人，其中陆军 85000 人，海军 32350

① The Military Balance, 2019.

表 6.2 美国现役军人数（2008—2018 年）

单位：人

年份	陆军		海军		海军陆战队		空军		海岸警卫队		合计	
	国内	国外	国内	国外	国内	国外	国内	国外	国内	国外	国内	国外
2008	361823	177852	260824	65860	148325	50090	247261	75639	40354	1008	1058587	370449
2009	374482	174534	263860	60380	163804	39271	251479	77368	41376	1050	1095001	352603
2010	400526	161454	267684	55455	158329	44284	252528	77114	40274	1053	1119341	339360
2011	402640	158797	262399	57742	159634	41393	251190	77631	40929	1082	1116792	336645
2012	435836	110221	257884	56456	164252	34568	258548	70264	40735	1114	1157255	272623
2013	429650	89387	271165	47522	161021	32794	259680	66066	38639	1165	1160155	236934
2014	421168	73613	272286	48199	153083	31908	245220	64120	38074	1196	1129831	219036
2015	407917	70381	260189	63526	159084	24113	244172	62829	37783	1020	1109145	221869
2016	394236	66372	283499	35286	149992	33428	249738	63366	38659	1033	1116124	199485
2017	418491	47309	290270	29598	153615	31143	265296	52640	39597	1237	1167269	161927
2018	476250		508350		184400		322800		41000		1348400	

资料来源：美国国防部国防人力数据中心 Defense Manpower Data Center。

注：2013 年之前的数据为截至到 9 月 30 日的数据，2013 年及之后的数据为当年 12 月 31 日的数据。

人，空军32900人。但相比以前，英国军队规模已经连年下降①。

根据全球火力指数排名，2018年印度排名第四，进入世界军事强国系列。作为人口过10亿的国家，印度军队人力也在世界排名前列。印度三军现役人数达到1395100人，陆军1200000人，海军58350人，空军127200人，海岸警卫队9550人，预备役30余万人。日本自卫队在2018年三军现役人数为247150人，陆军150850人，海军45350人，空军46950人，地面自队150850人，海上自卫队45350人，预备役56000人。与2017年相比，人数一直在增长。朝鲜三军现役人数1280000人，其中陆军1100000人，海军60000人，空军110000人，明显看出陆军所占比重较大。与其相对应的韩国，三军现役人数只有朝鲜的一半左右，为62万余人，陆军490000人，海军70000人，空军65000人。东南亚的越南，三军现役人数482000人，其中，陆军412000人，海军40000余人，空军30000余人②。

四、军事装备

2018年对全世界而言，绝对是不平静的一年，国际安全形势不容乐观，大国之间军事斗争和竞争博弈加剧。无论是吸引美、英、法、俄、土、以等国的叙利亚冲突、在非洲和亚洲多处引燃战火的反恐战争，还是随时可能会擦枪走火的俄乌克里米亚对峙，都迫使世界主要国家不断增强本国的军事实力，投入巨大的人力物力研发和装备新型武器系统。世界主要大国武器装备数量如表6.3所示。尤其是以美俄为代表的掌握战略武器的国家而言，无疑是“松绑”的一年。2018年12月8日，“今日俄罗斯”电视台以《他们准备发动军备竞赛》为题，报道美国政府可能准备退出《第三阶段削减战略武器条约》。仅仅4天以前，美国国务卿迈克·庞培宣称，除非俄罗斯改变其“违反”《美利坚合众国与苏维埃社会主义共和国联盟关于销毁中程和中短程导弹的条约（以下简称为“中导条约”）》的行为，否则美国将在60天后正式退出这一条约。事实上，美国政府和军方除了威胁退出冷战时期建立的一系列军控条约以外，已经开始在海陆空天各领域加强自身的战略打击能力，以期“压倒”世界其他国家。为了进一步增强其战略武器的突防能力和全球打击能

① The Military Balance，2019.
② The Military Balance，2019.

力，美国的海陆空三军纷纷启动高超音速武器研发项目。

表 6.3　　世界主要国家武器装备数量　　单位：枚，艘，架，辆等

武器	美国	俄罗斯	中国	英国	法国	印度
洲际弹道导弹	400	334	70			
可发射洲际弹道导弹的核潜艇	14	13	4	4	4	
轰炸机	157	215	172			
步兵装甲车	2931	5140	3860	623	627	3100
主战坦克	2831	2750	5800	227	200	3565
火炮	5431	4342	13420	598	273	9719
攻击潜艇	54	25	54	6	6	15
航空母舰	11	1	1	1	1	1
巡洋舰、驱逐舰、护卫舰	101	34	86	19	23	27
两栖舰船	32	20	5	2	3	1
战术飞机	2171	2230	2413	250	292	814
攻击直升机	141	375	140	50	62	19
重/中型运输直升机	207	714	53	172	73	410
重/中型运输机	1331	427	335	61	60	242
空中加油机以及多用途加油/运输机	530	15	18	14	14	6
空中预警控制机	31	18	13	6	7	4
重型无人飞行器	279	不详	19	9	6	9

资料来源：Military Balance 2019，国际战略研究所。

与其他国家相比，美国武器装备水平依旧处于国际领先地位。陆军方面，美陆军早于 2017 年 10 月在陆军协会年会上宣布了六大优先装备研发项目：远程精确火力、下一代战车、“未来垂直起降”直升机、机动通信指挥网络、一体化防空反导、单兵杀伤力项目，并在 2018 年大力推进。其中下一代战车的研制计划得以明确，在 2018 年 3 月美陆军协会举办的全球军力研讨会上，美陆军下一代战车跨职能小组概述了下一代战车样车在通过装备研发决策前分三个阶段的研发计划。美陆军部长埃斯博在 2018 年 8 月指挥陆军加速推进下一代战车。将初始列装时间，从原计划的 2032 年提前到 2026 年。目前计

划采购3600辆下一代战车，用于装备20个旅战斗队。先取代布雷德利步兵战车再取代艾布拉姆斯主战坦克。美陆军在研发新型作战车辆的同时，也重视改进现役作战车辆。2018年七月授予通用动力地面系统公司一份交付订单，要求其交付100辆由M1A1改进而来的M1A2 SEPV3，M1A2 SEPV3在通信可靠性、可维护性和燃油效率方面都有提升，美陆军还在研制M1A2 SEP V 4坦克样车。特朗普2018年8月13日签署生效的2019财年国防授权法案，将M1A2 SEP V3，M1A2 SEP V 4分别命名为M1A2C和M1A2D。

空军方面，作为军事强国投射国家意志、施加战略影响的首选工具，战略轰炸机一直是主要国家军队重点投资发展的空军装备，围绕战略轰炸机发展的竞赛日趋激烈。美空军重点突出在高烈度环境下的渗透、突防和远程打击能力发展轰炸机。下一代轰炸机B－21“突袭者”的研发获得显著进展。2018年，B－21轰炸机已完成初步设计审查，正向关键设计审查迈进；第一套软件已经交付，正在设计下一套软件；最初的几个部署基地已确定。同时，B－2A轰炸机完成了B61－12新型核炸弹的投放试验。B－52H已开始广泛的升级改造。B－1B轰炸机成功完成AGM－158C远程反舰导弹发射试验。目前，无人机因为具有抗高危、可持久作战、成本低、可降低人员工作强度等诸多优势获得各国空军青睐。特别是发达国家空军，为谋求未来战争的设计权、控制权，积极运用先进计算机算法、人工智能技术，大力推动无人机向自主化方向发展，以期颠覆现有攻防对抗作战模式。美空军研究实验室3月公布了未来空中作战的模拟动画，清晰地展示了美空军对“忠诚僚机”、“蜂群作战”的设想：6架无人僚机在1架F－35战斗机控制下编队突防、对地攻击，C－130投放100多架“小精灵”无人机“蜂群”。“小精灵”无人机可使用C－130运输机等大型有人机携带、投放和回收，可执行情报侦察、战场监视等任务，还能发起自杀式袭击。

2018年，美国海军陆续发布《保持海上优势2.0》、《2018年海军陆战队航空兵规划》等指导文件，积极谋划未来发展，以服务大国对抗战略目标为中心，不断推动海军科技发展。通过频繁举行联合军演和海上演练，不断显示海上存在和威慑。美国海军以新型主战舰艇、新型航空平台和新概念新技术武器为代表的武器装备项目进展平稳，进入发展新阶段。水面舰艇仍是美国海军装备建设的重点之一。航母方面，美国第一艘福特级航母“福特”号于7月14日完成交付后测试和评估后，到达其建造厂——纽波特纽斯船厂，开始进行为期一年的“试航后维护升级”后“选择性维护升级”（PSA/SRA）

工作；美国海军加快激光武器的发展。2018 年 3 月，美国海军授予洛克希德·马丁公司一份价值 1.5 亿美元的合同，开发、制造和交付 2 套“海军水面激光武器系统”高能激光武器系统，功率可达 60—150 千瓦，具备情报监视与侦查、反无人机等能力；无人系统继续快速发展，积极验证无人系统跨域集成能力，8 月的“先进技术演习”中，试验了潜艇发射“蓝鳍”-21 无人潜航器，“蓝鳍”-21 无人潜航器随后释放 2 个微型“沙鲨”无人潜航器和 1 架“黑翼”无人机，由“黑翼”无人机作为潜艇和“沙鲨”无人潜航器的通信中继，实现水面和水下的跨域通信与指控。

2018 年对俄罗斯武器装备发展来说是不平凡的一年。据俄罗斯媒体报道，俄武装力量 2018 年接装完成国家试验的新型武器达 56 种。而在 2018 年 7 月，俄罗斯国防部高调晒出了六种“战略杀手锏”武器。这些武器有的正在研制，有的已进行实战测试，然而它们的一个共同特征就是“无法拦截”。其中最为标新立异的是“海燕”新型核动力巡航导弹了。将一次性核反应堆安装在空射巡航导弹上，让导弹飞行获得核动力，可令此前射程在 1000—2000 公里左右的常规动力巡航导弹，实现 1 万公里航程的洲际打击，成为战略核威慑能力的一环。俄罗斯空军使用米格-31 战斗机和图-22M3 轰炸机进行了其最先进“匕首”导弹的发射演练，这是首次公布图-22M3 战略轰炸机挂载匕首导弹的影像。“匕首”高超音速导弹系统于 2017 年 12 月服役，搭载“匕首”高超音速导弹系统的飞行大队已进行了约 350 次飞行。从 2018 年 4 月开始，搭载“匕首”系统的米格-31 飞机已经开始执行定期巡逻任务。“先锋”导弹使用大型火箭助推器作为载体，在“先锋”导弹发射之后，会冲出大气层做自由飞行，并且速度达到高超音速，等到接近目标 30 千米之时，导弹会在制导装置的指引下冲向目标，发起攻击。因为其极快的速度，因此俄罗斯官方表示，西方现有的武器装备难以拦截这款“先锋”导弹。2018 年，俄罗斯中部军区接收了多种最新改进型坦克装甲车辆：1 个摩步旅接收了 24 辆改进型 BMP-2M 步兵战车，1 个坦克师接收了十辆 BMPT“终结者”坦克支援车用于进行作战鉴定与试验，坦克部队接收了经过重大改进的 T-27B3 主战坦克。2018 年 8 月，在莫斯科军队 2018 防务展期间，俄国防部与 20 家公司签订了 32 份采购合同，涉及到未来几年向俄军交付 600 件全新、1000 摆件大修的武器装备，其中包括 2018—2021 年交付 132 辆 T-14 阿玛塔主战坦克和基于阿玛塔底盘的 T15 重型步兵战车，首批九辆于 2018 年交付。空军方面，俄罗斯第五代战斗机苏-57 完成第一阶段研发。俄罗斯空天军签订第一批 12 架苏-57

采购合同，计划2019年开始交付。米格－41战斗截击机的开发设计工作已于2018年启动。米格－41时速最高可超过4马赫甚至5马赫，可进入轨道空间，分有人驾驶和无人机两版。俄空天军首款中空长航时“察打一体”无人机“牵牛星”即将服役。该机体量接近美军的“全球鹰”无人机，采用2台涡桨发动机，起飞重量约5吨，续航时间48小时。同时，俄空天军开始研发未来高速无人机。俄罗斯空天军将开始A－100预警机装备部队前的国家试验。A－100采用双波段有源相控阵雷达，S波段和UHF波段雷达背靠背排列，5秒一周进行360度扫描。其中S波段主要对空探测四代机，UHF波段主要探测隐身能力更强的五代机。

法国作为五位常任理事国之一，军工体系完善，从突击步枪到主战坦克，从航空母舰到战略核潜艇，从战斗机到巡航导弹，涵盖了除战略轰炸机外的几乎所有武器类型。法国同时也是武器出口大国。自己装备6条梭鱼级核潜艇（预算79亿欧元，最终大概90亿欧元），出口澳大利亚12艘常规动力版本的短鳍梭鱼级（390亿欧元）。法国和西班牙联合研制鲉鱼级常规潜艇，虽然自己没装备，但是已经出口印度、巴西、智利、马来西亚等国10余艘。法国自己装备阵风战斗机不到300架，但是出口了近百架。法国自己装备西北风两栖攻击舰3艘，出口2艘。加上之前的幻影系列、拉斐特系列，则更为可观。通过出口获取利润，为下一代武器的研发装备提供资金，而新的武器，又去赢得新的出口订单，从而形成良性循环。法媒称，自2018年6月4日公布的法国政府向议会提交的武器出口年度报告中可看到，法国2018年武器出口达91亿欧元，与2017年相比增长30%，取得“佳绩”。目前，法国13%的工业就业在军工领域，而军品出口，几乎占据了法国军工的半壁江山。

英国国防部长就曾公开表示：“我们正在进入一个危险的战争新时代，所以我们的主要重点必须是未来。”到2025年，英国国防部会投入26亿美元开展“暴风雨”战斗机的研发，并且后期还会追加。英国退欧使英国与空客等典型的欧洲防务合作伙伴隔绝。与此同时，美国也收紧武器技术出口，退无可退的英国只能靠自己。目前，英国皇家空军的主力战机是：欧洲台风战斗机和洛克希德·马丁的F－35战机，这些战机是进口或者明显的多国合作的结果。不过，“暴风雨”则要真正的“英国制造”。而且英国军方称这架战机为第六代战机，能够打败现在空域主流的美军F－35和F－22、俄罗斯的苏－57和中国的歼－20。英国人希望这架战机能在脱离欧盟的同时展示英国的军事实力，并帮助英国重新定义在美国的传统防务伙伴中的地位和重新回到孤立主义。

南亚地区的印度一直有着大国雄心梦，但是印度无论武器装备还是兵员素质都不占优势。2018 年 6 月，印度陆军与美国签订了一个采购六架 AH－64E 的 9.3 亿美元军售合同，计划 2020 年开始交付，印度陆军航空兵共计划采购 39 架，组建三个独立的 AH－64E 直升机中队。印度国防采购委员会于 2018 年 9 月 18 日批准了一项总额达 910 亿卢比（约合 13 亿美元）的武器装备采购计划。印度国防部发布声明说，这一采购计划包括"阿卡什"地对空导弹系统升级版以及 T-90 坦克单兵水下呼吸装置的设计和研发。这种水下呼吸系统是坦克乘员使用的专用安全装备，供其在坦克涉水遇险时紧急逃生用。由国防部长西塔拉曼担任主席的国防采购委员会还批准了一项 T-90 坦克制导武器系统测试设备的设计和研发采购方案。声明表示，这一采购计划是为了实现武器装备本土化和自力更生的需要。

日本在 2018 年全球火力指数排名第六，相比 2017 年又进步两名。日本虽然国土面积较小，但人口多，国民素质高。先进的技术有助于日本提升本国的军力。2018 年 12 月 18 日，日本政府公布了备受外界关注的《中期防卫大纲》和《中期防卫力量整备计划》。《中期防卫大纲》不仅提出了新的防卫概念"多次元统合防卫力量"，还提出重视建设太空、网络战和高超声速武器等领域的战力。高超声速武器已经成为当下军事强国或大国争相研发的先进武器，日本也不甘人后。《中期防卫大纲》提出，未来日本陆上自卫队将新建立 2 个高速滑翔弹部队，其中高速滑翔弹部队将被部署在冲绳县，进行离岛防御任务，打击敌方舰船和部队，助推—滑翔高超声速武器的主要目标是包括敌方航母在内的大型水面战舰。助推—滑翔高超声速武器比传统的反舰弹道导弹有更强的突防能力，这意味着日本也将拥有以航母、万吨驱逐舰等大型水面战舰为主要目标的远程反舰武器。综观日本这几年反舰导弹的发展，可以发现其装备体系基本实现了升级换代，反舰战力进一步提升。由于助推—滑翔高超声速武器要在 2025 年左右才能完成实验，因此在未来一段时间超声速反舰的重任得由今年完成实验的 ASM－3 空舰导弹担任。作为一个岛国，缺乏战略纵深的日本最希望在海上将敌人消灭，而空中力量最适合执行这种任务，为此日本在冷战时期就很重视空舰导弹的发展，相继研制和装备了 80 式、93 式空舰导弹，正在研制的 ASM－3 导弹则会取代 93 式空舰导弹，成为未来航空自卫队的主要反舰力量。

2018 年，朝鲜组织大型的阅兵仪式，这次阅兵相比之前几次，较为低调，能对美国本土进行攻击的"火星"系列导弹没有出现。但同时，许多新型武器开始出现，例如 KN－06 系列导弹，车载机动发射。KN－9 新型防空导弹等武器出现，表现出朝鲜低调却又有实力的一面。2018 年 11 月 16 日，朝鲜官方媒体突然报道了一条“小消息”：朝鲜最高领导人金正恩亲临国防科学院试验场，指导了新开发的尖端战术武器试验。尽管这条消息并没有说明测试的是什么武器，但它引起了美韩的关注和大量猜测，对于美韩一些政客和媒体近来炒作朝鲜“秘密导弹基地”和朝鲜“新型尖端武器”，韩国统一部前部长、世宗研究所专家李钟奭劝告称：“正在进行的美朝无核化谈判的首要目标是洲际弹道导弹和核武器，对这个范围之外的活动做出过度反应无助于实现无核化的最终目标。”

近年来，为了适应军事战略发展需求，越南加快推进海军建设发展，大力引进和生产先进武器装备。但由于购买大型战舰耗资较大，基于有限的经济实力，本着量力而行、注重实用的原则，越海军重点发展经济实惠的轻小型、快攻型水面舰艇，先后采购或联合建造猎豹级轻型护卫舰和闪电级导弹快艇，以提升水面舰艇战斗力。2018 年 2 月 6 日，越南海军第 2 批陈兴道号和阮惠号 2 艘俄制猎豹 3.9 级轻型护卫舰，在金兰湾海军基地正式入列越南海军第 4 区第 162 作战旅。再加上之前服役的 2 艘猎豹 3.9 级护卫舰和 8 艘闪电级导弹艇，越南海军水面舰艇作战能力得到增强。此外，越海军还拥有一批包括黄蜂级导弹艇、别佳级火炮护卫舰在内的舰艇，不过它们大多是美越战争遗留装备，以及 20 世纪 70—80 年代苏联援助的二手货，普遍存在陈旧老化、装备落后、吨位较小等缺点，整体战斗力较弱。

五、评估与展望

综上所述，2018 年是不稳定性和不确定性的一年，世界军事力量对比加速演变，大国军事斗争和竞争博弈日益加剧。面对错综复杂且充满不确定性的国际安全形势，各国也都不断提高本国国防实力和军事能力，特别注重新型高科技战略武器的研发与应用。中国军队在这一年当中继续展现大国担当，积极提供公共安全产品，成为了国际与地区和平与稳定之锚。

2019 年地缘政治的争夺将更加激烈、恐怖主义将更加肆虐、以民粹势力为代表的国内政治运动也将更加频繁，这些因素塑造世界军力变化的因素也依旧在起主导作用。主要国家预期也将争相布局和增强实力，以此在未来军事实力和战略主动权方面赢得竞争优势。此外，世界各国都在加速新领域的布局，太空、深海、情报和网络等新领域的军事斗争将变得更加激烈。尤其是人工智能的发展将广泛应用于军事领域，开始推动战争形态加速向智能化战争演进，世界各国也将围绕军事智能化展开更加激烈的竞争。

7. 军费

侯　娜　闫少迪*

摘　要： 军费开支的变化趋势不仅可以反映出一国可用于军事建设经济资源的可获得性，也可以从其来洞悉该国面临的地缘政治安全态势。2018 年，全球军费开支总额为 17799.63 亿美元，与 2017 年相比增长了 2.61%，达到了冷战后的新峰值。与 2017 年相比，北美洲、拉丁美洲、亚洲和欧洲的军费开支均有所上升，其中北美洲军费上升了 4.43%，为上升幅度最大的地区，拉丁美洲军费上升了 3.82%，亚洲军费上升了 3.70%，欧洲的军费上升幅度最小，为 1.45%。军费开支下降的地区是非洲和大洋洲，降幅分别为 8.35% 和 2.94%。2018 年全球军费及军备进入扩张时期，加之大国对抗不断升级，地区冲突此起彼伏，预计全球军费开支将持续上涨。

关键词： 军费开支　军费负担　冲突

军费开支是一国军队的运营费用、军事人员工资与津贴、武器装备的采购、军事基础设施建设以及军队研发测评费用的强力支撑来源。基于国内外的安全形势、武器装备的更新换代以及军队军事人员素质的提升等因素，各国都会根据自己国内外的情况确定某一年的军费开支。一国军费开支的变化趋势不仅可以反映出该国用于军事建设经济资源的可获得性，而

---

* 侯娜（1979—），英国伯明翰大学博士，中央财经大学国防经济与管理研究院副教授，中国财政发展协同创新中心研究员；研究方向：国防与安全、军费与国防预算、国防经济前沿。主编、参编和参译 *Cooperation for a Peaceful and Sustainable World*（Ⅱ）、《国防经济学》、《国防经济学前沿专题》、《国防预算与财政管理》、《和平经济学》等著作，专著 *Arms Race, Military Expenditure and Economic Growth in India*。在 *Defense and Peace Economics*、*Peace Economics*, *Peace Science and Public Policy* 等国际期刊发表论文多篇。主持国家自然科学基金、北京市社会科学基金、北京市国民经济动员等项目研究。闫少迪（1995—），中央财经大学国防经济与管理研究院硕士研究生；研究方向：国防与安全、军费与国防预算。

基金项目：北京高校高精尖学科战略经济交叉学科（GJJ2019163）支持项目、中央财经大学双一流和特色发展引导学科专项（022959918005）。

且可以洞悉该国面临的地缘政治安全态势。2018 年，全球军费开支总额为 17799.63 亿美元（按 2017 年不变价格计算），达到了冷战后的新峰值。

一、全球军费态势

（一）全球与地区军费开支趋势

继 2017 年全球军费开支总额重新增长之后，2018 年全球军费开支总额继续保持了上升态势。根据斯德哥尔摩国际和平研究所（SIPRI）的最新数据，2018 年的全球军费开支[①]总额为 17799.63 亿美元，约为 17800 亿美元（按 2017 年不变价格计算），达到了冷战结束后的最高值。如图 7.1 所示，与 2009 年相比，2018 年的全球军费开支总额增长了 5.4%，与 2017 年相比，增长了 2.61%，是过去十年中的最大增幅。2018 年全球军费开支总额占全球国内生产总值的比重为 2.1%，与 2016 年和 2017 年的 2.2% 相比，占比略微下降。全球人均军费为 239 美元（按 2018 年当前价格计算）。

从地区来看，与 2017 年相比，2018 年全球军费开支的增长主要是由美洲和亚洲的军费开支增加所致。其中，北美洲军费上升 4.43%，为上升幅度最大的地区。拉丁美洲军费上升 3.82%，亚洲军费上升 3.70%。欧洲军费也略有上升，但升幅较小仅为 1.45%。同时，非洲和大洋洲军费开支下降，其中，非洲军费下降幅度最大，为 8.35%，大洋洲军费下降幅度为 2.94%（见图 7.2）。

---

① 根据斯德哥尔摩国际和平研究所的定义，本文所指的军费开支定义涉及下列主体和活动的各项支出：1. 武装部队，包括维和部队；2. 国防部门和从事国防项目的其他政府机构；3. 准军事部队（断定是为军事行动而进行训练和装备的人员）；4. 军事空间活动。这些支出包括涉及以下各项的经常项目支出和资本项目支出：1. 用于军事人员和文职人员的开支，包括军事人员的退休金和职员的社会福利费用；2. 作战和维持费用；3. 采购费；4. 军事研发费；5. 军事援助支出（包括用于援助国的军费）。民防开支以及因先前军事活动而发生的当前支出，如退伍军人福利、复员、军转民和销毁武器的费用，不计算在内。需要注意的是，虽然这种定义可以作为准则，然而在实践中由于数据的局限性往往难以坚持。

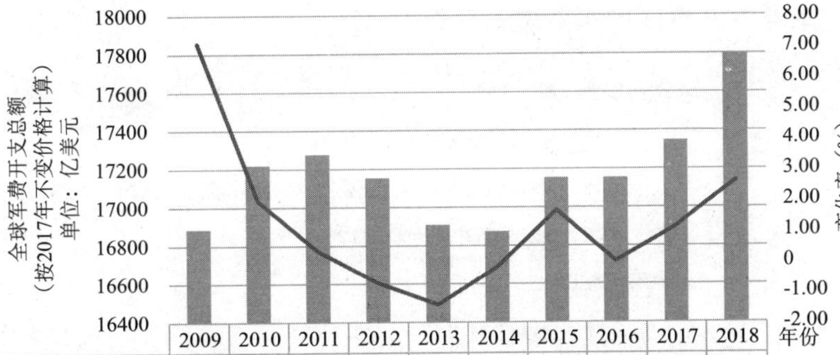

	2009	2010	2011	2012	2013	2014	2015	2016	2017	2018
全球军费开支总额	16887	17220	17276	17153	16909	16874	17153	17153	17346	17800
变化率（%）	7.10	1.97	0.33	-0.71	-1.43	-0.21	1.66	0.00	1.13	2.61

图 7.1　2009—2018 年全球军费开支总额及变化率

资料来源：根据 SIPRI 军费开支数据库中的军费开支数据整理计算。

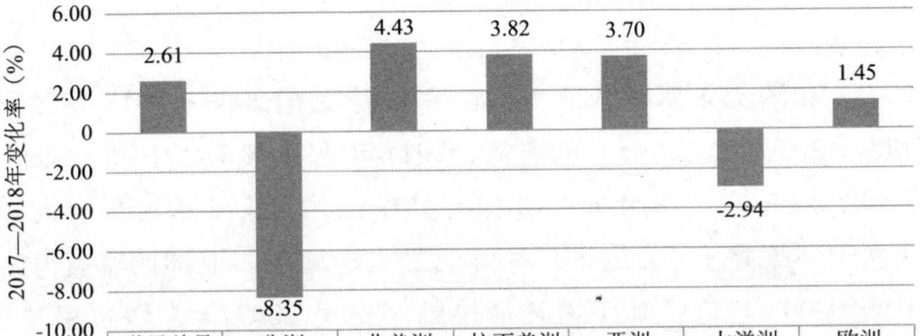

世界总量	非洲	北美洲	拉丁美洲	亚洲	大洋洲	欧洲
2.61	-8.35	4.43	3.82	3.70	-2.94	1.45

图 7.2　2017—2018 年军费开支地区变化

资料来源：根据 SIPRI 军费开支数据库中的军费开支数据整理计算。地区军费分析中之所以不包括中东地区，是因为由于缺乏卡塔尔、叙利亚、阿拉伯联合酋长国以及也门的数据，SIPRI 从 2014 年开始没有给出中东地区军费开支总额的估计值。

纵观各地区在 2009—2018 年的军费变化率（见图 7.3）发现，除了北美洲的军费在这十年下降了 16.34% 之外，其余几个地区的军费在这十年均有所上升，其中上升幅度最大的为亚洲，增长率达 48.19%。北美洲军费开支下降是由于 2011 年之后，美国从阿富汗和伊拉克撤军。欧洲军费开支增长较少是由于西欧地区在 2008 年经济危机后，采取紧缩性措施，从而导致法国、意大利和英国等主要国家的军费开支减少。同时，俄罗斯作为东欧地区军费开支的主要贡献国，放缓了自 2010 年以来实施的主要武器现代化计划，从而导致 2017 年和 2018 年军费开支显著下降。中欧地区的国家越来越重视来自俄罗斯的威胁，持续增加军费开支。欧洲三个次区域采取的军费政策存在相互抵消作用，使得欧洲整体的军费增长缓慢。

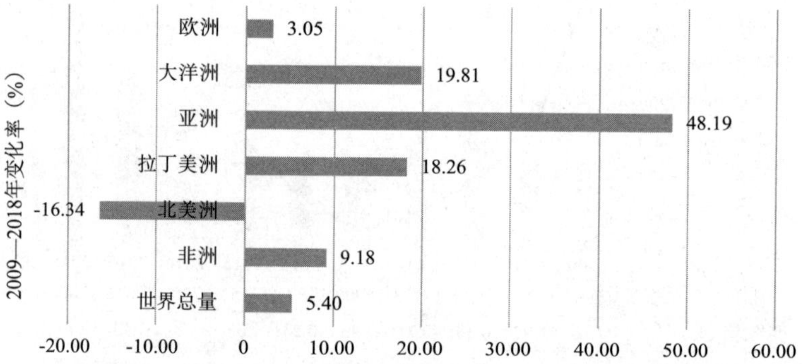

世界总量	非洲	北美洲	拉丁美洲	亚洲	大洋洲	欧洲
5.40	9.18	-16.34	18.26	48.19	19.81	3.05

图 7.3　2009—2018 年军费开支地区变化

资料来源：根据 SIPRI 军费开支数据库中的军费开支数据整理计算。

如图 7.3 和图 7.4 所示，北美洲的军费开支在 2009—2018 年经历了两次上升：2009—2010 年呈现上升的态势，2011 年起连续 7 年下降，其中 2013 年的降幅达到 7.92%。2018 年军费变化态势逆转，增长了 4.43%，北美洲的军费开支在这十年下降了 16.34%，是降幅最大的地区。亚洲的军费开支在这十年呈现不断上升的趋势，其中增长最快的年份为 2009 年，增长率高达 13%，从 2016 年开始，军费增长速度有所放缓。十年间亚洲平均军费增长率为 5.32%。欧洲的军费开支较其他地区相比，在这十年间的上升下降幅度不明显，平均增长率仅为 0.51%。

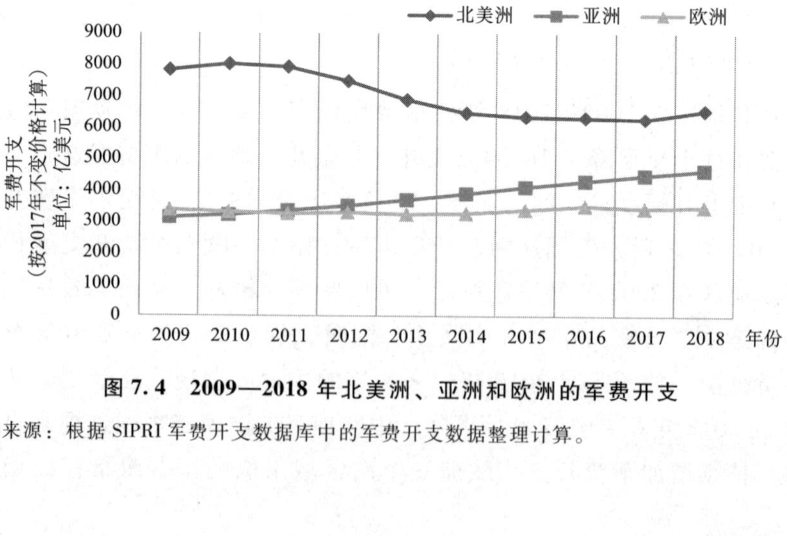

图 7.4　2009—2018 年北美洲、亚洲和欧洲的军费开支

资料来源：根据 SIPRI 军费开支数据库中的军费开支数据整理计算。

2009—2014 年，中东地区的军费开支一直以较高的速度增长（见图7.5），其中 2013 年的增长率高达 9.06%，六年的年平均军费增长率为 5.89%。拉丁美洲的军费开支在这十年间经历了两次下降，2009—2010 年以较高的速度增长，2011 年则出现了一次下降，之后连续三年不断增长，而在 2015 年开始下降，2017 年军费开支逆转，2018 年再次有所增长，拉丁美洲十年的平均军费开支增长率为 2.28%。非洲的军费开支在 2009—2014 年这六年不断地上升，2015 年之后开始下降，这种下降趋势持续到了 2018 年，且下降幅度高达 8.35%，非洲这十年的年平均军费开支增长率为 1.43%。大洋洲的军费开支在 2009—2010 年上升，2011—2013 年下降，2014—2017 年又开始上升，2018 年又发生逆转，开始下降，年平均军费开支增长率为 2.69%。

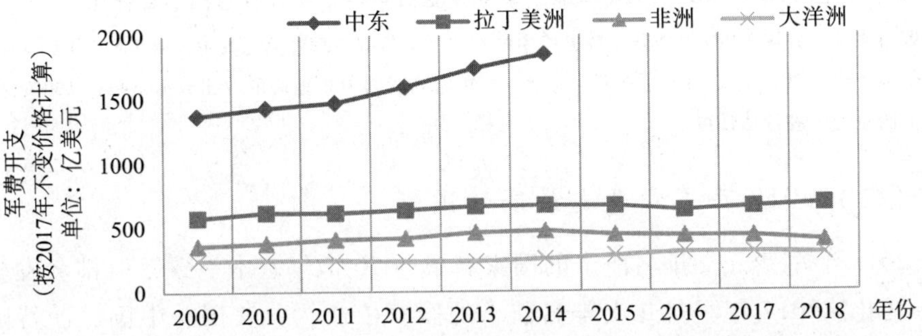

图 7.5　2009—2018 年中东、拉丁美洲、非洲和大洋洲的军费开支

资料来源：根据 SIPRI 军费开支数据库中的军费开支数据整理计算。图中中东地区军费开支数据只显示到 2014 年，是由于缺乏卡塔尔、叙利亚、阿拉伯联合酋长国以及也门 2015—2018 年的数据。

如图 7.6 所示，北美洲的军费开支在全球军费开支总额中占比一直最大，其中 2010 年的占比达到 46.6%，接近占全球军费开支总额的一半，近几年有所下降，其中较大的原因是亚洲军费的上升，2018 年，北美洲军费开支占全球军费开支总额的比重为 36.8%。亚洲军费开支占全球军费开支总额的比重在 2009—2018 年不断上升，并于 2011 年超越了欧洲，2018 年亚洲军费开支占全球军费开支的比重达到 26.1%。欧洲军费开支占全球军费开支总额的比重在这十年间变化不大，一直为 20% 左右。这三个地区是全球军费开支的重心，共占全球军费开支总额的 82.4%。中东地区军费开支占全球军费开支总额的 10% 左右，拉丁美洲、非洲以及大洋洲占比都较小。

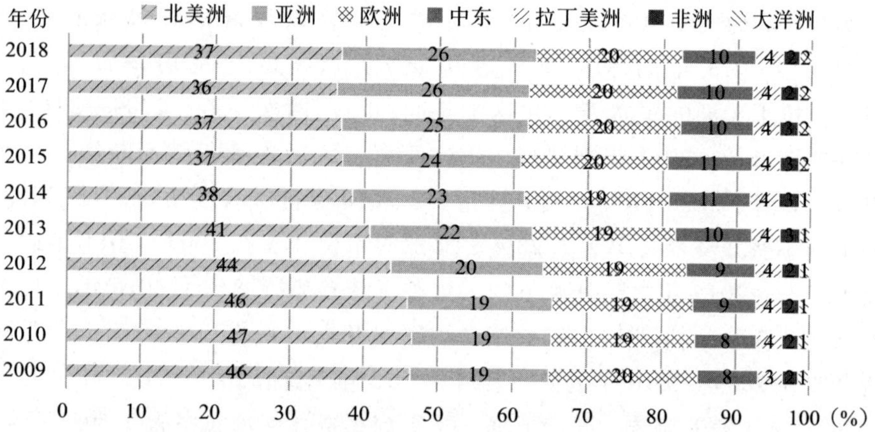

图 7.6　2009—2018 年地区军费开支占全球军费开支总额的百分比

资料来源：根据 SIPRI 军费开支数据库中的军费开支数据整理计算。其中，由于 SIPRI 数据库中没有提供中东地区 2014 年之后的军费开支总额，图中所列示的中东地区的占比数据是根据 100% 减去其他地区的总占比进行估计得出。

（二）2018 年军费开支最高的国家

2018 年军费开支排名前十的国家名单与 2017 年基本一致，但排名发生了一些变化。2017 年军费开支排名前十的国家依次为：美国、中国、沙特阿拉伯、俄罗斯、印度、法国、英国、日本、德国和韩国。而 2018 年军费开支排名前十的国家依次为：美国、中国、沙特阿拉伯、印度、法国、俄罗斯、英国、德国、日本和韩国。值得关注的是，2018 年俄罗斯的军费开支继续减少，排名跌出了前五，排在第六位。而印度和法国的排名较 2017 年分别上升了一位，法国和俄罗斯排名的变化，部分归因于由于俄罗斯的军费下降幅度较大从而使法国的排名上升了一位，部分是由于汇率的变化，即俄罗斯的卢布相对于美元贬值，而欧元相对于美元升值①。德国和日本的排名发生了对调，除此之外的几个国家排名均没发生变化。2018 年美国的军费开支达到 6487.98 亿美元（按 2018 年当期价格计算），为七年来的首次增长，增长率为 4.58%，占全球总军费开支的 35.61%，排名世界第一（见图 7.7），其军费开支是中国的 2.6 倍，几乎与排在其后的八个国家军费之和持平。排在最前的美国、中国、沙特阿拉伯、印度和法国五大国家的军费开支占到全球军费开支的

① SIPRI，"Trends in world military expenditure，2019"，https：//www.sipri.org/publications/2019/sipri－fact－sheets/trends－world－military－expenditure—2019.

60.19%，前十大国家的军费开支总额占到全球军费的73.94%。前十五大军费开支国中七个是北约组织成员，分别为美国、法国、英国、德国、土耳其、加拿大和意大利，这七个国家2018年的军费开支占到全球军费开支总额的48.32%。

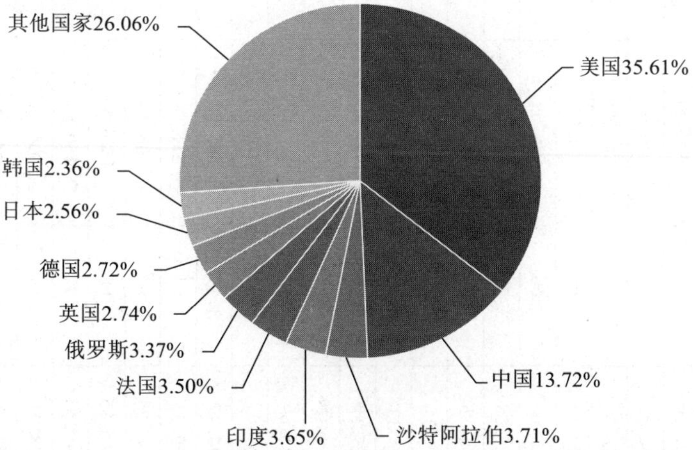

图7.7　2018年军费开支最高的十个国家占全球军费开支总额的百分比

资料来源：根据SIPRI军费开支数据库中的军费开支数据整理计算。

如表7.1所示，2018年在军费排名前二十的国家中，增幅最大的是土耳其，增长率高达23.92%。2011—2018年，土耳其的军费开支一直保持上升的态势，这种上升态势在2018年表现得愈加明显。2018年巴基斯坦军费开支的增长率也超过了10%，继续保持全球军费的第二十位。下降幅度最大的国家是伊朗和沙特阿拉伯，伊朗的军费在经历了连续三年的增长之后，2018年开始下降，降幅达9.47%。沙特阿拉伯军费在2017—2018年下降了6.47%，但依然是世界第三大军费支出国。这二十个国家中除了沙特阿拉伯、法国、俄罗斯、日本、意大利、澳大利亚和伊朗的军费较2017年有所下降外，其余国家均有所上升。在2009—2018年，巴基斯坦（73.16%）和土耳其（65.37%）军费开支增幅较大。军费开支降幅最大的三个国家是美国（17.06%）、英国（16.52%）和意大利（14.08%），同时西班牙、以色列的军费在这十年间也有所下降。除此之外，名单中国家的军费均在近十年间有所上升。

表 7.1　　2018 年军费开支排名前二十位的国家

单位：亿美元，%

排序	国家	2018 年开支（亿美元，2018 年当期价格）	2018 年开支（亿美元，2017 年不变价格）	2017—2018 年变化率	2009—2018 年变化率	占世界总额的比例	人均开支（美元，2018 年当期价格）	军费负担 2009 年	军费负担 2018 年
1	美国	6487.98	6335.65	4.58	-17.06	35.61	1985.51	4.63	3.16
2	中国	2499.97[a]	2392.23[a]	5.00	82.52	13.72	176.67	2.06	1.87
3	沙特阿拉伯	675.55[a]	658.43[a]	-6.47	28.34	3.71	2013.29	9.62	8.77
4	印度	665.10	665.78	3.13	29.14	3.65	49.12	2.89	2.42
5	法国	638.00	595.42	-1.45	1.59	3.50	978.02	2.49	2.29
6	俄罗斯	613.88	641.93	-3.51	27.38	3.37	426.41	3.92	3.93
7	英国	499.97	468.83	0.97	-16.52	2.74	751.01	2.42	1.78
8	德国	494.71	461.92	1.79	9.04	2.72	601.15	1.39	1.23
9	日本	466.18	453.62	-0.06	2.30	2.56	366.54	0.98	0.92
10	韩国	430.70	411.57	5.07	27.89	2.36	841.80	2.72	2.62
11	意大利	278.08	260.82	-1.38	-14.08	1.53	469.00	1.56	1.33
12	巴西	277.66	307.69	5.07	16.69	1.52	131.68	1.54	1.47
13	澳大利亚	267.12	268.36	-3.09	20.94	1.47	1078.30	1.93	1.89
14	加拿大	216.21	213.52	0.04	12.47	1.19	585.07	1.38	1.25
15	土耳其	189.67	220.88	23.92	65.37	1.04	231.54	2.54	2.50
16	西班牙	182.48	170.39	6.20	-5.24	1.00	393.30	1.35	1.27
17	以色列	159.47	156.90	0.70	-5.85	0.88	1886.56	6.76	4.35
18	伊朗	131.94	126.12	-9.47	-9.65	0.72	160.88	3.15	2.67
19	波兰	115.96	107.49	8.90	48.04	0.64	304.32	1.80	1.98
20	巴基斯坦	113.76	126.86	10.69	73.16	0.62	56.65	3.27	4.03
前 20 小计		15404.39	15044.41	—	—	84.55	—	—	—

资料来源：根据 SIPRI 军费开支数据库中的军费开支数据整理计算。

注：a 代表数据是 SIPRI 的估计值。

人均军费开支（见图 7.8）的状况基本与 2017 年一致，有 8 个国家的人均军费超过 1000 美元，沙特阿拉伯仍以 2013.29 美元的人均军费排名世界第一，紧随其后的是美国，其人均军费达到 1985.51 美元，是北约成员国中人均军费开支最多的国家（见表 7.2）。分地区来看，人均军费排名前 20 的国家中，北约成员国居多，在 2018 年共有 9 个北约成员国分别是美国、挪威、法国、英国、德国、丹麦、荷兰、加拿大与卢森堡。亚洲国家有 3 个，分别是新加坡、文莱与韩国。中东地区的人均军费开支一直都远远高于世界其他地区，在人均军费前 10 的国家中，中东占到了 5 个，分别是沙特阿拉伯、以色列、科威特、阿曼和巴林。

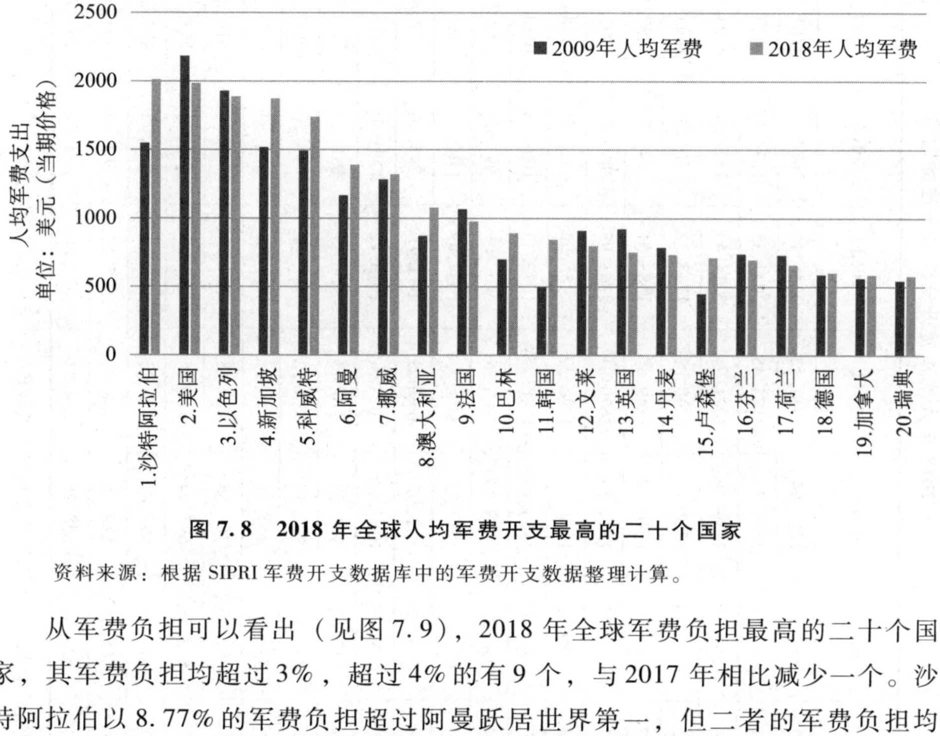

图 7.8　2018 年全球人均军费开支最高的二十个国家

资料来源：根据 SIPRI 军费开支数据库中的军费开支数据整理计算。

从军费负担可以看出（见图 7.9），2018 年全球军费负担最高的二十个国家，其军费负担均超过 3%，超过 4% 的有 9 个，与 2017 年相比减少一个。沙特阿拉伯以 8.77% 的军费负担超过阿曼跃居世界第一，但二者的军费负担均比 2017 年有所下降，2017 年这两个国家的军费负担均超过了 10%。2018 年亚美尼亚和巴基斯坦的军费负担有所上升，都进入了前十。从不同地区来看，在前十个国家中，除了亚美尼亚、巴基斯坦和俄罗斯之外，其余 7 个国家均位于中东地区。其中俄罗斯和沙特阿拉伯的军费负担下降主要是由于这些国家的国内生产总值（GDP）出现了负增长。

表 7.2 2018 年人均军费开支前二十位的国家

单位：美元（当期价格）

排序	国家＼年份	2009	2010	2011	2012	2013	2014	2015	2016	2017	2018
1	沙特阿拉伯	1547. 82	1649. 71	1718. 64	1942. 42	2238. 14	2624. 14	2762. 79	1972. 78	2137. 34	2013. 29
2	美国	2184. 31	2262. 11	2286. 88	2185. 45	2027. 35	1919. 67	1863. 24	1862. 65	1867. 11	1985. 51
3	以色列	1930. 46	1966. 79	2159. 29	2021. 94	2214. 48	2327. 80	2104. 20	1804. 70	1872. 44	1886. 56
4	新加坡	1518. 02	1598. 04	1723. 77	1740. 09	1743. 32	1761. 38	1695. 28	1756. 05	1785. 95	1871. 75
5	科威特	1493. 07	1445. 99	1690. 20	1749. 80	1583. 51	1541. 92	1457. 17	1590. 77	1635. 34	1738. 40
6	阿曼	1168. 07	1207. 11	1544. 73	2670. 01	2361. 95	2073. 64	1793. 78	1793. 53	1467. 27	1389. 25
7	挪威	1283. 48	1330. 09	1461. 77	1425. 37	1455. 92	1426. 78	1118. 35	1141. 34	1218. 72	1320. 12
8	澳大利亚	872. 17	1049. 62	1183. 16	1148. 75	1072. 33	1098. 36	1010. 34	1093. 56	1132. 53	1078. 30
9	法国	1066. 94	980. 25	1019. 85	943. 36	976. 49	991. 01	858. 59	886. 25	929. 79	978. 02
10	巴林	698. 88	679. 22	808. 52	909. 22	1024. 48	1103. 91	1051. 15	1056. 39	1026. 89	891. 39
11	韩国	497. 69	568. 59	623. 02	639. 65	683. 91	745. 30	722. 83	726. 20	768. 32	841. 80
12	文莱	911. 37	1005. 29	1054. 21	1028. 80	1015. 72	1281. 95	1015. 52	953. 14	808. 75	798. 45
13	英国	923. 35	917. 48	944. 50	910. 43	879. 65	910. 29	823. 62	731. 42	701. 60	751. 01
14	丹麦	784. 84	810. 73	809. 37	788. 22	747. 92	716. 26	591. 36	628. 99	656. 49	734. 78
15	卢森堡	449. 26	539. 75	494. 21	446. 11	474. 84	501. 55	487. 25	452. 85	613. 02	710. 41
16	芬兰	737. 57	692. 76	760. 68	728. 48	765. 39	729. 98	620. 06	620. 56	621. 01	694. 45
17	荷兰	729. 65	672. 58	695. 94	617. 35	607. 27	611. 78	511. 72	536. 59	562. 38	658. 07
18	德国	586. 30	571. 80	594. 81	573. 25	565. 19	565. 75	487. 26	507. 60	552. 67	601. 15
19	加拿大	560. 41	565. 30	619. 41	586. 01	525. 19	501. 44	498. 96	490. 02	582. 77	585. 07
20	瑞典	543. 62	626. 82	668. 16	654. 41	679. 00	676. 57	551. 76	551. 72	557. 64	576. 53

资料来源：根据 SIPRI 军费开支数据库中的军费开支数据整理计算。

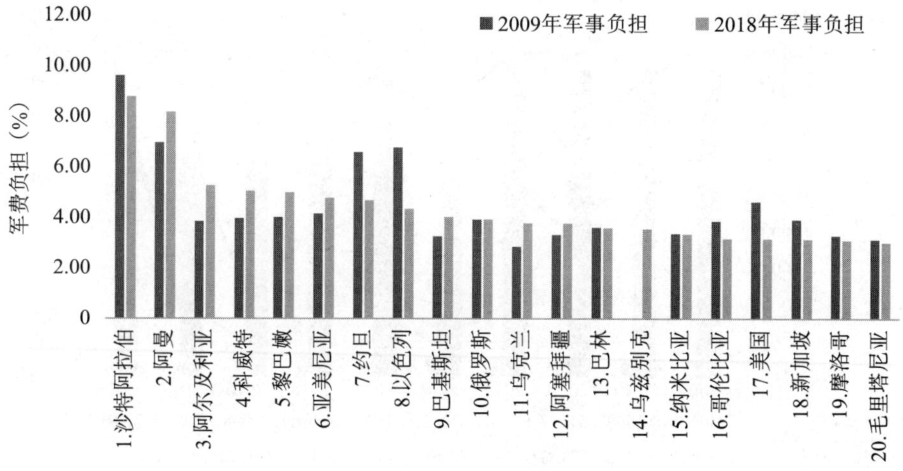

图 7.9　2018 年全球军费负担最高的二十个国家

资料来源：根据 SIPRI 军费开支数据库中的军费开支数据整理计算。

二、地区军费开支

（一）美洲

2018 年美洲的军费开支总额为 7229.97 亿美元，比 2017 年增加了 4.37%，但比 2009 年下降了 13.97%。其中北美洲占美洲军费开支总额的 90.58%，可见，美洲的军费主要是由北美洲决定，南美洲占比为 8.26%，中美洲占比为 1.16%。此外，全球 15 个军费开支大国中，美洲占 3 个，分别是美国（排名 1）、巴西（排名 12）和加拿大（排名 14）。

2018 年北美洲的军费开支总额为 6549.17 亿美元，比 2017 年增加了 4.43%，比 2009 年下降了 16.34%；南美洲的军费开支总额为 596.93 亿美元，比 2017 年增加了 3.15%，比 2009 年增长了 15.88%；中美洲及其加勒比地区的军费支出总额为 83.86 亿美元，比 2017 年增加了 8.84%，比 2009 年增长了 38.55%。其中，北美洲的军费开支在经历了长达七年的下降之后，在 2018 年有所上升。南美洲的军费在 2011 年、2015—2016 年有所下降，其余年份都是增加的。中美洲及加勒比地区的军费在这十年间的前七年均呈上升态势，在 2016—2017 年开始下降，2018 年又开始增加，且增幅在整个美洲最大（见图 7.10）。

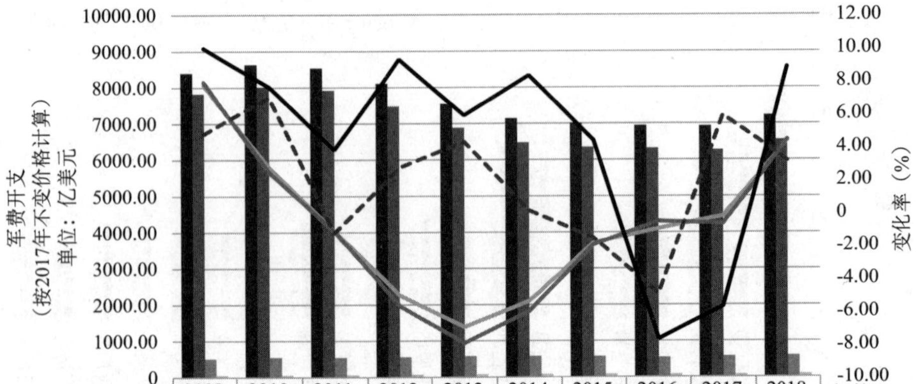

	2009	2010	2011	2012	2013	2014	2015	2016	2017	2018
美洲	8404.25	8636.13	8540.77	8112.45	7548.23	7142.12	7010.09	6941.46	6927.23	7229.97
北美洲	7828.57	8019.83	7928.83	7479.43	6886.84	6473.49	6346.77	6313.25	6271.46	6549.17
南美洲	515.14	551.16	544.31	559.10	583.10	583.83	574.79	546.49	578.72	596.93
中美洲	60.53	65.15	67.63	73.93	78.29	84.81	88.52	81.72	77.05	83.86
美洲变化率	7.75	2.76	-1.10	-5.01	-6.96	-5.38	-1.85	-0.98	-0.20	4.37
北美洲变化率	7.93	2.44	-1.13	-5.67	-7.92	-6.00	-1.96	-0.53	-0.66	4.43
南美洲变化率	4.77	6.99	-1.24	2.72	4.29	0.13	-1.55	-4.92	5.90	3.15
中美洲变化率	9.99	7.64	3.80	9.31	5.90	8.33	4.38	-7.68	-5.71	8.84

图 7.10　2009—2018 年美洲军费开支及其变化率

资料来源：根据 SIPRI 军费开支数据库中的军费开支数据整理计算。

与 2017 年军费开支相比，2018 年在美洲军费开支增长最多的国家都在中美洲，其中墨西哥增长了 10.27%，多米尼加增加了 12.92%，牙买加增长了 40.32%。2018 年墨西哥的军费开支占到中美洲地区军费的 74.07%，2018 年墨西哥的军费开支增长是自 2015 年以来的第一次出现，增长率高达 10.27%，主要是由于 2018 年墨西哥最高法院推翻了《内部安全法》中规定的军队参与警务活动，总统安德烈斯·曼努埃尔·洛佩斯·奥夫拉多尔（Andrés Manuel LópezObrador）认为在应对国家面临安全挑战时，军队可以参与打击贩毒集团的执法活动①。

在北美洲，美国的军费经历了长达七年的下降之后，在 2018 年出现上升，增幅为 4.58%。加拿大的军费自 2014 年开始增加，2015 年和 2017 年的增幅分别达到 14.89% 和 15.77%，2018 年增幅减缓，仅为 0.04%，其在

① SIPRI，"Trends in world military expenditure, 2019"，https：//www.sipri.org/publications/2019/sipri - fact - sheets/trends - world - military - expenditure—2019.

2009—2018 年的军费增长率为 12. 47%。

南美洲军费开支的主要贡献者是巴西、哥伦比亚、智利和阿根廷，2018 年巴西军费开支增长 5. 07%，总额为 307. 69 亿美元，与 2009 年相比，巴西的军费增加了 16. 69%，尽管巴西的经济持续缓慢增长，但军费开支却在 2015—2016 年的下降之后开始增加。主要是由于其邻国委内瑞拉发生经济危机，大量人口涌入巴西和哥伦比亚，使巴西的国防支出增加[①]。阿根廷的军费开支在 2015—2016 年连续两年下降，2017 年则以 10. 07% 的速度增长，但在 2018 年又开始下降，降幅为 2. 25%。总体来说，阿根廷这十年的军费增长率达 15. 76%。南美洲还有一个值得注意的国家委内瑞拉，2013 年委内瑞拉是南美洲第二大军费开支国，之后由于严重的经济危机导致其军费开支在 2014—2016 年军费开支连续大幅度下降，降幅分别为 40. 29%、23. 96% 和 46. 35%，2017 年则开始上升，增幅为 19. 48%。

（二）欧洲

2018 年欧洲军费增加了 1. 45%，总额为 3477. 31 亿美元。西欧军费增加了 1. 40%，总额为 2497. 42 亿美元，占欧洲军费总额的近四分之三，中欧 2018 年军费上升幅度较大，为 11. 79%，军费总额为 261. 25 亿美元，东欧地区是欧洲唯一一个军费在 2018 年下降的地区，降幅为 1. 71%（见图 7. 11）。2009—2018 年，欧洲军费增长 3. 05%，主要是由于东欧和中欧的军费增长的推动，这两个地区军费的十年增长率分别高达 29. 49% 和 34. 53%。东欧的军费在这十年中的前八年一直处于不断上升的趋势，直到 2017 年开始有所下降，2018 年仍然保持下降的趋势。相反，中欧的军费 2014 年之前一直下降，之后开始连续五年的增长。十年间军费唯一下降的地区是西欧地区，降幅 4. 86%，西欧的军费在 2010—2014 年一直在下降，之后几年开支逐渐上升。

2018 年，在全球军费开支最高的 20 个国家中，有 5 个西欧国家，分别是法国（排名第五）、英国（排名第七）、德国（排名第八）、意大利（排名第十一）和西班牙（排名第十六），与 2017 年相比，除了英国的位次没发生变化外，其余的几个国家位次均有所上升（见表 7. 1）。法国军费开支自 2014 年开始连续经历了四年增加之后，在 2018 年开始下降，降幅为 1. 45%，军费总

① IISS, "The Military Balance , 2019 ", https: //www. iiss. org/publications/the - military - balance.

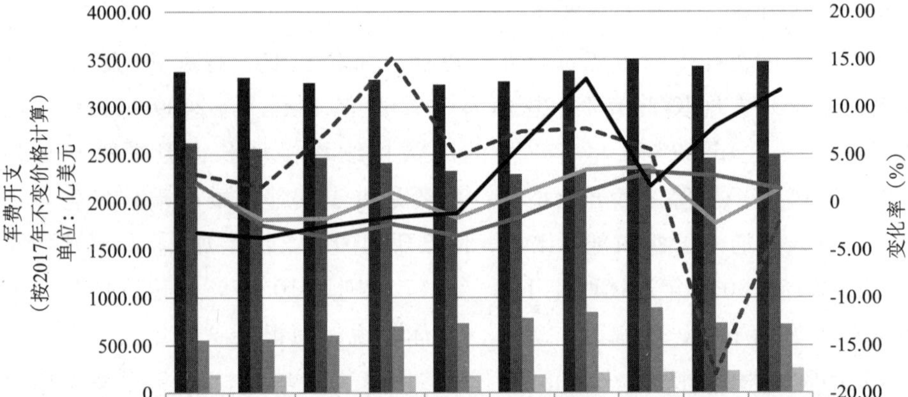

	2009	2010	2011	2012	2013	2014	2015	2016	2017	2018
欧洲	3374.23	3313.86	3258.32	3291.82	3238.64	3268.73	3380.13	3504.80	3427.74	3477.31
西欧	2625.08	2562.64	2470.29	2414.84	2330.21	2295.32	2321.79	2395.89	2462.87	2497.42
东欧	554.96	564.15	605.54	697.25	730.76	785.09	845.59	892.51	731.17	718.64
中欧	194.19	187.08	182.50	179.73	177.67	188.32	212.74	216.41	233.69	261.25
欧洲变化率	1.88	-1.79	-1.68	1.03	-1.62	0.93	3.41	3.69	-2.20	1.45
西欧变化率	2.06	-2.38	-3.60	-2.24	-3.50	-1.50	1.15	3.19	2.80	1.40
东欧变化率	2.93	1.66	7.34	15.14	4.81	7.43	7.71	5.55	-18.0	-1.71
中欧变化率	-3.16	-3.67	-2.45	-1.52	-1.15	5.99	12.97	1.72	7.99	11.79

图 7.11 2009—2018 年欧洲军费开支及其变化率

资料来源：根据 SIPRI 军费开支数据库中的军费开支数据整理计算。

额降至 595.42 亿美元。2014—2017 年法国军费的增加主要是由军事行动有关的费用增加驱动的，特别是在 2015 年巴黎恐怖袭击之后，为保卫关键公共场所而开展了一系列外部军事行动和大规模国内军事行动。与 2017 年相比，英国军费增加了 0.97%，军费总额达 468.83 亿美元，与 2009 年相比，英国军费则下降了 16.52%。英国军费在 2010—2015 年连续六年下降，2016 年才有所上升，2017 年则又有所下降，2018 年军费开始回升，军费的增加与英国支持其长期武器现代化计划有关。德国作为西欧第三大军费支出国，2018 年军费开支总额为 461.92 亿美元，增长率为 1.79%，2009—2018 年，德国的军费支出增加了 9.04%，主要是因为德国政府于 2016 年决定在全球安全中发挥更大的作用，并计划将其军费开支增加到国内生产总值的 2%，该计划目前的目标是到 2025 年军费开支占到国内生产总值的 1.5%，所以预计德国军费在接下来几年里依然会保持增长态势①。

东欧地区国家除了摩尔多瓦和俄罗斯之外，其余国家的军费均在2018年有所上升，其中增幅最大的两个国家分别是亚美尼亚和乌克兰，增长率分别达到33.24%和20.67%。乌克兰的军费在连续经历了两年的下降后，由于乌克兰武装部队在2018年进行了包括采购设备在内的军队改革，其军费在2018年增幅显著。亚美尼亚的军费开支增加则归因于亚美尼亚和阿塞拜疆的武装冲突。俄罗斯2018年的军费支出总额为642亿美元，占到整个东欧地区的89.33%，其军费的变动趋势在很大程度上决定了整个东欧地区军费的变化趋势。2009—2016年，俄罗斯的军费开支一直呈上升的态势，虽然俄罗斯的军费在2017年和2018年均有所下降，但仍比2009年增长了27.38%。

在中欧地区，除了北马其顿之外，其余国家的军费开支在2018年都有所增加，其中增幅超过20%的有三个国家，分别是波黑尼亚（26.48%）、拉脱维亚（23.52%）和保加利亚（23.15%）。立陶宛的军费在2009—2018年的增幅最大，高达156.33%，并且经历了连续七年的增长。波兰是迄今为止中欧地区最大的军费开支国，2018年军费达到107.49亿美元，占整个中欧地区军费的41.14%，与2017年相比，军费增长8.89%，与2009年相比，军费增长48.04%，并达到十年来最高水平。中欧地区军费开支增加的主要原因是该地区国家越来越把俄罗斯视为军事威胁。

（三）亚洲

亚洲地区军费开支在2018年达到4645.18亿美元，增长率3.7%。其中东亚军费增长4.13%，总额为3362.90亿美元，占整个地区的72.4%，中亚与南亚增长率为4.23%，而东南亚军费有所下降，降幅0.76%。除了东南亚在2014年、2017年和2018年的军费开支有所下降外，其他次区域的军费开支在2009—2018年均呈现上升的态势，军费都大幅度提高。亚洲军费总额的十年增长率为48.19%，其中，东亚地区为53.98%，中亚与南亚地区为35.66%，东南亚地区为33.25%（见图7.12）。

---

① German Government, Weissbuch 2016 ZurSicherheitspolitik und zurZukunft der Bundeswehr [White paper 2016 on security policy and the future of the Bundeswehr] (German Ministry of Defence: Berlin, July 2016).

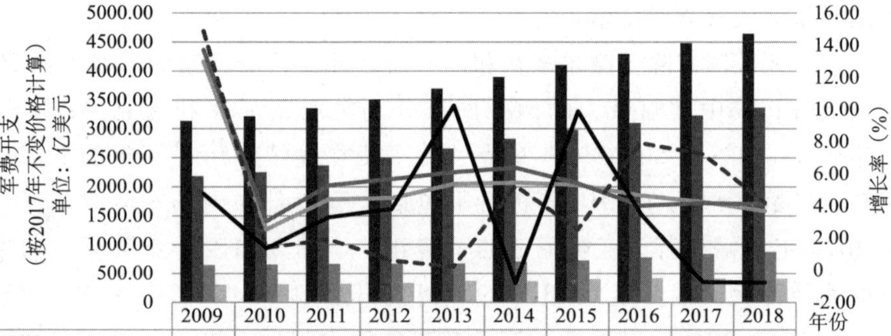

	2009	2010	2011	2012	2013	2014	2015	2016	2017	2018
亚洲	3134.61	3214.40	3356.61	3507.45	3695.86	3897.49	4104.76	4296.29	4479.58	4645.18
东亚	2183.94	2250.63	2369.89	2504.46	2657.16	2826.56	2979.62	3099.63	3229.50	3362.90
中亚与南亚	642.86	651.78	664.38	668.35	669.81	705.02	723.06	780.30	836.76	872.12
东南亚	307.81	312.00	322.34	334.64	368.89	365.91	402.08	416.36	413.32	410.16
亚洲变化率	13.00	2.55	4.42	4.49	5.37	5.46	5.32	4.67	4.27	3.70
东亚变化率	13.72	3.05	5.30	5.68	6.10	6.38	5.42	4.03	4.19	4.13
中亚与南亚变化率	14.87	1.39	1.93	0.60	0.22	5.26	2.56	7.92	7.24	4.23
东南亚变化率	4.78	1.36	3.32	3.82	10.23	-0.81	9.88	3.55	-0.73	-0.76

图 7.12　2009—2018 年亚洲军费开支及其变化率

资料来源：根据 SIPRI 军费开支数据库中的军费开支数据整理计算。

2018 年在全球军费开支最高的 20 个国家里，有 5 个是亚洲国家，分别是中国（排名第二）、印度（排名第四）、日本（排名第九）、韩国（排名第十）和巴基斯坦（排名第二十）。与 2017 年相比，亚洲 2018 年的支出增长了 3.7%，延续了 1988 年以来不间断的上升趋势。这是自 1989 年以来唯一一个保持增长的地区，2009—2018 年的增长率为 49.11%，是当前增长幅度最大的地区。

2009—2018 年亚洲的所有四个次区域的军费都有大幅增长，其中东亚增长 53.98%，中亚增长 49.11%，南亚增长 35.27%，东南亚增长 42.43%（见图 7.12）。2017—2018 年，中亚、东亚和南亚的军费支出也都出现不同程度的增长，分别是 14.07%、4.13% 和 4.05%，中亚和南亚继续保持了自 1992 年持续增长的趋势，东亚也保持了自 1995 年以来的一贯增长趋势。相比之下，2018 年东南亚军费开支略有下降，降幅为 0.77%。

东亚地区的军费除了日本在 2018 年有所下降外，其余国家的军费均有所上升。与 2009 年相比，军费增幅最大的国家是蒙古国（114.81%）。日本的军费在近两年变动幅度不大，2017 年增加了 0.08%，2018 年又下降了 0.06%，军费总额为 453.62 亿美元，十年的军费增长率为 2.3%，但是在未来几年，日本可能由于美国的施压将其军费增加到北约对其成员国设定的军费开支占国内生产总值的 2% 的目标。韩国的军费开支自 2000 年以来一直增加，在 2018 年达到 411. 57 亿美元，较 2017 年增长了 9. 14%，在韩国的军费开支总额中包括支付给美军驻韩的 28500 人的 8. 5 亿美元的劳务费，而且此费用自 1991 年韩国开始向美国支付以来一直增加，但是依旧低于美国现任总统特朗普要求的数额，因此未来韩国的军费开支可能会有所增加①。

南亚地区除尼泊尔和斯里兰卡的军费在 2018 年有所下降之外，阿富汗、孟加拉国、印度及巴基斯坦的军费均有所上升，其中增幅最大的为巴基斯坦，达到 10. 69%，成为全球第二十大军费支出国。2009—2018 年，除了阿富汗和斯里兰卡的军费出现负增长外，其余国家均为正增长，增幅最大的国家是孟加拉国（102. 45%），紧随其后的是巴基斯坦（73. 16%），且在这十年间，巴基斯坦的军费开支水平保持增加的趋势。2018 年印度的军费开支比 2017 年增加 3. 13%，且经历了连续五年的增长，军费总额达到 665. 78 亿美元，比 2009 年增加 29. 14%。印度军费的增加在很大程度上是由于与巴基斯坦和周边国家的紧张关系，从而需要购买新的武器装备来增强其武装部队的能力，然而实际上印度的军费开支多用于支付军人的工资，因此在未来印度可能会进一步增加军费开支以用于采购新装备②。阿富汗的军费开支比 2017 年增加了 6. 71%，但比 2009 年下降了 29. 33%。阿富汗政府与一些叛乱分子之间虽然存在着紧张的冲突，但是 2018 年阿富汗的军事负担仅为 1%，这主要是因为阿富汗的大部分财政费用由美国承担。南亚国防现代化的进程以及国家间的竞争、国内安全的挑战继续推动着该地区军费开支的增加③。

新加坡是东南亚地区最大的军费开支国，2018 年其军费总额为 104. 58 亿美元，与 2017 年相比增加了 2. 57%，与 2009 年相比，增加 13. 35%。东南亚地区 2017—2018 年军费开支下降幅度最大的国家是东帝汶，降幅 20. 45%，上升幅度最大的国家是柬埔寨，增幅 13. 21%。与 2009 年相比，东南亚有 4 个国家的军费开支增幅超过了 50%，分别是柬埔寨（190. 52%）、印度尼西亚（99. 50%）、越南（75. 5%）以及菲律宾（50. 29%）。强劲的经济增长、国内安全问题和地

---

① Yonhap News Agency, US wants S. Korea to pay ＄1. 2 billion for USFK in one - year contract, 23 Jan. 2019. https: //sputniknews. com/world/201901231071746457 - us - south - koera - not - occupation/.

② Behera, Sharma, S. , "Here' s how to fix India' s defence budget: More allocation, fewer soldiers", Economic Times, 22 Jan. 2018.

③ Australian Government Department of Defence, "Defence Economic Trends in the Asia - Pacific", http: //defence. gov. au/dio/documents/DET_18. pdf. accessed August, 142019.

区领土争端仍然是促进东南亚地区军费开支增长的关键因素①。

（四）大洋洲

2018 年大洋洲的军费开支下降 2.94%，军费总额为 292.50 亿美元，2009—2018 年这十年间，大洋洲的军费除了在 2011—2013 年发生连续三年的下降外，其余年份军费均有所上升，2018 年则又开始下降（见图 7.13），大洋洲军费的十年增长率为 19.81%。

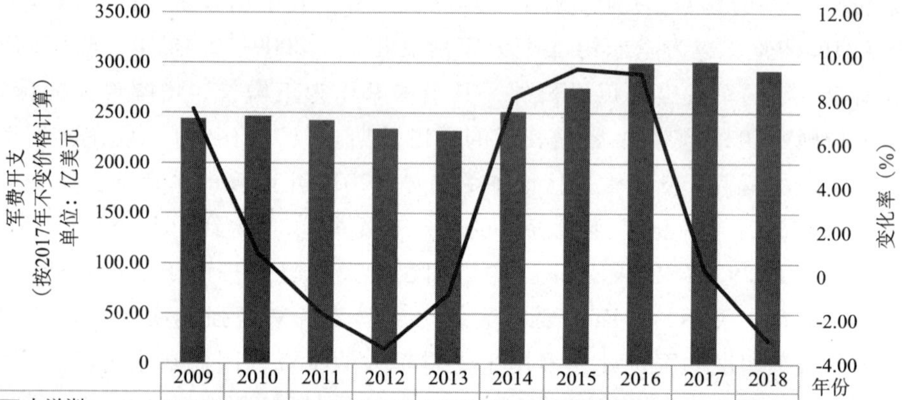

	2009	2010	2011	2012	2013	2014	2015	2016	2017	2018
大洋洲	244.15	246.73	242.57	234.51	232.53	251.38	275.11	300.49	301.37	292.50
大洋洲增长率	7.60	1.06	-1.69	-3.32	-0.85	8.11	9.44	9.23	0.29	-2.94

图 7.13　2009—2018 年大洋洲军费开支及其变化率

资料来源：根据 SIPRI 军费开支数据库中的军费开支数据整理计算。

澳大利亚是大洋洲最大的军费开支国，2018 年军费总额为 268.36 亿美元，在全球军费中排名第十三位，与 2017 年相比，下降了 3.09%，但是与 2009 年相比，上升了 20.94%，过去十年的增长主要是用于武器采购。澳大利亚的军费在 2014—2016 年连续经历了三年的上升，并于 2016 年达到 277 亿美元的峰值。新西兰的军费开支变化趋势与澳大利亚类似，比 2017 年下降 0.89%，但是与 2009 年相比，则上升了 10.19%。除此之外，斐济和巴布亚新几内亚的军费在这十年间均有所下降。

---

① Australian Government Department of Defence, "Defence Economic Trends in the Asia - Pacific", http://defence.gov.au/dio/documents/DET_18.pdf. accessed August, 142019.

（五）非洲

2018 年非洲的军费开支总额为 391.7 亿美元，与 2017 年相比下降 8.35%。其中，次地区撒哈拉以南非洲和北非的军费均有所下降，降幅分别为 11.14% 和 5.48%。在 2009—2018 年，非洲的军费增长 9.18%，这主要是由北非军费的增长所带动，北非军费十年增长率高达 73.8%，但从 2017 年开始下降，2018 年依然保持下降。撒哈拉以南非洲的军费在 2015 年和 2018 年均发生了很大程度的下降，降幅分别为 13.57% 和 11.14%（见图 7.14）。

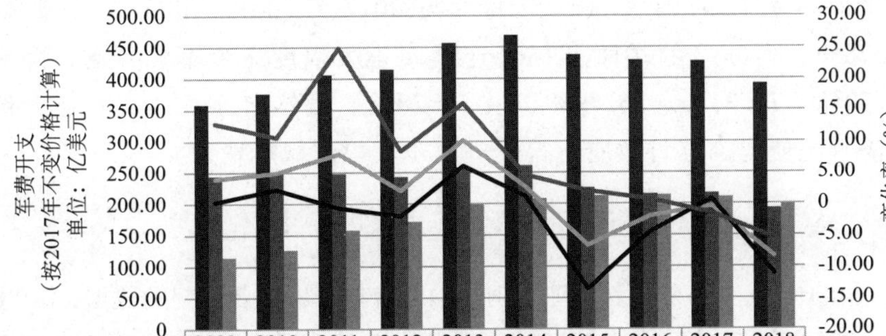

	2009	2010	2011	2012	2013	2014	2015	2016	2017	2018
非洲	358.76	376.42	406.20	414.58	456.73	468.89	437.74	429.05	427.40	391.70
撒哈拉以南非洲	244.26	249.76	248.05	243.14	257.76	260.80	225.42	215.28	216.85	192.70
北非	114.50	126.66	158.15	171.44	198.97	208.08	212.32	213.77	210.55	199.01
非洲变化率	3.95	4.92	7.91	2.06	10.17	2.66	-6.64	-1.99	-0.38	-8.35
撒哈拉以南非洲变化率	0.26	2.25	-0.69	-1.98	6.01	1.18	-13.57	-4.50	0.73	-11.14
北非变化率	12.82	10.62	24.86	8.40	16.06	4.58	2.03	0.69	-1.51	-5.48

图 7.14　2009—2018 年非洲军费开支及其变化率

资料来源：根据 SIPRI 军费开支数据库中的军费开支数据整理计算。

阿尔及利亚是北非最大的军费开支国，2018 年的军费总额为 94.59 亿美元，在 2009—2016 年，阿尔及利亚的军费开支一直在增加，2017 年开始下降，2018 年依然保持 6.1% 的下降趋势，下降的原因主要是阿尔及利亚石油价格的下跌造成的政府收入的减少。但与 2009 年相比，阿尔及利亚的军费仍然上升了 85%。

2018 年撒哈拉以南非洲地区军费开支下降主要是由安哥拉和苏丹军费开支的下降造成的，其降幅分别为 48.57% 和 18.12%。安哥拉的军费开支在 2018 年已是连续第四年下降，降幅分别为 41.63%、21.12%、14.69% 以及 18.12%。军费下降的原因是由于自 2014 年以来，油价的下跌给安哥拉经济带来严重的压力，从而导致政府削减开支，尽管在2018年末国际货币基金组织（IMF）批准了一笔37亿美元的贷款，以支持安哥拉的经济改革，但高水平的债务（包括国内外债务）将使安哥拉政府在2019年继续削减开支。在过去五年里，苏丹军费开支波动加剧，在2014年、2015年和2018年军费开支减少，而在2016年和2017年军费开支增加，尽管达尔富尔地区持续的暴力冲突以及反政府抗议活动激增，但是迫于经济危机的影响，苏丹不得不缩减军费开支①。南非是撒哈拉以南非洲最大的军费开支国，2018年军费为34.39亿美元，比2017年下降5.22%，比2009年下降0.56%。撒哈拉以南非洲另一个值得关注的国家是南苏丹，与2017年相比，其军费开支降幅高达50.28%，南苏丹在2018年已经连续四年大幅度减少军费开支，降幅依次为19.72%、70.81%、56.89%以及50.28%。虽然南苏丹冲突不断，但恶化的经济状况使得南苏丹政府不得不进一步大幅削减军费开支②。

（六）中东

由于缺乏卡塔尔、叙利亚、阿拉伯联合酋长国以及也门的数据，SIPRI自2014年以来一直没有估算中东地区的军费开支总额。2009—2014年，中东地区的军费开支总额一直上升，五年增幅为34.56%，达1845.16亿美元（见图7.15）。中东地区可获得军费开支的11个国家在2009—2015年军费一直不断地增长，在2015年达到1640.85亿美元的峰值之后开始下降，2017年又开始上升，而2018年较2017年下降了1.86%，与2009年相比，上升了24.48%。

2018年全球军费排名前二十的国家中，有4个位于中东，分别是沙特阿拉伯（第3位）、土耳其（第15位）、以色列（第17位）和伊朗（第18位）。沙特阿拉伯是中东地区军费开支最大的国家，2018年军费总额达到658.43亿美元，其军费开支的走势决定了中东地区军费开支的走势，2009—2018年，沙特阿拉伯的军费开支在2009—2015年不断增加，达到2015年的峰值之后开始下降，2016年由于油价下跌，政府收入下降致使军费下降了28.44%，2017年上升了11.5%，但仍没有超过2015年的峰值，2018年与2017年相比，又下降了6.47%。土耳其是中东地区第二大军费开支国，2018年土耳其的军费开支经历了连续八年的持续增长，达到220.88亿美元，比2017年增加

---

① SIPRI, "Trends in world military expenditure, 2018", https://www.sipri.org/publications/2019/sipri-fact-sheets/trends-world-military-expenditure-2018, accessed August, 142019.

② Soi, C., "There are no clear winners in South Sudan's war", Al Jazeera, 20 Apr. 2017.

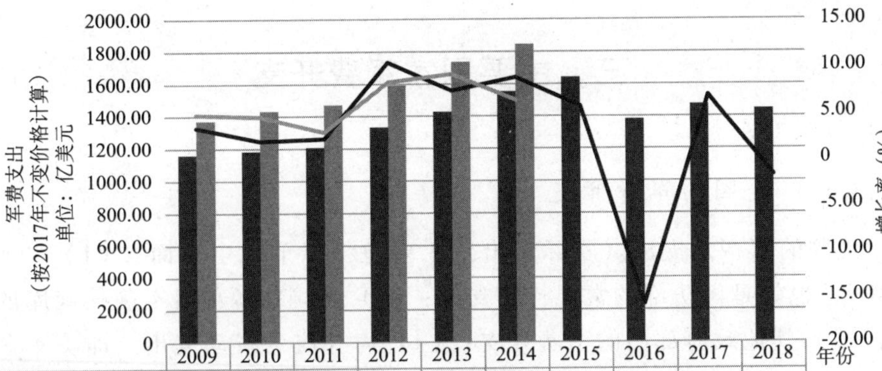

	2009	2010	2011	2012	2013	2014	2015	2016	2017	2018
中东1	1162.03	1183.04	1207.30	1332.04	1429.02	1553.57	1640.85	1380.25	1474.00	1446.55
中东	1371.29	1432.10	1471.64	1592.22	1736.53	1845.16				
中东1增长率	3.23	1.81	2.05	10.33	7.28	8.72	5.62	-15.88	6.79	-1.86
中东增长率	4.65	4.43	2.76	8.19	9.06	6.26				

图 7.15　2009—2018 年中东军费开支及其变化率

资料来源：根据 SIPRI 军费开支数据库中的军费开支数据整理计算。

了 23.92%，是中东地区军费增幅最大的国家，在 2009—2018 年，土耳其军费增幅高达 65.37%。2018 年土耳其继续扩大对武器采购的投入资金，并扩大了对叙利亚库尔德武装团体的军事行动①。

以色列的军费开支达到 2015 年的峰值之后，在 2016 年和 2017 年均有所下降，而 2018 年有所增加，但增幅不大为 0.7%，与 2009 年相比，以色列的军费下降了 5.85%。伊朗的军费在 2015—2017 年三年间由于欧盟与美国对其取消了经济制裁，其经济效益较好，军费开支经历了连续三年的增加，而在 2018 年下降了 9.47%，这主要是因为在 2017—2018 年，伊朗的经济陷入了衰退。与 2009 年相比，这十年间伊朗的军费开支下降了 9.65%。除此之外，中东地区的军事负担普遍较重，在 2018 全球军事负担排名前 10 位的国家中，就有 7 个是中东国家，按排名依次是沙特阿拉伯、阿曼、阿尔及利亚、科威特、黎巴嫩、约旦和以色列。沙特阿拉伯以 8.77% 的军费负担超过阿曼跃居世界第一，但二者的军费负担均比 2017 年有所下降，2017 年两个国家的军费负担均超过了 10%。

① SIPRI，"Trends in world military expenditure，2018"，https：//www. sipri. org/publications/2019/sipri - fact - sheets/trends - world - military - expenditure - 2018.

三、主要国家军费开支

（一）美国的军费开支

美国的军费总支出（实际支出）主要包括以下几个方面：（1）“基础预算”，也就是国防部的常规行动支出；（2）美国能源部对本国核武库的支出；（3）其他政府部门的军费开支；（4）海外应急行动支出，即美军在世界各地的军事行动支出；（5）国务院对外军事援助支出。其中从预算拨款项目来看，美国国防部军费主要包括行动与维持支出、军事人员支出、采购支出、研究、开发、测试和评估（RDT&E）支出、军队建设支出以及其他支出。美国的军费在经历了长达七年的下降之后，在 2018 年出现上升，增幅为 4.58%，美国军费开支增加的原因有两个：一是美国军事人员的工资增加了 2.4%，二是包括常规武器和核武器的大规模昂贵的武器采购计划的实施。与 2009 年相比，美国的军费下降了 17.06%。在军费连续下降的七年中，2013 年降幅最大，为 7.93%，之后下降速度稍微放缓（见图 7.16）。作为全球最大的军费支出国，2018 年美国的军费开支总额达到 6335.65 亿美元（按 2017 年不变价格计算），占到全球军费开支总额的 35.61%，基本相当于排在其后八个国家的军费开支总额，是俄罗斯军费开支的 10.6 倍。但与 2010 年的峰值（7848.35 亿美元）相比，下降了 19.27%。

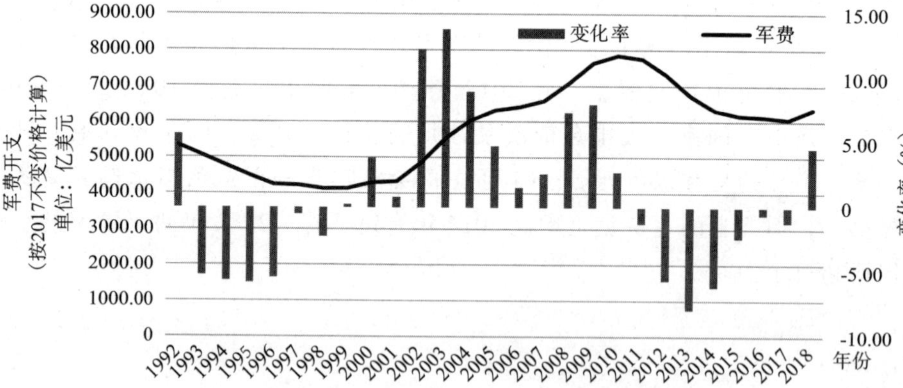

图 7.16 1992—2018 年美国军费开支及其变化率

资料来源：根据 SIPRI 军费开支数据库中的军费开支数据整理计算。

如图 7.16 所示，美国在冷战结束后军费开支有下降的趋势，且持续了 6 年，直到 1999 年才有所上升，但是在 1999—2001 年间增幅并不明显。在“9·11 事件”之后，美国开始以反恐为名义增加军费，2002 年美国的军费增长率高达 12.28%，2003 年继续以 13.82% 的增幅扩充军费。在 2004—2010 年，美国的军费一直保持上升的态势，除了打击恐怖主义之外，美国军费的提高也是为了使其在军事上处于绝对的优势①。这样的增长态势一直持续到 2010 年，1998—2010 年美国的军费增幅高达 90.20%，使军费在 2010 年达到 7848.35 亿美元，这是自第二次世界大战结束以来的最高值。2011 年，美国由于其巨额的财政赤字开始缩减军费，时任国防部长盖茨宣布，美国将在之后的五年中逐步降低军费增速，并且在 2015 年实现完全冻结军费开支的增长。与 2010 年相比，美国 2015 年军费的降幅为 21.45%。美国军费缩减的原因除了应对财政赤字、政府债务等，美国从伊拉克和阿富汗撤军以及减少海外干预也是军费缩减的一个直接原因②。2016 年和 2017 年美国军费稍有下降，但降幅不大。

2017 年特朗普就职总统后不久就向 2017 财年的国防预算追加了 150 亿美元，并提出 2018 财年国防预算为 6390 亿美元，与 2017 财年预算相比增加了 560 亿美元。2018 年 2 月 9 日，特朗普签署了《2018 年两党预算法案》（BBA 2018）。该法案提高了 2011 财年《预算控制法案》（BCA）对国防和非国防拨款的支出限制。可见特朗普政府对保持美军优势的“美国优先”、“军事优先”战略的重视，大规模更新武器装备、提高军费开支，导致了美国 2018 年的军费发生逆转，增加了 4.58%，达到 6335.65 亿美元。

（二）俄罗斯的军费开支

在计算俄罗斯的军费开支时，SIPRI 考虑了其官方“国防”预算之外的一些军费开支来源。SIPRI 对俄罗斯的军费开支计算所涵盖的项目包括：俄罗斯“防务”总预算；军事养老金；准军事部队（即内政部内部安全部队、俄罗斯国民警卫队和联邦安全局边防局）的支出；其他国防部支出（如教育、医疗、住房、社会支持等）和额外补贴（即拜科努尔航天中心和俄罗斯国家原子能

① 吕有生．美国再度提高军费谋求“绝对安全”［J］．瞭望新闻周刊，2006（2）：50－51.

② 周琪，付随鑫．近年美国军费削减对美国军事力量的影响［J］．美国研究，2015，29（6）：20－46，5－6.

公司的补贴)。2018 年俄罗斯的军费开支连续两年减少，致使其全球排名跌出了前 5，排在第 6 位，这是自 2006 年以来的第一次。俄罗斯 2018 年的军费支出总额为 641.93 亿美元（按 2017 年不变价格计算），占到全球军费总额的 3.37%。与 2017 年相比，军费下降了 3.51%。2009—2016 年，俄罗斯的军费开支一直处于上升的态势，军费上升与俄罗斯 2010—2015 年进行的主要军事现代化计划相关，2017 年俄罗斯军费开始下降，这是自 1998 年以来的第一次下降。虽然俄罗斯军费在 2017 年和 2018 年均有所下降，与 2009 年相比，仍然增长了 27.38%（见图 7.17）。

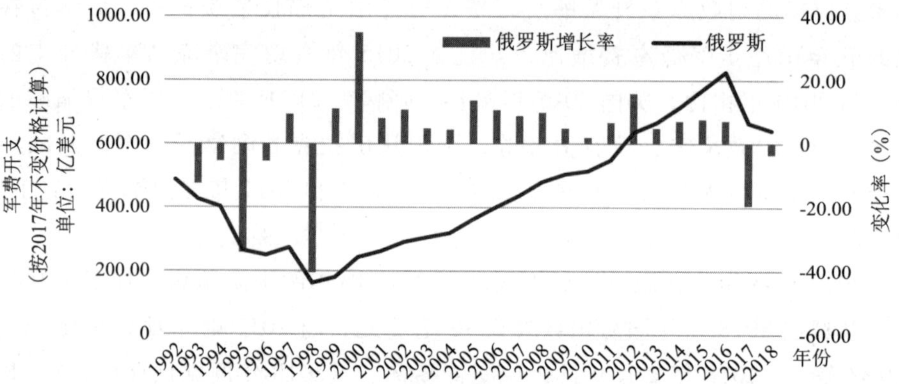

图 7.17 1992—2018 年俄罗斯军费开支及其变化率

资料来源：根据 SIPRI 军费开支数据库中的军费开支数据整理计算。

从图 7.17 看出，冷战结束后俄罗斯的军费开始了较大幅度的下降进程，1998 年的军费总额下降到 162.41 亿美元（按 2017 年不变价格计算），与 1992 年相比，降幅高达 66.62%。1999 年起，俄罗斯的军费开始呈现上升的趋势，这种趋势持续了 18 年之久。1999—2016 年，俄罗斯的军费每年都在增长，其中 2000 年军费增幅高达 34.92%，并在 2009 年超过英国和日本，成为全球第三大军费开支国。与 1998 年相比，2016 年俄罗斯军费增加了 408.44%。2007 年之前俄罗斯军费的增长归因于普京重整俄罗斯的政治经济秩序，且在国际油价上涨的推动下，军费开支增加，2008—2010 年的增长则主要是受到“俄罗斯—格鲁吉亚战争”的影响，一方面俄罗斯与西方国家关系越来越紧张，另一方面，俄罗斯军队在战争中也暴露出了一些弊端，从而促使俄罗斯进一步扩大军事投入，促进军队改革。在 2011—2015 年，俄罗斯军队的增速稍有提升，这一阶段俄罗斯的经济发展形势并不景气，但军费依然保持增长，部分原因在于俄罗斯将安全优先于经济利益①。

2017 年俄罗斯的军费出现了自 1998 年以来的第一次下降，与 2016 年相比，降幅高达 19.44%。2018 年俄罗斯的军费与 2017 年相比继续下降了 3.51%。面对俄罗斯军费的减少，俄退役上校利托夫金表示，军费的继续减少是因为对于俄罗斯来说，军队的武器装备更新高峰期已经结束，而且俄罗斯不会侵略任何一个国家，预计接下来几年军费还会进一步减少②。

四、评估与展望

2018 年全球军费开支总额达到 17799.63 亿美元（按 2017 年不变价格计算），与 2017 年相比增长 2.61%，是冷战结束以来的最高值。与 2017 年相比，2018 年军费开支下降的地区有非洲和大洋洲，降幅分别为 8.35% 和 2.94%。亚洲、拉丁美洲、北美洲和欧洲的军费开支均有所上升，其中北美洲军费上升 4.43%，为上升幅度最大的地区，拉丁美洲军费上升 3.82%，亚洲军费上升 3.70%，欧洲的军费略有上升，增幅为 1.45%。2009—2018 年，除了北美洲的军费下降 16.34% 之外，其余地区的军费均有所上升，其中上升幅度最大的为亚洲，增长率达 48.19%。

2018 年美国的军费开支达到 6487.98 亿美元，占全球总军费开支 35.61%，仍然排名世界第一。2018 年俄罗斯的军费开支继续减少，排名跌出了世界前五，排在第 6 位。沙特阿拉伯是中东地区军费开支最大的国家，2018 年军费总额达到 658.43 亿美元，与 2017 年相比下降了 6.47%。印度 2018 年军费总额为 665.78 亿美元，较 2017 年增长 3.13%。法国军费开支从 2014 年开始连续四年增加之后，在 2018 年开始下降，降幅 1.45%，军费总额降至 595.42 亿美元。

从全球来看，与 2017 年相比，军费开支增长最快的五个国家是：布基纳法索（52.42%）、牙买加（40.32%）、亚美尼亚（33.24%）、波黑尼亚（26.48%）、土耳其（23.92%）。军费开支下降最快的五个国家是：南苏丹（50.28%）、苏丹（48.57%）、塞拉利昂（29.83%）、贝宁（27.82%）、刚果民主共和国（26.54%）。这与 2017 年发生了很大的变化，2017 年，贝宁和

---

① 赵博文，张乃千．俄罗斯军费：如何在减法中做加法？[J]．军事文摘，2017（11）：8－11.

② “全球军费支出创 30 年新高，俄方罕见跌出前五”，人民网，来源：http://yn.people.com.cn/n2/2019/0430/c378441－32896682.html，最后访问：2019 年 8 月 14 日。

苏丹的军费开支在全球军费开支增幅最快的国家中分别位于第3位和第4位。

特朗普任美国总统以来，在美国《国家安全战略》与《国防战略》中提出了“军事优先”以及“大国竞争”等战略目标，2018年美国军费发展趋势开始逆转，比2017年增长4.58%，其军费总额几乎相当于其后八个国家的总军费开支，预计这种增长态势将在未来几年继续保持。俄罗斯2018年军费连续两年下降，但是实现军队现代化依然是俄罗斯的优先事项。虽然军费总额有所下降，用于军队现代化的资金却有所上升。如果俄罗斯的经济形势和国际环境没有向好的方向转变，俄罗斯的军费在之后几年不会大幅度的增加。亚太地区由于存在大国较量、领土争端、朝核危机以及印巴冲突的影响，将会进一步提升军费开支。中东和北非地区继续受到石油价格下跌的影响，估计如果没有造成区域形势大动荡的事件发生，这些地区的军费开支将会进一步缩减。值得注意的是，从2018年的军费发展趋势来看，中欧、东欧国家的军费将会在未来几年继续有所提升，德国、法国、英国等西欧传统军费支出大国也可能增加军费，而诸多北约成员国国家军费的增长势必会对全球军费态势产生显著影响。

8. 军工

郝朝艳　张华清*

摘　要： 全球军火生产在2017年、2018年持续增长。美国、欧洲等传统武器生产大国继续在全球武器生产中保持主导地位，领先优势十分明显。以以色列、日本、新加坡等为代表的成熟军工生产国在2017年表现平平，作为最大新兴武器生产国，印度的军火销售出现上涨。由于主要军工大国普遍调整国防工业发展战略，强调创新与自主发展，重组产业结构与能力，2017年和2018年全球防务领域的并购活动再创新高。大宗并购交易明显增多，防务企业强强联手、重点集中在航空航天、网络安全、信息智能等领域。

关键词： 军工　军火生产　防务企业

军事工业提供着国防建设和国家安全的重要物质与技术基础。随着世界范围内安全问题凸显以及科技创新的快速发展，世界国防工业处于深刻变革之中。主要军工强国通过增加国防开支、加大武器装备采购、聚焦技术创新，推进企业并购重组、武器出口与国际合作等方式，建设具有创新性和竞争性的军事工业。沿袭之前的做法，本章以2017年的军工生产数据为基本分析对象，部分涉及2018年数据。

---

* 郝朝艳（1977—），北京大学经济学博士，现任中央财经大学国防经济与管理研究院学术委员会副主任委员、副教授、硕士生导师，主要研究方向为国防工业、军火贸易、冲突经济学。出版《产权改革与股权拍卖机制设计》、《冲突经济学：理论、模型与方法》、*Cooperation for a Peaceful and Sustainable World* 等中外文专著，主持《冲突经济学原理》、《现代国防工业》、《政府在国防工业中的三重角色》等一系列有影响力的专业书籍的翻译工作，在《经济研究》、《世界经济》、《中国军事科学》等国内外期刊发表多篇学术论文。先后赴美国、韩国、泰国等进行学术访问或国际交流。

张华清（1995—），中央财经大学国防经济与管理研究院2019级硕士研究生，研究方向为国防工业。

基金项目：国家社会科学基金项目“产业发展视角下‘军民融合’政策效果评估研究”（19BJY012）。

一、军工生产态势

2017—2018 年国际安全局势更加复杂多变，大国间博弈日趋激烈，地缘政治风险、恐怖主义、民粹主义问题不断涌现，局部冲突时有发生，增加了对武器装备的需求。美国、欧洲普遍调整国防工业发展战略，制定新的发展规划和国防工业政策，加大对国防工业基础和国防科技创新的投入，重组产业结构与能力，积极扩大武器出口。中东和非洲一些国家日益重视武器装备本土化，以确保安全稳定。据多个机构数据统计，全球军火生产在 2017 年、2018 年持续增长。

斯德哥尔摩国际和平研究所（SIPRI）提供的数据显示，以 2017 年不变价格和汇率计算，世界排名前 100 的军火生产和军事服务公司（不含中国军工企业）（以下简称“SIPRI 100 强”）军火和军事服务的总销售收入自 2015 年开始恢复增长，并于 2017 年增加至 3982 亿美元。尽管比冷战后的最高年份，即 2010 年的 4418 亿美元减少了 9.9%，但比 21 世纪初（2002 年）的水平，“SIPRI 100 强”的军火销售额已增长了 43.6%（见表 8.1）。

表 8.1　2002—2017 年“SIPRI 100 强”军火销售额　单位：亿美元，%

年份	2002	2009	2010	2011	2012	2013	2014	2015	2016	2017	2002—2017
军火销售（按当年价格和汇率计算）											
总额	2011	4047	4204	4194	4036	4058	3960	3724	3762	3982	
变化率		3.1	3.9	-0.2	-3.8	0.6	-2.4	-5.9	1.0	5.9	98.1
军火销售（按 2017 年不变价格和汇率计算）											
总额	2773	4344	4418	4177	3989	3920	3798	3827	3886	3982	
变化率		6.8	1.7	-5.4	-4.5	-1.7	-3.1	0.8	1.5	2.5	43.6

资料来源：斯德哥尔摩国际和平研究所（SIPRI）军火工业数据库。

注：表中所列数据是各年度“SIPRI 100 强”军火生产和军事服务公司军火销售总额。由于这些公司主要根据年度军火销售额进行排名，因此每年进入“SIPRI 100 强”的公司也有所不同。

美国防务新闻（*Defense News*）网公布的 2017 财年和 2018 财年世界百强军工企业数据也反映出相同的变化情况。如表 8.2 所示，这些企业在 2018 财年的防务业务收入总计达到 4901 亿美元，比 2017 财年增加了 1146 亿美元，增幅为31%①。此外，这百家企业对于防务业务的整体依存度也逐年提升，防务业务收入在总收入中所占比重从2012年的28.3%上升到2018年的37.3%。

表8.2　2009—2018财年美国防务新闻网世界百强军工企业防务业务收入总额

单位：亿美元，%

年份	2009	2010	2011	2012	2013	2014	2015	2016	2017	2018
总额（亿美元）	4000	3913	4143	4012	3955	3857	3567	3650	3755	4901
变化率		-0.02	0.06	-0.03	-0.01	-0.02	-0.08	0.02	0.03	0.31
防务收入占比	37.9	35.4	30.1	28.3	30.6	31.4	31.9	34.1	36.9	37.3

资料来源：根据美国防务新闻网站公布的各财政年度世界百强军工企业数据计算得到。

注：防务业务收入额以当年价格表示。

尽管全球军工生产总体规模上升，但军工企业的排名与地区分布仍是重点。2017年，全球前10强军火生产和军事服务公司的军火销售总额达到了1982.1亿美元，占"SIPRI 100强"军火销售总额的一半。其中，前7位公司及排名与2016年完全一致，而洛克希德·马丁公司已经连续12年位居榜首。值得一提的是2017年俄罗斯首次有军工企业进入前10强，即排名第10位的金刚石—安泰集团。这也是除了美国和西欧国家以外，第一次有其他国家的公司进入"SIPRI 10强"（见表8.3）。

表8.3　2017年"SIPRI 10强"军火生产和军事服务公司　单位：亿美元，%

公司名称	国家	2017年排名	2016年排名	2017年军火销售额	2016年军火销售额	2017年防务业务依存度
洛克希德·马丁	美国	1	1	449.2	414.9	88.0
波音	美国	2	2	269.3	301.3	28.8
雷声	美国	3	3	238.7	233.9	94.2
BAE系统	英国	4	4	229.4	222.1	97.7
诺斯罗普·格鲁曼	美国	5	5	223.7	218.5	86.7
通用动力	美国	6	6	194.6	196.4	62.8

① 2018财年美国防务新闻网全球军工百强排名发生了较大变化，主要原因是自2001年以来，首次加入了中国军工企业。中国共有8家企业进入2018财年百强榜单，其中有6家位于前十五名。

续表

公司名称	国家	2017 年排名	2016 年排名	2017 年军火销售额	2016 年军火销售额	2017 年防务业务依存度
欧洲宇航防务集团	跨欧洲*	7	7	112.9	129.3	15.0
泰利斯	法国	8	9	90	84.2	50.6
莱昂纳多	意大利	9	8	88.6	87.8	68.2
金刚石—安泰	俄罗斯	10	13	85.7	73.2	93.9

资料来源：The SIPRI Top 100 Arms – Producing and Military Services Companies, SIPRI, 2017.

注："防务业务依存度"指军火销售额占总销售额的比例。

* 被归为"跨欧洲"的公司是欧洲宇航防务集团（EADS）公司，它是由位于法国、德国和西班牙的公司组成的联合体，因此在这里被归为"西欧和中欧"地区。

2017 年"SIPRI 100 强"军火生产和军事服务公司来自 20 个国家①，按照军火销售额从大到小依次是美国、俄罗斯、英国、法国、意大利、日本、德国、以色列、印度、韩国、瑞典、土耳其、新加坡、波兰、乌克兰、澳大利亚、巴西、西班牙、瑞士和加拿大。其中，美国公司 42 家，西欧公司 24 家，美国和西欧的 66 家公司在 2017 年军火销售总额为 3215.3 亿美元，相比 2016 年上涨了 2.5%，占据 2017 年"SIPRI 100 强"军火销售总额的 80.7%。如果将俄罗斯也计算在内，那么这些国家就垄断了全球 90% 以上的军火生产（见表 8.4）。

表 8.4　2017 年"SIPRI 100 强"军火生产和军事服务公司的国家、地区分布

单位：亿美元，%

地区	国家	公司数量	军火销售额		占 100 强销售总额的比例	
			2017 年	2016 年	2017 年	2016 年
北美洲	美国	42	2266.4	2221.9	56.9	57.0
	加拿大	1	8.4	8.1	0.2	0.2
	小计	**43**	**2274.8**	**2230.0**	**57.1**	**57.2**
南美洲	巴西	1	9.5	10.6	0.2	0.3
	小计	**1**	**9.5**	**10.6**	**0.2**	**0.3**

① "SIPRI 100 强"军火生产和军事服务公司榜单中没有中国公司。

续表

地区	国家	公司数量	军火销售额		占100强销售总额的比例	
			2017年	2016年	2017年	2016年
西欧和中欧	英国	7	357.1	349.1	9.0	9.0
	法国	6	212.9	191.4	5.3	4.9
	德国	4	82.5	74.9	2.1	1.9
	意大利	2	105.2	104.3	2.6	2.7
	跨欧洲*	2	146.7	162.7	3.7	4.2
	西班牙	1	9.1	7.4	0.2	0.2
	瑞士	1	8.7	8.2	0.2	0.2
	瑞典	1	26.7	28.2	0.7	0.7
	土耳其	2	26.4	21.3	0.7	0.5
	波兰	1	11.9	12.1	0.3	0.3
	小计	**27**	**987.2**	**959.6**	**24.8**	**24.6**
东欧	俄罗斯	10	377	347.5	9.5	8.9
	乌克兰	1	10.2	11.5	0.3	0.3
	小计	**11**	**387.2**	**358.9**	**9.7**	**9.2**
亚洲和大洋洲	日本	5	87.4	87.5	2.2	2.2
	澳大利亚	1	10.2	10.0	0.3	0.3
	新加坡	1	16.8	17.1	0.4	0.4
	印度	4	75.2	70.9	1.9	1.8
	韩国	4	54.9	71.2	1.4	1.8
	小计	**15**	**244.5**	**256.6**	**6.1**	**6.6**
中东	以色列	3	79.1	82.3	2.0	2.1
	小计	**3**	**79.1**	**82.3**	**2.0**	**2.1**
总计		**100**	**3982.3**	**3898.1**	**100.0**	**100.0**

资料来源：根据 “The SIPRI Top 100 Arms – Producing and Military Services Companies，2017” 的相关数据计算。

注：* 被归为“跨欧洲”的公司是欧洲宇航防务集团（EADS）公司，它是由位于法国、德国和西班牙的公司组成的联合体，因此在这里被归为“西欧和中欧”地区。

由于美国的军工企业无论在数量还是规模上都处于主导地位，其军火销售额较大幅度的变化左右了全球军火销售的变化趋势。相比 2016 年，2017 年世界主要武器生产国中美国、俄罗斯、英国、法国和德国等国家的军火销售额增长了（见图 8.1），而以色列和韩国的军火销售额则出现了下滑。在美国防务新闻网公布的数据中，美国防务企业的防务收入在2018财年达到了2535亿美元，比上一年度增加了14%，即312亿美元，带动了世界百强军工企业总防务业务收入的上涨。

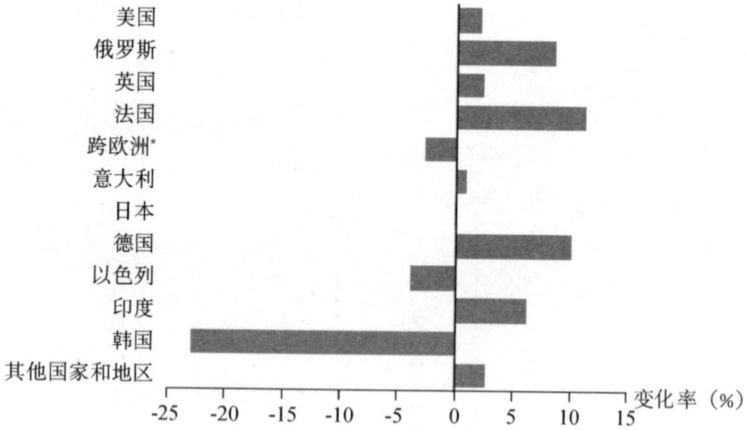

图8.1 2016—2017年主要武器生产国军火销售额变化率

注：* 被归为“跨欧洲”的公司是欧洲宇航防务集团（EADS）公司。该公司是由位于法国、德国和西班牙的公司组成的联合体。

资料来源：SIPRI，“The SIPRI Top 100 Arms - Producing and Military Services Companies, 2017”, 2018.

在“SIPRI 100强”军火生产和军事服务公司中，隶属于经济发展水平较高的经济合作与发展组织（OECD）国家的公司多达83家，它们的军火销售总额为3493.6亿美元，占全球军火销售额的87.7%，该比例较2016年略有下降。由此可见，军火生产目前仍集中在经济发展水平较高的国家，北半球是军火生产能力的核心所在地。

二、主要军工生产国情况

在2017年和2018年，全球军工生产格局依然极不平衡，传统大型军工企业继续保持极大优势，美国和西欧也仍占据着全球军工生产的垄断地位。

（一）美国

美国不仅拥有全世界最强的军工生产能力，且2017年军火销售额继续增加，进一步巩固了其军工生产的优势地位。2017年进入“SIPRI 100强”的美国企业有42家（见表8.5），军火销售额高达2266.4亿美元，占“SIPRI 100强”军火生产和军事服务公司总军火销售额的56.9%。

表8.5　2017年“SIPRI 100强”军火生产和军事服务公司中的美国公司

单位：亿美元,%

公司名称	2017年排名	2016年排名	2017年军火销售额	2016年军火销售额	2017年军火销售额在全球占比
洛克希德·马丁	1	1	449.2	414.9	11.3
波音	2	2	269.3	301.3	6.8
雷声	3	3	238.7	233.9	6.0
诺斯罗普·格鲁曼	5	5	223.7	218.5	5.6
通用动力	6	6	194.6	196.4	4.9
联合技术	11	11	77.8	70.1	2.0
L-3通信	12	10	77.5	77.9	1.9
亨廷顿·英格尔斯工业	13	12	64.7	68.6	1.6
霍尼韦尔	16	22	44.6	35.5	1.1
雷杜斯	18	17	43.8	43.9	1.1
德事隆	20	15	41	48.6	1.0
博思·艾伦·汉密尔顿	21	20	40.6	40.8	1.0
通用电气	22	36	38.3	25.3	1.0
贝克特尔	30	29	31.5	28.8	0.8
哈里森	31	18	30.4	42.9	0.8
CACI国际	32	28	29.8	28.9	0.7
科学应用	35	31	27.6	26.9	0.7
CSRA	39	39	25.8	23.0	0.6
轨道ATK	42	47	23.9	19.6	0.6
罗克韦尔·柯林斯	43	41	23	22.8	0.6
通用原子技术	44	48	22.2	19.5	0.6
AECOM	51	43	20.7	21.6	0.5
奥什卡什	54	64	18.4	13.8	0.5
凯洛格·布朗·路特	55	78	17.5	11.1	0.4
戴恩国际	62	65	14.2	13.1	0.4
美泰科技国际	65	60	13.6	14.9	0.3
英吉利缇	67	66	13	13.8	0.3

续表

公司名称	2017 年排名	2016 年排名	2017 年军火销售额	2016 年军火销售额	2017 年军火销售额在全球占比
BWX 技术	68	63	13	12.8	0.3
洛克达因	71	73	12.2	12.0	0.3
泛图集团	72	82	11.9	9.7	0.3
Vencore	75	92	11.3	8.8	0.3
Vectrus	76	71	11.2	12.2	0.3
内华达山脉	79	88	10.2	9.2	0.3
DXC	82	—	10	10.2	0.3
泰里达因技术	86	86	9.2	9.3	0.2
嘉科工程集团	88	81	9	10.1	0.2
精密铸件	89	89	9	9.0	0.2
库比克集团	90	90	8.9	9.0	0.2
柯蒂斯·莱特	91	98	8.9	8.1	0.2
航空与航天	92	91	8.9	8.9	0.2
麻省理工学院	96	102	8.7	7.9	0.2
穆格	97	94	8.6	8.5	0.2
总计			**2266.4**	**2221.9**	**56.9**

资料来源：斯德哥尔摩国际和平研究所（SIPRI）军火工业数据库。

注：—表示缺失数据。

2017 年美国有 5 家公司进入了"SIPRI 100 强"军火生产和军事服务公司前 10 位。洛克希德·马丁公司是世界上最大的军火生产公司，2017 年军火销售额高达 449.2 亿美元，较 2016 年增长了 8.3%，占"SIPRI 100 强"全部军火销售额的 11.3%。对 F-35 战斗机、导弹、反导系统和宙斯盾作战系统的大规模采购是洛克希德·马丁公司军火销售收入持续增长的重要原因。相比而言，波音公司 2017 年军火生产尽管名列第 2 位，但出现了大幅下降，比前一年减少了 10.6%，导致全球最大的两个军工巨头间的年度军火销售差距扩大到了 180 亿美元。雷声、诺斯罗普·格鲁曼、通用动力、联合技术公司等排名较前的其他大型美国军工企业，在 2017 年表现依然优秀、稳定，除个别公司外，2017 年军火销售额均有不同程度的增长。

2017 年美国军工行业的并购活动频繁。联合技术公司对罗克韦尔·柯林斯公司的收购，诺斯罗普·格鲁曼对轨道 ATK 公司的收购尤为引人注目。并购使联合技术公司和诺斯罗普·格鲁曼公司在未来大型武器项目采办中更具有竞争力。近年来，大型军工企业逐渐剥离军事服务业务，而剥离出来的这些小公司不断合并重组，形成了规模较大的军事服务公司。2017 年“SIPRI 100 强”的新晋公司 DXC 就是通过计算机科学公司（Computer Science Corporation）与惠普企业服务公司部分业务合并形成的。戴恩国际公司（DynCorp）和凯洛格·布朗·路特公司的军火销售延续 2016 年的增长势头，也是得益于企业并购后获得的新订单。

（二）西欧和中欧

西欧和中欧聚集着英国、法国、德国和意大利等传统军工生产大国，在“SIPRI 100 强”中一直是仅次于美国，拥有军火生产和军事服务公司最多、军火销售额最大的地区。2017 年该地区 27 家最大的军火生产和军事服务公司总军火销售额为 987.2 亿美元，比 2016 年增加了 2.9%，约占 2017 年“SIPRI 100 强”军火生产销售的四分之一（见表 8.6）。

表 8.6　2017 年“SIPRI 100 强”军火生产和军事服务公司中的英国公司

单位：亿美元，%

公司名称	2017 年排名	2016 年排名	2017 年军火销售额	2016 年军火销售额	2017 年军火销售额在全球占比
BAE 系统	4	4	229.4	222.1	5.8
劳斯莱斯	17	16	44.2	43.4	1.1
巴布科克国际集团	27	24	32.3	32.9	0.8
科巴姆	59	58	15.8	15.1	0.4
吉凯恩集团	63	67	14.1	11.8	0.4
斯科	69	59	12.5	14.6	0.3
美捷特	93	84	8.8	9.2	0.2
总计			**357.1**	**349.1**	**9.0**

资料来源：斯德哥尔摩国际和平研究所（SIPRI）军火工业数据库。

2017 年英国有 7 家公司进入了“SIPRI 100 强”，总军火销售额达到 357.1 亿美元，占全球军火销售额的 9.0%，比前一年增长了 2.3%。BAE 系统公司是英国最大的军火生产和军事服务公司，也是一家典型的国际化大型防务供给商，近 10 年来军火销售稳居全球前 5 名。2017 年 BAE 系统公司的军火销售额比前一年度增长 3.3%，高达 229.4 亿美元，这是英国军火销售总额的 64.2%，成为“SIPRI 100 强”的第 4 名。生产航空部件的吉凯恩集团

2017 年军火销售增速瞩目，较 2016 年增加了 19.6%，在“SIPRI 100 强”中的排名也上升了 4 个位次，当然，这主要得益于全球对飞机部件需求的快速增长。而英国海军舰船的主要维修和制造商巴布科克国际集团，其军火销售额在 2017 年相比 2016 年下降了 1.9%，主要原因是国内采办减少了。

2017 年法国军火销售额出现了非常明显的增长，同比增长 11.2%，达到 212.9 亿美元。有 6 家法国公司进入了 2017 年“SIPRI 100 强”，提供了全球军火销售的 5.3%。这 6 家公司在 2017 年的军火销售均出现不同幅度的上涨（见表 8.7）。特别是战斗机制造商达索航空公司与印度和卡塔尔签署了战斗机采购合同，促使军火销售额提升了 48.3%。舰船制造商海军集团公司的军火销售额也提升了 15.0%，主要得益于法国海军的持续采购，以及对巴西和印度出口潜艇和护卫舰，向埃及出口护卫舰。

表 8.7　2017 年“SIPRI 100 强”军火生产和军事服务公司中的法国公司

单位：亿美元，%

公司名称	2017 年排名	2016 年排名	2017 年军火销售额	2016 年军火销售额	2017 年军火销售额在全球占比
泰利斯	8	9	90	84.2	2.3
海军集团	19	23	41.3	35.9	1.0
赛峰	33	34	29.1	26.8	0.7
CEA	46	44	21.7	20.8	0.5
达索航空	50	61	21.2	14.3	0.5
奈科斯特	83	87	9.6	9.4	0.2
总计			**212.9**	**191.4**	**5.3**

资料来源：斯德哥尔摩国际和平研究所（SIPRI）军火工业数据库。

莱昂纳多和芬坎蒂尼是 2017 年进入了“SIPRI 100 强”的两家意大利公司，分别位于第 9 名和第 58 名。它们 2017 年的军火销售比较稳定，虽然排名较 2016 年略有下降，但军火销售额仍分别增长了 0.9% 和 0.4%。2017 年，莱昂纳多公司国防电子部门和航空部门的业务收入有所上升，但直升机业务出现了一定程度下滑，总军火销售额为 88.6 亿美元。

德国有 4 家公司进入了 2017 年“SIPRI 100 强”，即莱茵金属公司、蒂森克虏伯、马劳斯—马菲·魏格曼以及亨索尔特公司，分别排在第 26、53、56 和第 74 位。2017 年这 4 家公司的军火销售总计为 82.5 亿美元，同比增长 10.1%。其中马劳斯—马菲·魏格曼公司是 2017 年“SIPRI 100 强”中军火销售增速最快的公司，较 2016 年增加了 61.1%，达到 17.5 亿美元。德国国内对装甲车采购的增加，以及向卡塔尔出口坦克是马劳斯—马菲·魏格曼公司 2017 年军火销售额大幅增长的主要原因。2017 年 2 月底，空中客车集团将其军用电子业务出售给一家投资基金，成立了亨索尔特公司，该公司 2017 年进入了“SIPRI 100 强”。

（三）俄罗斯

尽管国内经济困难重重，但在国防支出和武器装备出口增加的推动下，俄罗斯军工企业在 2017 年呈现好转势头。2017 年，俄罗斯有 10 家军火生产和军事服务公司进入“SIPRI 100 强”，其军火销售总额为 377 亿美元，较 2016 年上升了 8.5%，占“SIPRI 100 强”全部军火销售总额的 9.5%（见表 8.8）。

表 8.8　2017 年“SIPRI 100 强”军火生产和军事服务公司中的俄罗斯公司

单位：亿美元，%

公司名称	2017 年排名	2016 年排名	2017 年军火销售额	2016 年军火销售额	2017 年军火销售额在全球占比
金刚石—安泰	10	13	85.7	73.2	2.2
联合航空	14	14	64.4	61.8	1.6
联合造船厂	15	19	49.8	48.6	1.3
战术导弹	23	35	36.0	30.3	0.9
俄罗斯直升机	29	32	31.7	31.4	0.8
高精密度系统	34	46	28.3	23.2	0.7
联合发动机	40	51	25.7	20.5	0.6
俄罗斯电子	47	—	21.4	18.9	0.5
无线电电子技术集团	52	54	20.6	19.3	0.5
乌拉尔车辆制造	66	53	13.4	20.1	0.3
总计			**377.0**	**347.5**	**9.5**

资料来源：斯德哥尔摩国际和平研究所（SIPRI）军火工业数据库。

注：—表示缺失数据。

先进防空系统制造商金刚石—安泰公司在 2017 年军火销售额有了大幅增长，从 2016 年的 73.2 亿美元增加至 2017 年的 85.7 亿美元，增幅为 17.1%。金刚石—安泰公司是 2017 年“SIPRI 100 强”的第 10 位，这也是自斯德哥尔摩国际和平研究所将俄罗斯军工企业纳入百强榜单以来，俄罗斯军工企业首次进入前 10 强。

其他9家“SIPRI 100强”公司中，有8家公司的军火销售额比2016年有所上升，其中3家公司的增长率在15%以上，分别是战术导弹公司(18.8%)、高精密度系统公司(21.8%)和联合发动机公司(25.4%)。只有乌拉尔车辆制造公司的军火销售额在2017年出现下滑，在“SIPRI 100强”中的排名也从2016年第53名滑落到2017年第66名。

俄罗斯从2007年就开始了国内国防工业的整合与重组，以期在各个武器装备生产领域形成更具竞争力的大型防务企业，如2017年俄罗斯第二和第三大武器生产商联合航空公司和联合造船厂就是这样形成的。2017年排名“SIPRI 100强”第47位的俄罗斯电子公司也是在联合仪器制造公司与原俄罗斯电子公司相关业务合并而成。陆地系统部门在未来几年将继续整合。

（四）其他主要军火生产国

日本、以色列、韩国、新加坡、波兰、乌克兰、澳大利亚、加拿大尽管军工生产能力无法与传统军工大国相比，但也是具有成熟且某些重要生产、技术能力的武器生产国。然而这些国家2017年的军火销售成绩平平，以色列、日本、波兰、新加坡和乌克兰的军火销售出现下降，韩国则大幅下滑，只有澳大利亚和加拿大的军火销售略有增长（见表8.9）。

表8.9 2017年“SIPRI 100强”军火生产和军事服务公司中的日本公司

单位：亿美元，%

公司名称	2017年排名	2016年排名	2017年军火销售额	2016年军火销售额	2017年军火销售额在全球占比
三菱重工	24	21	35.7	35.7	0.9
川崎重工业株式会社	48	42	21.4	21.1	0.5
富士通	77	75	11.1	11.2	0.3
日本石川岛株式会社	78	70	10.7	11.6	0.3
日本电气	99	97	8.5	7.9	0.2
总计			**87.4**	**87.5**	**2.2**

资料来源：斯德哥尔摩国际和平研究所（SIPRI）军火工业数据库。

5家进入2017年“SIPRI 100强”的日本公司提供了全球军火销售的2.2%。其中，最大的三家军工企业三菱重工、川崎重工业株式会社和富士通的军火销售额相比2016年基本持平。日本电气的军售额增长7.6%，而日本石川岛株式会社的军售额则下降了7.8%。日本在2014年解除了长期以来对武器出口的禁令，但武器出口并没有显著增加，日本军工企业的军火销售主要依赖国内需求。不过，富士通公司确实通过向其他国家提供军事信息技术服务创造了较为可观的收入。

近年来，韩国的防务产业已经成熟，涵盖了所有主要的武器生产部门，包括舰船、飞机、陆地系统、弹药和电子产业。韩国从国家层面高度重视武器出口，瞄准东南亚、中东、拉美等地区市场，大力推动，使得韩国武器出口持续增长。然而，与2016年相比，韩国的军火销售额在2017年却出现了大幅减少。韩国占据了2016年“SIPRI 100强”的7个席位，而2017年仅有4家公司进入百强榜单。这4家公司2017年军火销售额共计54.9亿美元，较2016年减少了22.9%，仅占“SIPRI 100强”军火销售总额的1.4%（见表8.10）。其中，韩国航空工业公司和大宇造船海洋株式会社降幅最大。韩国航空工业公司军售额减少了53.3%（近10亿美元），在“SIPRI 100强”中的排名也从2016年的第50名下降到2017年的第98名。如此巨幅下降的主要原因是韩国航空工业公司与韩国军方的数个大型采办合同即将结束，而新直升机的交付又被延迟了。大宇造船海洋株式会社的军火销售在2017年下降了24.8%。然而对于船舶制造行业而言，销售额的这种波动较为常见。基于该公司与韩国海军业已签订的合同及武器出口合同，其军售额在未来几年很可能会再次增加。

表8.10　2017年“SIPRI 100强”军火生产和军事服务公司中的韩国公司

单位：亿美元，%

公司名称	2017年排名	2016年排名	2017年军火销售额	2016年军火销售额	2017年军火销售额在全球占比
韩华泰科	49	40	21.3	23.5	0.5
LIG Nex1	60	56	15.6	16.7	0.4
大宇造船海洋株式会社	85	72	9.4	12.5	0.2
韩国航空工业	98	50	8.6	18.4	0.2
总计			**54.9**	**71.2**	**1.4**

资料来源：斯德哥尔摩国际和平研究所（SIPRI）军火工业数据库。

以色列一直是中东地区的军工强国，2017年“SIPRI 100强”中有3家以色列公司，其军火销售额总计79.1亿美元，相比2016年下降了3.9%，但仍然保持着与德国、日本同等规模的军火销售额。此外，澳大利亚、加拿大、波兰、新加坡和乌克兰各有1家公司进入2017年“SIPRI 100强”，除乌克兰的乌克兰国防工业公司的军火销售额由于通货膨胀原因较2016年下降了

11.3%外，其他国家的军火销售额只有小幅波动。

作为新兴武器生产国，巴西、印度和土耳其雄心勃勃，强调武器装备本土化生产，致力于建设本国高水平的武器生产能力。2017年这3个国家的军火销售额共计111.1亿美元，占“SIPRI 100强”军火销售总额的2.8%。除巴西的军火销售额在2017年有所下降外，印度和土耳其均出现了不同程度的增长（见表8.11）。

表8.11 2017年“SIPRI 100强”军火生产和军事服务公司中的印度公司

单位：亿美元，%

公司名称	2017年排名	2016年排名	2017年军火销售额	2016年军火销售额	2017年军火销售额在全球占比
印度军械厂	37	38	26.5	24.4	0.7
斯坦航空	38	37	26.1	26.3	0.7
巴拉特电子	64	74	13.8	12.3	0.3
巴拉特动力	94	106	8.8	7.8	0.2
总计			**75.2**	**70.9**	**1.9**

资料来源：斯德哥尔摩国际和平研究所（SIPRI）军火工业数据库。

印度是最大的新兴武器生产国，有4家公司进入了2017年“SIPRI 100强”，军火销售总额达75.2亿美元。这4家公司都是国有企业，几乎完全依赖本国需求维持军火销售。印度军械厂和斯坦航空公司也是新兴武器生产国中最大的两家军火生产和军事服务公司，分别排在2017年“SIPRI 100强”的第37和第38位，它们和巴拉特电子公司自2002年以来就一直是“SIPRI 100强”公司。巴拉特动力公司首次进入了“SIPRI 100强”，2017年的军火销售额为8.8亿美元。除斯坦航空公司的军火销售额在2017年略有下降，其他三家公司均实现了10%左右的增长。印度致力于武装力量现代化，并尽可能从本国军工企业采购武器装备是其2017年军火销售实现6.1%增长的主要原因。

2017年“SIPRI 100强”中有两家土耳其公司——土耳其军事电子工业公司和土耳其航空工业公司，其军火销售额较2016年上涨了24.0%。2017年“SIPRI 100强”中唯一的南美军火公司，即排名第84位的巴西航空工业公司2017年军售额下降到9.5亿美元，相比前一年度降幅为10%。

三、军工企业并购

全球国防工业的战略调整日益明显，2017年和2018年防务领域的公司并购活动刷新了近十年来的记录。特别是2018年，据《简氏防务周刊》发布的数据，一系列可能改变市场结构的公司整合将国防和安全领域的并购金额推高至820亿美元，较2017年的600亿美元增加了36%，达到了近十年来的最高水平（见图8.2）。而2018年防务企业并购次数只有118起，比2017年减少了9起，这表明单宗并购规模更大了。2018年涉及金额至少为5亿美元的并购交易有13起，2017年只有6起。其中，最为引人瞩目的包括L3技术公司和哈里斯公司宣布价值330亿美元的等价合并，以及科学应用国际公司寻求以25亿美元收购军事工程和物流集团英吉利缇公司，该交易已于2019年1月完成。此外，梅尔罗斯工业公司发起了价值115亿美元的对英国航空和工程集团吉凯恩集团的收购，波音公司宣布以42.5亿美元收购独立飞机零部件和服务供应商KLX公司，并已于2019年10月完成。2015年之前，并购活动主要集中在防务供应链的中低端，并购也主要由中低端的买家发起，大型防务企业参与的并购活动较为有限。而在2017年、2018年大型防务企业参与的这些并购活动，将会对全球国防工业格局产生明显影响（见表8.12）。

表8.12　2018年全球防务领域十大并购案　单位：亿美元

买方公司		目标公司			金额
名称	国家	名称	国家	所属领域	
L3技术公司	美国	哈里斯公司	美国	多元化的防务和航空产品及服务	330
梅尔罗斯工业公司	英国	吉凯恩集团	英国	航空航天部件机械加工产品	115
通用动力	美国	CSRA	美国	IT服务	97
波音	美国	KLX	美国	飞机服务（零件和供应链服务）	42.5
TransDigm集团	美国	埃斯特林科技公司	美国	多元化的防务和航空产品及服务	40
科学应用国际公司	美国	英吉利缇	美国	工程和物流服务	25
Aptiv	爱尔兰	温彻斯特连接公司	美国	电子产品	6.5
Spirit航空系统	美国	阿斯科工业公司	比利时	航空器件	6.5
IPO（10%）	印度	印度斯坦航空公司	印度	航空产品	6.47
ST工程公司	新加坡	MRA系统公司	美国	航空器件	6.3

资料来源："Mergers and Acquisitions 2018: Full - year Report", *Jane's Defence Weekly*.

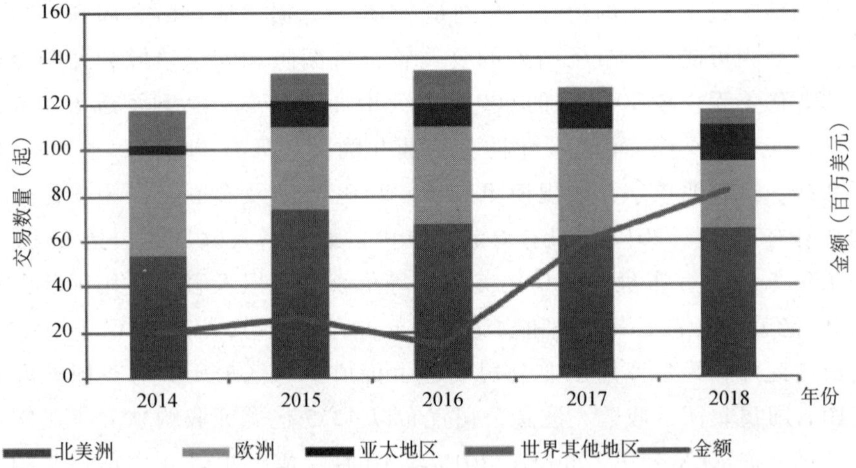

图 8.2 2014—2018 年防务企业并购中目标企业分布及并购金额

资料来源："Mergers and Acquisitions 2018：Full - year Report"，*Jane's Defence Weekly*.

2018 年 55% 的交易以美国或加拿大公司为目标公司，仅有四分之一的交易以欧洲公司为收购目标。美国国防开支的增加，重振了对全球最大防务市场的信心，增加了并购美国防务企业的吸引力。而英国脱欧带来的不确定性导致涉及英国的并购活动大为减少。2018 年欧盟成员国通过立法赋予政府更大权力干预外资在战略领域的投资。例如，德国在 2018 年修改立法，允许联邦政府以国家安全为由否决外资对战略型企业 10% 以上股份的收购，而这一比例之前为 25%。除欧洲和北美以外，世界其他地区的并购活动在 2018 年总并购交易中的比例为 19%，高于 2017 年的 16%，这也反映出新兴市场日益成熟和活跃。

从目标公司所属领域的分布情况看，从 2014 年开始，提供制造、维修或工程服务的公司是并购的主要目标。2018 年，35% 的目标企业属于这种类型，28% 的目标公司从事电子或 C4ISR 领域。而在后勤、培训、维护或设施管理等领域提供服务的目标企业在 2018 年的并购交易次数中的占比为 15%，分别高于 2017 年的 12% 和 2016 年的 13%。客户需求的变化以及服务业利润普遍高于生产和工程领域是推动这种变化的重要原因（见图 8.3）。

中低层次防务企业作为收购方参与的并购交易占比继续下降，从 2015 年的 43% 下降到 2018 年的 34%，这似乎反映出成熟防务市场中较低层次供给商已趋于饱和。位于供应链上端的承包商作为收购方参与了 2018 年防务企业并购活动的 36%，达到近年来的最高比例（见图 8.4）。

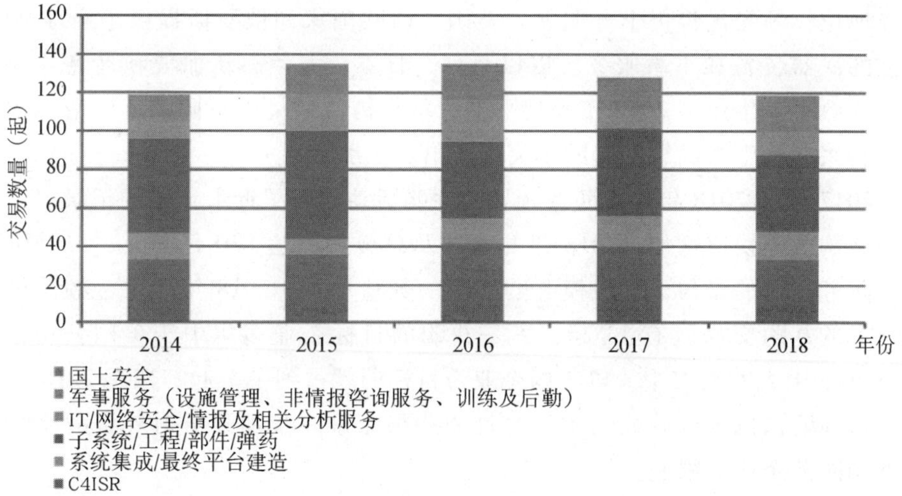

图 8.3 2014—2018 年全球防务企业并购目标企业所属部门分布图

资料来源："Mergers and Acquisitions 2018：Full – year Report"，*Jane's Defence Weekly*.

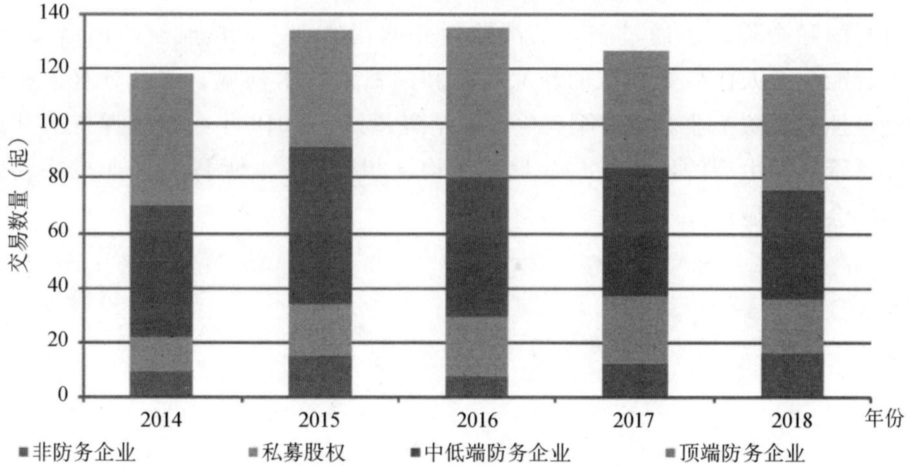

图 8.4 2014—2018 年全球防务企业并购收购方类型分布图

资料来源："Mergers and Acquisitions 2018：Full – year Report"，*Jane's Defence Weekly*.

四、评估与展望

全球军火生产在 2017 年、2018 年持续增长。美国、欧洲等传统武器生产大国普遍调整国防工业发展战略，加大对国防工业基础和国防科技创新的投入，重组产业结构与能力，积极扩大武器出口，继续在全球武器生产中保持主导地位，领先优势仍十分明显。美国、西欧国家和俄罗斯提供了全球90%以上的武器装备和军事服务。以以色列、日本、波兰、新加坡和乌克兰为代表的成熟军工生产国2017年表现平平，军火销售额呈现不同幅度下滑。作为最大新兴武器生产国，印度的军火生产出现上涨。

2017年和2018年全球防务领域的并购活动刷新了近十年来的记录。一是总的并购规模快速增加，2018年并购涉及总金额高达820亿美元；二是由于大型防务企业的参与，大规模并购活动的数量增加，2018年涉及金额5亿美元以上的并购交易就有13起；三是并购的目标企业多集中于美国公司，在2018年前十大并购案中，以美国企业为目标的就占到了7起；四是2018年防务领域并购仍以国内并购为主，并且一些国家进一步加强了对外资战略性投资本国防务企业的限制。

随着世界安全形势的深刻变化和军事技术变革的快速发展，主要国家加快了国防工业创新、转型步伐，强调国防工业的自主发展。不仅增加国防开支，加大了对国防工业基础和国防科技创新的投入，采取多种措施推动武器出口与国际合作，还通过企业的战略性并购、整合，聚焦航空、网络安全、人工智能、无人作战等领域的新兴技术和颠覆性技术领域，建设具有创新性和竞争性的国防工业。全球军火生产和销售预计在2018年会继续保持上升势头，尽管武器生产的国家结构、地区结构会相当稳定，但国防工业战略调整的影响会逐步显现。

9. 军贸

郝朝艳*

摘　要：从2009—2018年，全球防务出口价值量增长了40%，尽管与2017年相比，2018年全球主要常规武器贸易规模有所下降，但全球军贸仍处于增长区间。全球主要常规武器出口格局相当稳定，然而依然稳中有变。美国进一步拉大相对于其他武器出口国的优势，2014—2018年占据着全球武器出口市场的36%，而法国有望在2020年超过俄罗斯，成为世界第2大武器出口国。以色列、韩国、土耳其等新兴武器出口国的快速增长将加剧全球军火市场的竞争程度。在武器进口方面，沙特阿拉伯、印度、埃及、澳大利亚和阿尔及利亚等是主要常规武器进口国。尽管亚洲和大洋洲依然是进口武器最多的地区，但由于地区冲突和紧张局势加剧，中东地区武器进口自2009—2013年至2014—2018年武器进口量几乎翻倍。飞机、导弹、舰船和装甲车是近年来交易量最大的武器类型，特别是军用飞机会是未来全球军贸市场规模扩大的主要动力，而装甲车市场规模或将大幅下滑。

关键词：军火贸易　武器出口　武器进口

武器装备水平是国家综合国力的一种象征。近年来，发达国家与新兴工业化国家在国际军品市场的竞争日益激烈，同时，一些热点地区不断升温，局部地区冲突推高了对武器，特别是高技术武器的需求，为全球军品贸易格局和世界和平发展带来了不可忽视的影响①。

---

* 郝朝艳（1977—），北京大学经济学博士，现任中央财经大学国防经济与管理研究院学术委员会副主任委员、副教授、硕士生导师，主要研究方向为国防工业、军火贸易、冲突经济学。出版《产权改革与股权拍卖机制设计》、《冲突经济学：理论、模型与方法》、*Cooperation for a Peaceful and Sustainable World* 等中外文专著，主持《冲突经济学原理》、《现代国防工业》、《政府在国防工业中的三重角色》等一系列有影响力的专业书籍的翻译工作，在《经济研究》、《世界经济》、《中国军事科学》等国内外期刊发表多篇学术论文。先后赴美国、韩国、泰国等进行学术访问或国际交流。

基金项目：国家社会科学基金项目“产业发展视角下‘军民融合’政策效果评估研究”（19BJY012）。

① 武器装备类型大体可分为三种：常规武器、中小型武器以及大规模杀伤性武器。考虑到数据的可获得性、准确性以及在武器贸易中的重要性，本章仅涉及常规武器贸易和转让。

一、军火贸易态势

进入21世纪后，全球军火贸易扭转了自冷战结束后不断萎缩的态势，尽管存在波动，但基本处于持续扩张区间。恐怖主义势力抬头，中东、非洲、东亚及南亚地区缺乏安全互信机制，民族、宗教矛盾导致潜在对抗与冲突风险等多重因素都支撑着全球军火贸易的增长趋势。

（一）总量

与2017年相比，2018年全球武器贸易总量出现了较大幅度的下降。按照斯德哥尔摩国际和平研究所（SIPRI）提供的武器转让数据，2018年全球主要常规武器转让额为275.9亿美元，比2017年（318.2亿美元）减少了13.3%，是近4年来最小的武器贸易规模。但如果以5年为一个时期考察武器贸易变动趋势，与2009—2013年相比，2014—2018年全球主要常规武器转让仍增长了7.8%（见图9.1），达到2000年以来每个5年时期主要常规武器转让的最高值。

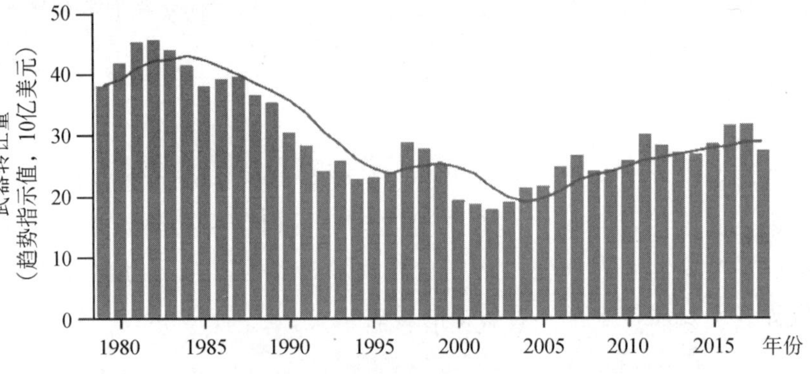

图9.1　1978—2018年SIPRI全球主要常规武器转让趋势图

注：（1）柱状图显示了每一年主要常规武器转让的总数量。由于武器转让数据年度之间波动较大，图中给出了每5年的移动平均值（曲线上的每个点代表前5年的平均值），以得到一个更加平稳的趋势值。（2）SIPRI提供的主要常规武器转让数据叫作趋势指示值（TIV），是根据主要常规武器转让量计算的指标，并不代表武器转让量的金额，而是转让数量的指示值。

资料来源：SIPRI，"Trends in International Arms Transfers, 2018"，*SIPRI*，2019.

（二）产品结构

尽管2018年主要常规武器贸易规模出现了大幅度下降，但武器贸易的产品结构仍相对稳定。飞机、导弹、舰船和装甲车是2018年交易量较大的重要武器类型，分别占全部主要常规武器贸易量的45.0%、15.3%、13.2%和12.0%。这与近十年来主要常规武器转让的类型结构十分相似，如图9.2所示。从2009—2018年的平均占比看，飞机交易量一直最大，约占全球主要常规武器贸易总量的43.3%；其次是舰船、导弹和装甲车，这三类武器相差不大，占比分别为13.9%、12.9%和11.9%；防空系统、传感器和发动机平均占2009—2018年全球军火贸易总量的5%左右。其余四类武器占比总计大约为3%。

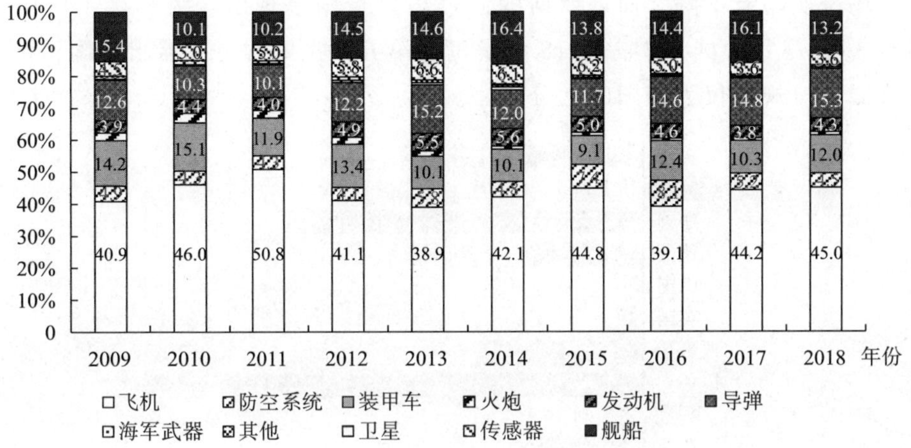

图9.2 2009—2018年全球主要常规武器转让的类型结构图

资料来源：根据“SIPRI Arms Transfer Database”相关数据计算。

二、武器出口

全球武器出口高度集中于发达国家和军事强国的格局依然没有改变，特别是美国进一步加强了在全球武器出口市场的垄断地位，拉大了与其他国家在武器出口数量和市场份额方面的差距。

（一）武器出口趋势

近二十年来，美国和俄罗斯牢牢占据着武器出口国前两位，提供着全球超过一半的武器出口，数量和市场份额远远领先于其他主要武器出口国。而除美国和俄罗斯以外的其他国家，在武器出口市场份额上都没有非常明显的优势。

2014—2018 年全球共 67 个国家有武器出口记录，其中前二十五大出口国提供了全球 98.7% 的主要常规武器，但只有 14 个国家的武器出口市场份额达到或超过了 1%（见表 9.1）。按斯德哥尔摩的数据世界前五大常规武器出口国分别为美国、俄罗斯、法国、德国和中国，它们共占据全球军火贸易总额的 74.8%，相比 2009—2013 年前五大军火出口国所占份额（73.3%）提高了 1.5 个百分点，而这 5 个国家在 2014—2018 年的武器出口量比 2009—2013 年增加了近 10%。2014—2018 年美国、法国和德国的武器出口规模和市场份额出现了显著增长，中国的武器出口规模略有增长，但市场份额略有下降，而俄罗斯的武器出口量则呈现出较大幅度下降（见图 9.3）。尽管中国 2014—2018 年是世界第五大主要常规武器出口国，然而其武器出口规模仅为美国的七分之一。

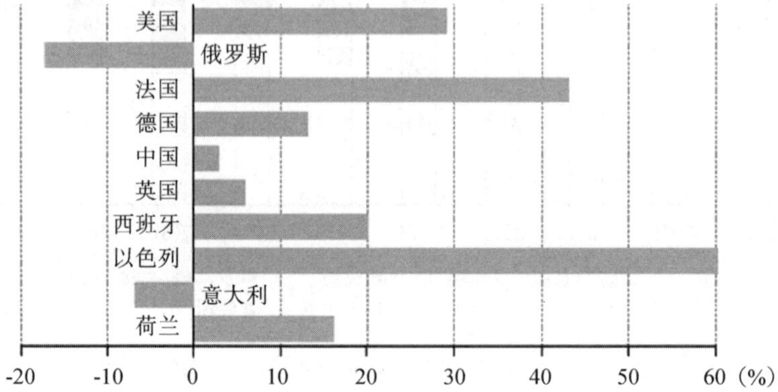

图 9.3　2014—2018 年前十大武器出口国主要常规武器出口量较 2009—2013 年的变化百分比

资料来源："Trends in International Arms Transfers, 2018", SIPRI, 2019.

如果仅考察 2018 年的情况，主要常规武器出口国排名及变动情况则有较大不同。2018 年的前五大武器出口国是美国、俄罗斯、法国、德国和西班牙，各自提供了全球武器出口总量的 38.1%、23.2%、6.4%、4.6% 和 4.3%。韩国、中国、英国、以色列和意大利则分别位于第 6 至第 10 名。前 10 大国家共提供了 2018 年全球武器出口量的 91.8%。相比 2017 年，美国、法国、德国、中国、英国和以色列的武器出口量均出现了不同程度的下降，其中尤以色列和英国的下降程度较大，而西班牙和韩国的武器出口量则有大幅上升。

表 9.1　　2014—2018 年全球前二十五大主要常规武器出口国及其主要接受国情况　　单位：亿美元，%

2014—2018 年排名	2009—2013 年排名	出口国	占全球武器出口的比例		2014—2018 年武器出口 TIV 值*	2009—2013 年武器出口 TIV 值*	2018 年武器出口 TIV 值*	主要接受国进口武器比例（2014—2018 年）		
			2014—2018 年	2009—2013 年				第一大	第二大	第三大
1	1	美国	35.9	30.0	524.8	406.7	105.1	沙特（22）	澳大利亚（7.7）	阿联酋（6.7）
2	2	俄罗斯	20.6	26.7	300.6	362.2	64.1	印度（27）	中国（14）	阿尔及利亚（14）
3	5	法国	6.8	5.1	99.5	69.6	17.7	埃及（28）	印度（9.8）	沙特（7.4）
4	3	德国	6.4	6.1	93.2	82.2	12.8	韩国（19）	希腊（10）	以色列（8.3）
5	4	中国	5.2	5.5	76.3	74.3	10.4	巴基斯坦（37）	孟加拉国（16）	阿尔及利亚（11）
6	6	英国	4.2	4.3	61.7	58.3	7.4	沙特（44）	阿曼（15）	印尼（11）
7	7	西班牙	3.2	2.9	46.9	39.2	11.9	澳大利亚（42）	土耳其（13）	沙特（8.3）
8	10	以色列	3.1	2.1	45.2	28.3	7.1	印度（46）	阿塞拜疆（17）	越南（8.5）
9	9	意大利	2.3	2.7	33.7	36.1	6.1	土耳其（15）	阿尔及利亚（9.1）	以色列（7.6）
10	11	荷兰	2.1	1.9	30.6	26.4	3.7	约旦（15）	印尼（15）	美国（11）
11	13	韩国	1.8	1.0	25.8	13.3	10.8	印尼（17）	伊拉克（17）	英国（15）
12	8	乌克兰	1.3	2.7	19.5	36.6	2.2	中国（27）	俄罗斯（23）	泰国（14）
13	15	瑞士	1.0	0.9	14.4	12.1	2.4	沙特（19）	中国（18）	印尼（9.3）
14	20	土耳其	1.0	0.4	14.1	5.2	3.6	阿联酋（30）	土库曼斯坦（23）	沙特（10）
15	12	瑞典	0.7	1.9	10.0	26.2	1.3	沙特（16）	阿联酋（14）	阿尔及利亚（10）
16	14	加拿大	0.6	0.9	8.2	12.1	0.8	沙特（22）	印度（13）	阿联酋（7.6）

续表

2014—2018年排名	2009—2013年排名	出口国	占全球武器出口的比例		2014—2018年武器出口TIV值*	2009—2013年武器出口TIV值*	2018年武器出口TIV值*	主要接受国进口武器比例（2014—2018年）		
			2014—2018年	2009—2013年				第一大	第二大	第三大
17	16	挪威	0.5	0.6	7.1	8.1	0.6	阿曼（28）	芬兰（23）	美国（21）
18	26	阿联酋	0.3	0.2	5.1	2.5	1.1	埃及（41）	约旦（10）	也门（7.6）
19	34	捷克	0.3	0.1	4.9	0.9	0.6	伊拉克（40）	美国（17）	越南（9.9）
20	18	白俄罗斯	0.3	0.5	4.7	6.3	0.6	越南（37）	苏丹（18）	缅甸（12）
21	22	澳大利亚	0.3	0.3	4.5	4.4	0.4	美国（53）	印尼（25）	阿曼（8.8）
22	17	南非	0.3	0.5	4.5	7.0	1.5	美国（21）	阿联酋（21）	印度（9.8）
23	24	巴西	0.2	0.2	3.5	2.9	1.1	阿富汗（32）	印尼（25）	黎巴嫩（9.1）
24	23	芬兰	0.2	0.2	3.0	3.3	0.7	波兰（56）	英国（7.1）	瑞典（6.7）
25	42	葡萄牙	0.2	0.03	2.6	0.5	0.03	罗马尼亚（89）	比利时（7.0）	乌拉圭（2.7）

资料来源："Trends in International Arms Transfers，2018"，*SIPRI*，2019. 部分数据根据"SIPRI Arms Transfer Database"相关数据计算。

注：* TIV 值，即趋势指示值，是 SIPRI 根据主要常规武器转让数量计算得到的指标，虽以"美元"为单位，但并不代表武器转让的金额，而是体现转让数量。

（二）美国

自冷战结束以来，美国几乎一直占据着全球武器出口国的榜首地位。它一直将武器出口视为重要的外交政策与安全工具。近十几年来，美国武器出口量呈现上升趋势，虽然在2018年武器出口量有所下降，但仍是近10年来仅次于2017年的最大出口量。根据斯德哥尔摩国际和平研究所提供的武器转让数据，2014—2018年全球主要常规武器贸易中，美国的武器出口量相比2009—2013年增加了29%（见图9.3），是全球武器出口总量的1/3还多，进一步拉大了美国与其他主要武器出口国在国际军火供给方面的差距：2009—2013年美国主要常规武器出口量是第二大武器出口国俄罗斯的1.1倍，而2014—2018年则扩大到了1.7倍。

美国是拥有客户最多的武器出口国，2014—2018年至少有98个国家和地区进口了美国的武器装备。中东地区获得了2014—2018年美国主要常规武器出口量的52%，相比2009—2013年，美国对中东地区的武器出口量增加了134%。其中，沙特阿拉伯进口的美国武器装备最多，占2014—2018年美国武器出口总量的21.9%，是紧随其后的澳大利亚武器进口量的2.8倍（见图9.4）。此外，2014—2018年美国对非洲的武器出口量比2009—2013年增加了26%，而对亚洲和大洋洲、欧洲、美洲的武器出口量则分别下降了16%、8.1%和4.8%。

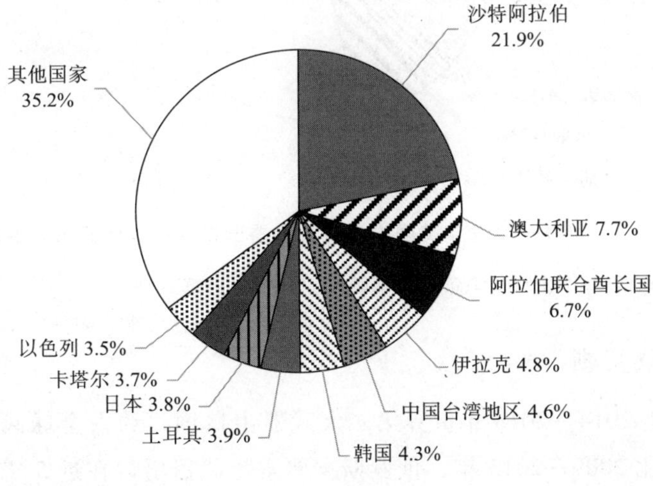

图9.4　2014—2018年进口美国武器装备的前十大武器进口国和地区

资料来源：根据“SIPRI Arms Transfer Database”相关数据计算。

在出口武器类型方面，飞机仍然是美国2014—2018年出口最多的武器类型，占美国主要常规武器出口总量的 53.2%，该比例在 2018 年为 54.2%。2018 年日本和比利时分别决定采购 105 架和 34 架 F-35，斯洛伐克订购了 14 架 F-16Vs。截至 2018 年年底，订购中的美国先进战斗机总数多达 891 架，由此在未来几年内，飞机仍然会继续成为美国最重要的出口武器。导弹是美国出口的第二大类型武器，2014—2018 年其出口量占美国全部武器出口的 19.3%，该比例在 2018 年为 21.3%，较 2017 年的 19.6% 略有上升。2014—2018 年，美国出口了 400 枚巡航导弹和 124 枚弹道导弹，以及 36500 枚反坦克导弹和 53500 枚制导炸弹。装甲车的出口情况近些年来比较稳定，平均占美国全部武器出口的 12.2%，2018 年为 13.2%。防空系统出口量在美国武器出口中占比不是很大，但近些年来持续下滑，自 2015 年的 9.7% 下降到 2018 年的 4.3%，2014—2018 年平均为 6.7%（见图 9.5）。

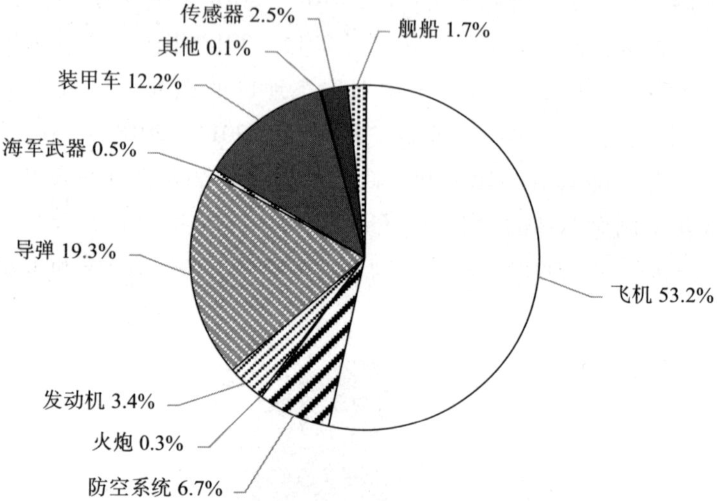

图 9.5 2014—2018 年美国主要常规武器出口中各类武器出口占比

资料来源：根据“SIPRI Arms Transfer Database”相关数据计算。

（三）俄罗斯

俄罗斯是 2014—2018 年世界第二大武器出口国，约占全球武器出口总量的 21%。相比 2009—2013 年，俄罗斯主要常规武器出口在近 5 年中出现了较大幅度下降，出口量减少了 17%，主要原因是印度和委内瑞拉武器进口减少了。有 48 个国家和地区在 2014—2018 年从俄罗斯进口了主要常规武器。其中，印度是最大进口国，但相比 2009—2013 年，2014—2018 年俄罗斯出口到印度的武器总量下降了42%。委内瑞拉是2014—2018年俄罗斯武器的第5大进口国，相比2009—2013年，进口量减少了96%。相反，2014—2018年俄罗斯对中东地区的武器出口比2009—2013年增长了19%。这主要是由于埃及和伊拉克增加了对俄罗斯武器的进口，这两个国家从俄罗斯进口的武器装备分别占俄罗斯出口到中东地区武器总量的46%和36%，相比2009—2013年分别增加了1.5倍和7.8倍。从地区层面看，俄罗斯2014—2018年武器出口中60%流向了亚洲和大洋洲，17%流向了非洲，出口给中东地区和欧洲的比例分别为16%和5.8%，美洲为1.4%。

从出口武器类型看，俄罗斯是世界武器市场中直升机和其他飞行器的主要供给方。根据斯德哥尔摩国际和平研究所提供的数据，飞机出口占2014—2018年俄罗斯武器出口的50%，该比例在2018年为47.3%，比2017年的56.1%有所下降，接下来依次是导弹（12.3%）、装甲车（10.9%）、舰船（8.9%）、发动机（7.3%）、防空系统（6.9%）和传感器（1.7%），其他类型武器出口量占比均不足1%。

（四）西欧

2014—2018年欧盟成员国出口的主要常规武器占全球武器出口的27%，其中法国、德国、英国、西班牙和意大利共占据世界武器出口市场的23%，相比2009—2013年提高了2个百分点，这得益于它们对中东地区武器出口的增加。

法国是2014—2018年世界第3大主要常规武器出口国，相比2009—2013年，法国的武器出口量增加了43%。在这段时期内，法国将武器出口到全球78个国家，其中44%流向中东地区，29%流向亚洲和大洋洲，9.5%出售给欧洲国家，8.7%流向美洲，8.5%由非洲国家获得。法国向中东地区的武器出口量从2009—2013年至2014—2018年增加了1.6倍。2014—2018年，购买法国武器装备最多的国家是埃及，获得了法国出口武器的28%，其次是印度（9.8%），而这两个国家在2009—2013年都不是法国武器的主要进口国。

法国出口的武器类型主要是飞机、舰船、传感器和导弹，在2014—2018年法国武器出口中占比分别为34.6%、26.8%、14.3%和11.6%。2018年舰船出口较2017年（23%）出现了大幅度下降，为1.2%，是2014—2018年的最低值，飞机出口则大幅增加，占比为54.5%，较2017年的39.3%上升了近15个百分点。在2017年和2018年，导弹和防空系统出口占比上升，装甲车出口占比下滑，其他类型的武器出口占比较为稳定，波动较小。

德国是2014—2018年世界第四大主要常规武器出口国，相比2009—2013年，武器出口增加了13%。但2016年后，德国武器出口数量持续减少，尤其在2018年出现大幅下降，较2017年减少了35.5%。2014—2018年德国为全球58个国家提供了武器装备，其中30%流向了亚洲和大洋洲，欧洲和中东地区分别得到了德国武器出口的27%和25%，另有11%和7.3%分别流向了美洲和非洲。韩国、希腊和以色列是2014—2018年进口德国武器最多的国家，分别占德国武器出口总量的19%、10%和8.3%。

从出口武器类型来看，舰船是德国2014—2018年出口最多的武器，占其全部武器出口的51.8%。虽然2018年舰船出口量有所下降，但仍占到该年度德国武器出口的48.7%。2014—2018年，导弹出口在德国武器出口总量中占比为7.5%，且在2018年大幅降低，从2017年的13.3%下降到2018年的2.5%。飞机出口占比相对稳定，为2014—2018年德国武器出口总量的11.4%。装甲车出口占比近几年呈现上升趋势，从2015年的8.1%增加到2018年的18.3%，在2014—2018年为14.2%。2014—2018年发动机出口占德国武器出口总量的8.7%，其余武器类型占比均在3%以下。

2014—2018年英国、西班牙和意大利的主要常规武器出口分别位于世界第六、第七和第九位。英国和西班牙的出口量相比2009—2013年分别增长了5.9和20%，意大利的出口量则下降了6.7%（见图9.3）。2014—2018年英国主要常规武器出口中59%流向中东地区，特别是英国向沙特阿拉伯和阿曼交付战斗机促进了英国武器出口的增长。

（五）其他武器出口国

近些年来，韩国和土耳其在世界武器出口国排名中不断上升，已分别从2009—2013年的第十三位和第二十位上升至2014—2018年的第十一位和第十四位，武器出口量分别增加了74%和170%。然而，一般来说，较小国家雄心勃勃的武器出口计划比较难以持续，它们的武器出口量往往会出现较大波动。

三、武器进口

武器进口是军火贸易的另一个方面，与武器出口有着完全不同的格局与变化趋势。随着国防工业全球化趋势不断增强，以及武器装备技术日益高端化，即使武器生产大国也难以提供本国所需要的全部武器装备，因此世界绝大部分国家都有着武器进口记录。根据斯德哥摩国际和平研究所的武器转让数据，2014—2018 年全球共有 155 个国家进口了主要常规武器。

（一）武器进口格局

相比武器出口市场，武器进口相对更加分散，武器进口国排名经常出现较大变动。按照斯德哥尔摩国际和平研究所武器转让数据，沙特阿拉伯、印度、埃及、澳大利亚和阿尔及利亚是 2014—2018 年排名前 5 位的主要常规武器进口国，武器进口量在全球占比分别为 11.5%、9.5%、5.1%、4.6%、4.4%（表 9.2 提供了 SIPRI 全球常规武器主要进口国和地区情况）。由此可见，除沙特和印度之外，即使是武器进口大国，在武器进口总量方面的差距并不十分显著。相比 2009—2013 年，2014—2018 年沙特阿拉伯、埃及和伊拉克的武器进口大幅度增加，而印度、阿拉伯联合酋长国和韩国的武器进口则减少了。

从地区层面看，相比 2009—2013 年，2014—2018 年亚洲和大洋洲的主要常规武器进口总量在全球占比为 40%，虽有所下降，但仍是进口武器最多的地区，紧随其后的是中东（占 35%）、欧洲（占 11%）、非洲（占 7.8%）和美洲（占 6.2%）（见图 9.6）。中东地区武器进口显著增加，增幅达到 15%，欧洲、非洲和美洲的武器进口均有所下降，降幅在 1%—4%。

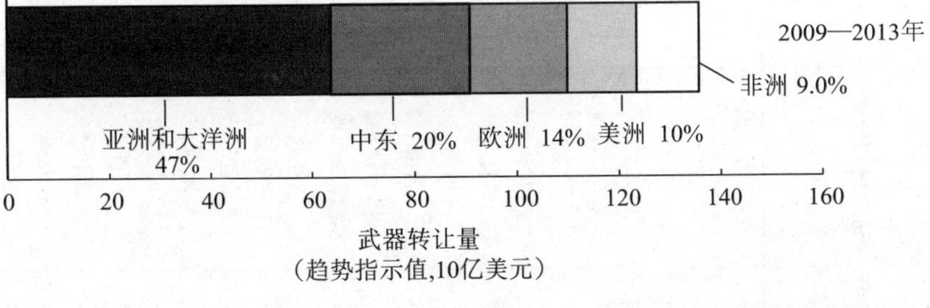

图 9.6 2009—2013 年和 2014—2018 年主要常规武器进口情况

资料来源："Trends in International Arms Transfers, 2018", SIPRI, 2019.

表 9.2　2014—2018 年全球前四十大主要常规武器进口国和地区及其主要供给国

单位：亿美元，%

2014—2018 年排名	2009—2013 年排名	进口国和地区	占全球武器进口的比例		2014—2018 年武器进口 TIV 值*	2009—2013 年武器进口 TIV 值*	2018 年武器进口 TIV 值*	从主要供给国进口武器比例（2014—2018 年）		
			2014—2018 年	2009—2013 年				第一大	第二大	第三大
1	4	沙特阿拉伯	11.5	4.3	168.7	57.8	38.1	美国（68）	英国（16）	法国（4.3）
2	1	印度	9.5	13.0	138.8	181.4	15.4	俄罗斯（58）	以色列（15）	美国（12）
3	14	埃及	5.1	1.8	74.3	24.3	14.8	法国（37）	俄罗斯（30）	美国（19）
4	8	澳大利亚	4.6	3.6	67.9	49.5	15.7	美国（60）	西班牙（29）	法国（5.0）
5	11	阿尔及利亚	4.4	3.1	64.4	41.6	13.2	俄罗斯（66）	中国（13）	德国（10）
6	2	中国	4.2	4.8	61.0	65.6	15.7	俄罗斯（70）	法国（10）	乌克兰（8.6）
7	5	阿拉伯联合酋长国	3.7	4.2	54.3	57.6	11.0	美国（64）	法国（10）	土耳其（7.8）
8	17	伊拉克	3.7	1.6	53.5	22.4	6.0	美国（47）	俄罗斯（33）	韩国（8.0）
9	9	韩国	3.1	3.6	44.9	49.1	13.2	美国（51）	德国（39）	英国（3.0）
10	15	越南	2.9	1.8	42.4	23.8	5.5	俄罗斯（78）	以色列（9.1）	白俄罗斯（4.1）
11	3	巴基斯坦	2.7	4.8	40.1	65.6	7.8	中国（70）	美国（8.9）	俄罗斯（6.0）
12	22	印度尼西亚	2.5	1.4	35.9	19.3	3.5	英国（19）	美国（18）	荷兰（13）
13	10	土耳其	2.3	3.2	34.1	42.9	6.9	美国（60）	西班牙（17）	意大利（15）
14	38	卡塔尔	2.0	0.7	29.5	9.1	8.2	美国（65）	德国（15）	法国（7.4）
15	47	以色列	2.0	0.5	28.8	6.3	5.0	美国（64）	德国（27）	意大利（8.9）
16	6	美国	1.8	3.7	26.5	50.2	6.1	德国（22）	荷兰（13）	法国（11）
17	28	中国台湾	1.7	1.0	24.3	13.3	1.3	美国（100）	德国（0.2）	意大利（0.1）
18	43	阿曼	1.6	0.6	23.6	7.5	3.2	英国（39）	美国（30）	挪威（8.5）
19	16	英国	1.6	1.7	23.5	23.0	5.3	美国（71）	韩国（17）	德国（4.5）
20	39	意大利	1.5	0.6	21.9	8.4	3.1	美国（59）	德国（26）	以色列（7.5）
21	23	日本	1.4	1.3	21.0	18.2	7.0	美国（95）	英国（3.1）	瑞典（1.5）
22	7	新加坡	1.3	3.7	18.6	50.1	5.1	美国（46）	法国（21）	西班牙（11）
23	24	阿塞拜疆	1.3	1.2	18.5	16.0	3.3	俄罗斯（51）	以色列（43）	土耳其（2.8）

续表

2014—2018 年排名	2009—2013 年排名	进口国和地区	占全球武器进口的比例		2014—2018 年武器进口 TIV 值*	2009—2013 年武器进口 TIV 值*	2018 年武器进口 TIV 值*	从主要供给国进口武器比例（2014—2018 年）		
			2014—2018 年	2009—2013 年				第一大	第二大	第三大
24	13	摩洛哥	1.2	2.0	17.7	27.2	3.9	美国（62）	法国（36）	意大利（0.6）
25	36	孟加拉国	1.2	0.7	17.0	9.7	1.0	中国（70）	俄罗斯（18）	美国（3.2）
26	33	加拿大	1.0	0.8	15.1	10.6	2.2	美国（63）	荷兰（16）	德国（6.9）
27	35	泰国	1.0	0.7	14.8	10.1	5.8	韩国（20）	乌克兰（18）	中国（18）
28	20	希腊	1.0	1.5	14.2	20.3	0.7	德国（67）	美国（20）	法国（8.4）
29	63	科威特	1.0	0.2	13.9	3.1	0.9	美国（87）	俄罗斯（3.4）	瑞士（2.9）
30	54	哈萨克斯坦	0.9	0.3	13.1	3.9	3.1	俄罗斯（84）	西班牙（5.5）	法国（3.0）
31	41	约旦	0.9	0.6	12.7	7.9	2.2	荷兰（37）	美国（30）	意大利（5.8）
32	25	挪威	0.8	1.1	12.1	15.4	5.4	美国（76）	韩国（9.3）	意大利（6.2）
33	18	阿富汗	0.8	1.6	11.0	21.4	2.4	美国（66）	俄罗斯（18）	巴西（10）
34	44	墨西哥	0.7	0.5	10.1	7.2	0.3	美国（63）	法国（9.4）	荷兰（8.9）
35	29	巴西	0.6	1.0	9.5	13.2	3.0	法国（26）	美国（17）	英国（15）
36	27	缅甸	0.6	1.1	8.7	14.7	1.9	中国（61）	俄罗斯（20）	白俄罗斯（6.5）
37	49	芬兰	0.6	0.4	8.6	5.2	1.3	美国（37）	荷兰（19）	挪威（19）
38	40	波兰	0.6	0.6	8.2	8.0	1.7	德国（28）	芬兰（20）	意大利（16）
39	50	土库曼斯坦	0.5	0.4	7.7	4.8	0.0	土耳其（43）	中国（31）	俄罗斯（13）
40	75	秘鲁	0.5	0.1	7.4	1.8	0.9	韩国（34）	俄罗斯（22）	意大利（14）

资料来源：“Trends in International Arms Transfers，2018”，SIPRI，2019. 部分数据根据“SIPRI Arms Transfer Database”相关数据计算。

注：* TIV 值，即趋势指示值，是 SIPRI 根据主要常规武器转让数量计算得到的指标，虽以“美元”为单位，但并不代表武器转让的金额，而是体现转让数量。

（二）亚洲和大洋洲

亚洲和大洋洲的武器进口量占2014—2018年全球武器进口总量的40%，相比2009—2013年进口量下降了6.7%。这段时期内该地区进口的武器主要来自俄罗斯（31%）、美国（27%）等国家。

2014—2018年印度进口主要常规武器在全球占比为9.5%，是第二大武器进口国，但进口量相比2009—2013年下降了24%，部分原因是供给国武器交付延误导致的。俄罗斯是2014—2018年印度武器进口的最大来源国，提供了印度武器进口总量的58%，但较之2009—2013的76%还是有了大幅下降。印度在2014—2018年增加了对以色列、美国和法国的武器进口。

巴基斯坦2014—2018年的主要常规武器进口相比2009—2013年下降了39%。美国不断减少对巴基斯坦的军事援助和武器出口，因此，巴基斯坦也在积极尝试其他武器来源，例如，2018年巴基斯坦与土耳其签订了合同，订购4艘小型护卫舰和30架战斗机。

澳大利亚是2014—2018年全球第四大武器进口国。在一系列主要常规武器采购方案的带动下，澳大利亚2014—2018年武器进口较2009—2013年上涨了37%，达到了自1950年以来的最高水平。在这段时期内，澳大利亚采购了一批新型武器装备，以飞机和舰船为主，从美国进口的F-35战斗机和反潜机占澳大利亚2014—2018年武器进口总额的53%，从西班牙进口的舰船占其武器进口总额的29%。

（三）中东

相比2009—2013年，2014—2018年中东国家主要常规武器进口量增加了87%。美国是中东地区最大的武器供给国，提供了2014—2018年该地区主要常规武器进口的54%，此外，俄罗斯和法国也分别给中东地区国家提供了9.6%和8.6%的武器进口。全球前十大武器进口国中有4个国家位于中东地区：沙特阿拉伯、埃及、阿拉伯联合酋长国和伊拉克，它们在2014—2018年的武器进口量总计占中东地区武器进口总量的70%。

沙特阿拉伯2014—2018年的主要常规武器进口较2009—2013年上涨了192%，来自美国的武器装备占沙特阿拉伯武器进口总量的68%。在这5年内，沙特从美国进口了56架、从英国进口了38架装备了巡航导弹和其他制导武器的战斗机。计划在2019—2023年交付的武器装备还包括从美国进口98

架战斗机、7个导弹防御系统和83辆坦克，从加拿大进口的737辆装甲车，从西班牙进口的5艘护卫舰，以及从乌克兰进口的大量短程弹道导弹。

阿拉伯联合酋长国是2014—2018年世界第七大武器进口国，从美国进口的武器装备占2014—2018年阿联酋武器进口的64%，包括5个导弹防御系统、124枚短程弹道导弹和1671量装甲运兵车。

2014—2018年卡塔尔的武器进口较2009—2013年上涨了225%。除继续主要从美国进口武器外，卡塔尔也从其他国家小规模地进口武器，包括德国的坦克、法国的战斗机和俄罗斯的短程防空系统。卡塔尔计划在2019—2023年分别从美国、法国和英国进口共93架战斗机，还准备从意大利进口4艘护卫舰。

尽管2014—2018年伊拉克和叙利亚都爆发了激烈的冲突，但是两国武器进口趋势却明显不同。伊拉克是2014—2018年世界第八大武器进口国，进口量从2009—2013年到2014—2018年上涨了139%；而叙利亚则排在第60位，进口量从2009—2013年到2014—2018年下降了87%。伊拉克主要从美国和俄罗斯进口了包括战斗机、攻击直升机等在内的多种类型武器装备。而叙利亚在2009—2013年从俄罗斯进口了高价值的防空系统和反舰导弹，但2014—2018年主要从俄罗斯进口低价值武器，如二手装甲车。然而在2018年，俄罗斯向叙利亚交付了3个远程防空系统，这是继2013年以后俄罗斯首次向叙利亚出口高价值武器。

由于2010年联合国对伊朗实行了武器禁运，且将持续到2020年，伊朗2014—2018年只进口了极少量武器，占中东地区武器进口总量的0.9%。

（四）欧洲

2014—2018年欧洲国家进口的主要常规武器占全球总量的11%，较2009—2013年下降了3个百分点，这仍然是2008年全球金融危机造成的长期影响，经济下行压力使大多数欧洲国家不得不缩减了武器采购规模。但中欧和北欧的某些国家，由于同俄罗斯关系日益紧张，从2014年起实施了一系列的武器采购方案。例如，挪威在2014—2018年签订了新的武器采办合同，要从美国进口5架反潜机，从德国进口4艘潜艇。在这段时期内，美国还向挪威交付了16架F-35战斗机。

欧盟成员国一直呼吁要加强欧洲国家在武器装备研发与生产的合作关系，鼓励欧洲国家彼此间的武器进口。然而，2014—2018年欧盟成员国的武器进口总量中仍有41%来自美国，还有12%来自其他非欧盟国家。而且由于之前比利时、丹麦、意大利、荷兰和英国从美国进口共计296架F-35战斗机的订单尚未完成，预计在未来几年美国仍将是欧盟武器进口的最大供给国。2018年波兰和罗马尼亚分别和美国签订进口30枚和54枚短程弹道导弹的订单，波兰、罗马尼亚和瑞典还决定从美国进口防空和导弹防御系统。

（五）非洲

自2009—2013年到2014—2018年，非洲国家主要常规武器进口总量降低了6.5%。2014—2018年非洲前3大武器进口国依次为阿尔及利亚、摩洛哥和尼日利亚，分别占非洲武器进口总量的56%、15%和4.8%。阿尔及利亚、利比亚、摩洛哥和突尼斯这四个北非国家进口的主要常规武器相比2009—2013年增加了20%，占非洲国家武器进口总量的四分之三。尽管撒哈拉以南非洲的一些国家处于武装冲突中，获得了其他国家的军事援助，但这些国家的武器进口相对较少，且相比2009—2013年进口量减少了45%。

近年来，非洲国家武器进口的来源国呈现多元化趋势。2014—2018年俄罗斯是北非国家武器的最大供给国，提供了北非武器进口的49%，美国、中国、法国和德国分别提供了15%、10%、7.8%和7.7%。该地区最大的武器进口国阿尔及利亚，2014—2018年进口武器的66%来自俄罗斯，这与2009—2013年的90%呈现大幅下降。2014—2018年撒哈拉以南非洲国家的武器进口主要来自于俄罗斯（28%）、乌克兰（8.3%）、美国（7.1%）和法国（6.1%）等国。2009—2013年乌克兰曾是该地区最大的武器出口国，而2014—2018年乌克兰对该地区的武器出口减少了79%。尼日利亚是该地区最大的武器进口国，2014—2018年其武器进口的35%来自俄罗斯，15%来自美国。

（六）美洲

2014—2018年美洲国家的主要常规武器进口占全球总量的6.2%，其中，美国为1.8%，中美洲、加勒比地区和南美洲国家总计占3.4%。相比2009—2013年，中美洲和加勒比地区武器进口量增加了49%，而南美洲国家减少了51%。由于军方加大了对贩毒集团的打击力度，使墨西哥武器进口相比上一个五年时期增加了40%，成为2014—2018年中美洲和加勒比地区的最大武器进口国。委内瑞拉曾是2009—2013年南美洲最大的武器进口国，但由于严重的经济危机，该国武器进口从2009—2013年到2014—2018年下降了83%。

美国是2014—2018年中美洲和加勒比地区武器进口的最大来源国，提供了该地区武器进口的47%。2014—2018年，南美洲国家武器进口总量的17%来自美国。法国和德国分别提供了13%和9.7%。

四、评估与展望

根据简氏《2018年全球防务贸易报告》提供的数据，从2009—2018年，全球防务出口价值量增长了40%。尽管这一增长过程并不均匀平稳，主要武器出口国的表现也并不一致，但近年来全球军火贸易仍呈现出一些明显特点。

全球主要常规武器出口格局相当稳定，然而依然稳中有变。2014—2018年全球共有67个国家出口了主要常规武器。美国、俄罗斯、法国、德国、中国、英国、西班牙、以色列、意大利和荷兰占据着全球军火出口国的主要位置。美国进一步加强了对武器出口的垄断，领先优势再次扩大。美国武器出口在全球的占比从2009—2013年的30%提高到了2014—2018年的36%，简氏防务公司指出，美国在全球武器出口市场的份额在2018年已高达43%。由于法国武器出口的快速增长以及俄罗斯武器出口近年来的不断波动，简氏公司预测，法国有望在2020年超过俄罗斯，成为世界第二大武器出口国。以色列、韩国、土耳其等新兴武器出口国增长瞩目，虽然在武器出口总量上难以与传统武器出口大国匹敌，但这种发展态势将加剧全球军火市场的竞争程度。武器进口来源国多元化的趋势也是军火市场竞争加剧的另一体现。

2014—2018年全球共有155个国家进口了主要常规武器。从地区层面看，美洲、欧洲和非洲的武器进口量在过去5年有所下降。尽管亚洲和大洋洲依然是进口武器最多的地区，但由于地区冲突和紧张局势加剧，中东地区武器进口增长迅猛，从2009—2013年至2014—2018年武器进口量几乎翻了一倍。中东地区的武器进口主要来自美国、英国和法国，但在过去5年中，俄罗斯、法国和德国出售给埃及的武器装备也显著增加了。

军火贸易的武器类型结构相对稳定，飞机、导弹、舰船和装甲车是近年来交易量最大的武器类型。2018年飞机、导弹和装甲车占比有所增加，而舰船占比则有所下降。简氏《2018年全球防务贸易报告》指出，军用飞机市场是未来全球军贸市场规模扩大的主要动力，无人机市场发展前景良好，而装甲车市场规模或将大幅下滑。

10. 军控

刘建伟　刘丹丹[*]

摘　要： 全球军控与裁军进程在2018年取得新进展，也面临新的挑战，且挑战明显大于进展。朝鲜核问题明显降温，常规武器军控与裁军领域也不乏亮点。但是，美俄双边核军控与裁军形势继续恶化，伊朗核问题因美国退约而再度升温，对俄罗斯与叙利亚使用生化武器的指控再次证明国际生化武器军控进程仍然任重而道远，主要大国在网络安全、太空安全、人工智能等新兴领域的战略竞争加剧。推进全球军控与裁军进程离不开稳定向好的全球和地区环境，而这正是当前所不具备的。

关键词： 中导条约　核军控　人工智能　致命性　自主武器

2018年全球军控与裁军领域出现许多令人不安的因素，全球军控进程面临着新挑战与更多的不确定性。本章将依次从核武器、生化武器、常规武器和新兴武器四个方面来总结评估过去一年来全球军控和裁军领域的新进展、新问题、新挑战。

一、核武器

（一）美俄军控

1. 美国威胁退出《中导条约》

《中导条约》签订于1987年，是美苏两国签订的第一个旨在从整体上消

---

* 刘建伟，1985年9月出生，现为中央财经大学国防经济与管理研究院副研究员、硕士生导师，兼任《政治与国际关系智库丛书》学术委员会委员。先后毕业于上海外国语大学、复旦大学，获法学（国际关系）硕士、博士学位，目前主要从事经济制裁、经济外交、海外安保等领域的研究。近5年来，主持“美欧在对外制裁问题上的战略协作及我国应对策略研究”等国家社科基金、教育部人文社科基金、北京市社科基金等6项研究课题，在《世界经济与政治》、《国际问题研究》等中英文学术期刊发表20余篇论文，主持或参与翻译《和平的无形之手》、《国防管理手册》等著作5部。

刘丹丹，现为中央财经大学国防经济与管理研究院硕士研究生。

除特定类型导弹的军控条约，对于维持美苏（俄）战略稳定和全球战略稳定曾发挥了非常重要的作用。冷战之后，美俄国内对《中导条约》的质疑之声时有发生。俄罗斯表示该条约对俄不利，认为受条约限制的陆基中程导弹是俄罗斯的重要武器装备，但对美国而言，该装备的军事意义有限，美国则认为俄罗斯发展并部署射程超过 500 公里的陆基巡航导弹违反了条约义务。2014 年以来，美俄关于《中导条约》的履约争议不断加剧，双方对此举行了多轮磋商，但未能达成共识①。

2018 年 2 月，特朗普政府在《核态势评论》报告中确定了美国新中程陆基巡航导弹开发计划，并提出为美国潜射弹道导弹开发"低产量"核弹头的可能性。时任美国国防部长马蒂斯表示，拟议中的核导系统会增加对俄罗斯的压力，迫使其重新遵守《中导条约》。7 月，俄罗斯总统普京同美国总统特朗普举行正式会晤，但会议没有就《中导条约》履约问题取得任何进展。8 月，美国国会通过《2019 财年国防授权法》，公然指责俄罗斯违反《中导条约》。10 月，特朗普政府首次公开表示，若俄罗斯不能及时解决履约问题，美国将正式退出《中导条约》。12 月，美国务卿蓬佩奥在布鲁塞尔北约外长会议上表示，俄罗斯违反了《中导条约》，除非俄重新"完全、可验证地"履行《中导条约》，否则美国将自 12 月 4 日起 60 天后暂停履行该条约义务②。

2. 新 START 条约延期前景更加黯淡

美俄继续执行 2011 年签订的《美俄关于进一步削减和限制战略进攻性武器措施的条约》（简称新 START 条约），且双方均已达到该条约规定的削减要求，即在 2018 年 2 月 5 日前把部署的洲际弹道导弹、潜射弹道导弹及装备核武器的重型轰炸机数量限制在 700 枚（架）以内，把部署的洲际弹道导弹、潜射弹道导弹及重型轰炸机上部署的核弹头数量限制在 1550 枚以内，把部署和非部署的洲际弹道导弹、潜射弹道导弹发射装置及装备核武器的重型轰炸机数量限制在 800 枚（架）以内（见表 10.1）。

不过，对于新 START 条约的执行，美俄互有指责。美方认为俄罗斯正在开发违反该条约的新武器系统，俄罗斯则指责美方存在隐瞒核弹头数量的情况，没有真正完成条约规定的削减战略武器的义务。而且，更重要的是，在

---

① "US – Russian nuclear arms control and disarmament", SIPRI Yearbook 2019 (online).

② 李驰江主编.2019 国际军备控制与裁军［M］. 北京：世界知识出版社，2019：36—51；"美威胁于 60 天后暂停履行《中导条约》义务"，新华网，http://www.xinhuanet.com/world/2018-12/05/c_1123807916.htm.

美俄关系持续走低及美国威胁退出《中导条约》的背景下，新 START 条约在 2021 年期满之后的延期前景更加黯淡①。2018 年 3 月，普京曾表示希望延长新 START 条约，甚至进一步削减核弹头数量。然而，两国在 7 月举行的赫尔辛基峰会上并没有就条约续期问题取得进展。美国国家安全事务助理博尔顿反对条约续期，主张另立新约取而代之，负责军控与国际安全事务的副国务卿汤普森则声称应把该条约的续期与俄罗斯对其他军控条约的履行情况相挂钩。美国军方认为，在世界大国竞相发展新一代核力量的背景下，新 START 条约的续期会限制美国战略核武器的发展，使美国在全球核军备竞争中处于不利地位。考虑到美俄近年在军控问题上日益增加的分歧，新 START 条约的续期问题已经非常严峻。

表 10.1　新 START 条约下美俄进攻型战略武器

单位：枚或架

类别	条约上限	俄罗斯		美国	
		2011 年 2 月	2018 年 9 月	2011 年 2 月	2018 年 9 月
部署的洲际弹道导弹、潜射弹道导弹及装备核武器的重型轰炸机数量	700	521	517	882	659
部署的洲际弹道导弹、潜射弹道导弹及重型轰炸机上部署的核弹头数量	1550	1537	1420	1800	1398
部署和非部署的洲际弹道导弹、潜射弹道导弹发射装置及装备核武器的重型轰炸机数量	800	865	775	1124	800

资料来源："US – Russian nuclear arms control and disarmament", SIPRI Yearbook 2019（online）.

（二）地区核问题

1. 朝核形势出现转机

进入 2018 年，朝鲜积极调整对外政策，不断对外释放善意，积极寻求与美韩改善关系。2018 年元旦，朝鲜最高领导人金正恩在新年讲话中宣布，在实现了既定核武器事业发展目标之后，朝鲜将集中一切力量加强国民经济的

① 张业亮. 美俄《新削减战略武器条约》延期谈判前景黯淡［J］. 世界知识，2019.

自立性和主体性，要在经济战线各部门打开振兴的突破口。4 月，金正恩与韩国总统文在寅举行了首脑会谈，两国公共发布《板门店宣言》，宣布将全面改善和发展双边关系。5 个月后，文在寅访问平壤并签署《平壤共同宣言》，两国同意结束军事敌对关系，扩大经济合作，加强文化体育交流等。在朝鲜主动释放善意的背景下，美朝关系也迎来改善。5 月，朝鲜宣布对丰溪里核试验场的隧道和建筑物进行爆炸拆除，并邀请各国记者实地观摩废弃核试验场。6 月 12 日，金正恩与美国总统特朗普在新加坡进行了历史性会晤并签订联合声明，宣布两国将致力于建立新型美朝关系，在朝鲜半岛建立一个持久稳定的和平机制。在 2018 年下半年，尽管出现一些波折，但美朝关系缓和的趋势得以延续。10 月，美国国务卿蓬佩奥访朝并与金正恩就举办第二次美朝峰会达成共识。朝韩、朝美关系的改善大幅缓解了近年来日趋紧张的朝鲜半岛形势，赢得了国际社会的普遍支持。

不过，由于朝鲜半岛无核化问题错综复杂，朝美关系的发展仍然面临着诸多不确定性①。朝鲜在 2018 年并没有完全停止核活动。一些研究人员分析认为，朝鲜有可能会生产助推裂变装置和两级高热核反应装置。2 月，卫星图像显示，朝鲜宁边石墨慢化反应堆在继续运行。5 月，位于宁边的放射化学实验室似乎也开始运作。同样有卫星图像显示，朝鲜正在对一家生产固体燃料火箭发动机的工厂进行大规模扩建。6 月，美国在情报评估中指出，朝鲜可能拥有不止一家秘密铀浓缩工厂。据斯德哥尔摩国际和平研究所统计，朝鲜目前拥有大约 20—30 枚核武器②。

2. 美国退出伊核协议

2015 年 7 月，伊朗与美、英、法、德、俄、中六国签订《联合全面行动计划》（又称伊核协议），对于缓解伊朗核问题及中东紧张局势发挥了积极作用。特朗普上台之后，美国对伊政策做出调整，多次批评并威胁退出伊核协议。伊朗较好地履行了伊核协议规定的义务，并得到国际原子能机构及除美国之外的五个签约国的肯定。为挽救伊核协议，欧盟三国一方面不断施压伊朗，一方面积极游说美国。2018 年 4 月，法国总统马克龙、德国总理默克尔先后访问美国，为回应美国关切提出折中方案，努力说服特朗普政府留在伊核协议之内。然而，欧盟的努力最终未能挽救该协议。

---

① 李驰江主编 . 2019 国际军备控制与裁军［M］. 北京：世界知识出版社，2019：60—66.

② “North Korea’s military nuclear capabilities”, SIPRI Yearbook 2019（online）.

2018 年 5 月 8 日，特朗普宣布正式退出伊核协议，并在 8 月和 11 月分两批恢复对伊朗的全面经济制裁。美国退出伊核协议将产生深远影响。首先，对于欧盟而言，其在伊经济利益直接受到冲击。为应对美国重启的次级经济制裁，欧盟在 6 月首先更新了 1996 年制定的阻却立法，阻止欧盟企业和公民遵守美国对伊制裁中涉及域外管辖的部分内容。9 月，欧盟提出建立新的欧伊支付机制，以此绕过华盛顿的制裁，促进布鲁塞尔与德黑兰之间的金融交易。不过由于各国都不愿在本国设立新欧伊支付机制的实体机构，该计划迟迟难以成行[①]。其次，美国重启伊朗制裁导致美伊关系急剧恶化，伊朗的经济发展和社会稳定面临极其严峻的挑战。在美国制裁伊朗，欧洲又在保障伊朗经济利益的问题上迟迟无法采取行动的情况下，伊朗是否会继续遵守伊核协议充满了不确定性[②]。

（三）多边核军控机制的新进展

在 2018 年，《禁止核武器条约》（TPNW）仍然是全球军控和裁军领域中的一大焦点。作为一项旨在从国际法角度全面消除和禁止核武器的国际议程，TPNW 仍然充满争议。支持者认为 TPNW 与《不扩散核武器条约》（NPT）是相辅相成的，继续依赖核威慑的风险高于放弃核威慑的风险[③]。截至 12 月 31 日，已有 69 个国家签署和批准了 TPNW，但主要大国仍然质疑并拒绝加入。法国认为 TPNW 会增加常规军事冲突升级的风险，对《不扩散核武器条约》产生挑战。俄罗斯认为 TPNW 没有考虑到全球战略稳定，会破坏国际社会为实现真正核裁军所作出的长期努力。美国认为只关注数量削减而不去解决根本性的安全问题是没有意义的，并特别指出该条约的核查条款存在严重漏洞。美、俄、中、英、法五国更倾向通过循序渐进的方式消除核武器、实现无核世界的目标。10 月，五国签署联合声明，表示不会签署该条约。此外，日本首相安倍晋三在 8 月也表示，日本不会加入该条约。

在《不扩散核武器条约》（NPT）方面，第十次审议大会的第二次筹备会议于 4—5 月在联合国日内瓦分部举行，其核心议题仍然是核裁军。会议期

---

① “德法英建立对伊朗贸易结算机制 美元地位或将受到威胁”，新华网，http：//www. xinhuanet. com/world/2019 - 02/02/c_1210053691. htm；“应对美对伊朗制裁冲击欧盟将实施最新反制裁条例”，新华网，http：//www. xinhuanet. com/world/2018 - 08/07/c_1123231542. htm.

② 李驰江主编 . 2019 国际军备控制与裁军［M］. 北京：世界知识出版社，2019：87—92.

③ “Treaty on the Prohibition of Nuclear Weapons”，SIPRI Yearbook 2019（online）.

间，几乎所有与会国都表示支持建立无核武器的世界，但在如何实现这一目标方面存在巨大分歧。暂停生产核裂变材料的呼声高涨，与会国一致呼吁尽早启动"禁产条约"①。在联合国方面，联合国秘书长古特雷斯于5月在日内瓦大学发起了"保障我们共同的未来"新裁军议程。该议程包括三大优先事项：为保护人性裁军、为保护生命裁军、为保护未来安全裁军。古特雷斯呼吁美国和俄罗斯解决它们在《中导条约》上的争端，延长新START条约，并采取减少核库存的新措施。古特雷斯还呼吁利用一切机会推动产生裁军新势头、调动新的伙伴关系，以实现一个和平和更有安全保障的世界。此外，《禁止生产裂变材料条约》高级别专家筹备小组在6月完成工作，并在7月向联合国大会提交了最后报告②。

二、生化与常规武器

（一）生物武器

在生物武器方面，2018年仍然出现了一些令人担忧的事件或消息。7月，德国发布消息称，有一名突尼斯人企图利用蓖麻病毒制造生物炸弹，对德国科隆进行恐怖袭击。10月，俄罗斯指控美国在格鲁吉亚建立生物武器实验室对俄罗斯构成国家安全威胁。同样在10月，德国生物科学家在《科学》（Science）杂志上发表名为"农业研究还是新型生物武器系统?"的文章，提到美国国防高级研究计划局（DARPA）资助了一项旨在利用昆虫来传播扩散转基因病毒的研究，认为该研究极有可能被用于制造生物武器并导致大规模伤亡，如利用它切断某国的粮食供应③。

在生物武器军控方面，《禁止生物武器公约》（BWC）专家组会议和缔约国会议在2018年如期举行。截至2018年10月，BWC共有182个缔约国。在8月7—16日，BWC专家组共举行了5次会议：第一次会议的重点是国际合作与援助，第二次会议会议聚焦科学技术，第三次会议集中探讨国家履约，

① 李驰江主编.2019国际军备控制与裁军［M］.北京：世界知识出版社，2019：67—73.

② "Other developments related to multilateral treaties and initiatives on nuclear arms control, disarmament and nonproliferation", SIPRI Yearbook 2019（online）.

③ "德法科学家怀疑五角大楼研制生物武器"，俄罗斯卫星通讯社，http：//sputniknews.cn/military/201810051026510737/.

第四次会议的重点是援助、应对及准备，第五次会议的重心放在了公约机制建设。12 月 4—7 日，BWC 缔约国会议如期举行。会议的首要关注点是 BWC 面临的财政困境，指出一些缔约国不缴纳或拖延会费以及常规预算之外的财政需求是导致 BWC 财政问题的主要原因。会议通过了应对财政预算问题的实质性措施，但未能就专家组会形成的 5 份报告（科技发展、国际合作、国家履约、援助应对与准备、机制建设）的审议工作达成共识①。

5 月 24 日，联合国秘书长古特雷斯发布“保护我们共同的未来——裁军议程”，强调生物武器军控领域的工作重点是提高 BWC 的有效性，加强专门机构对涉及使用生物武器的指控开展调查的能力，加强卫生安全领域的全球协作②。同时，英美两国还出台了国家层面的生物安全战略文件。7 月 30 日，英国发布了《英国生物安全战略》，首次对各政府部门的生物安全工作进行了协调整合。9 月 18 日，美国正式推出《国家生物防御战略》，设定了在加强美国生物安全方面的五大目标③。

（二）化学武器

在使用化学武器方面，2018 年发生两大焦点事件。第一件是发生在英国的“间谍中毒”事件。3 月 4 日，一名俄罗斯前特工及其女儿在英国索尔兹伯里遭受攻击，所中毒疑为苏联研制的诺维乔克毒剂。事件发生后，英国指责俄罗斯难逃干系，宣布驱逐 23 名俄外交人员。俄罗斯则针锋相对，驱逐了 23 名英国外交人员。在英国要求下，欧盟多国和美国也采取了驱逐俄外交人员以及制裁的措施。第二件是叙利亚化武袭击事件。4 月 7 日，叙利亚多马发生一起疑似化武袭击事件。叙利亚美国医学会（SAMS）和叙利亚民防组织“白头盔”宣称约有 500 人受伤，根据症状判断伤者接触了化学试剂。事件发生后，俄罗斯、英国、法国、美国、波兰等呼吁召开联合国安全理事会会议对此事进行讨论。4 月 14 日，美、法、英三国对叙利亚涉嫌化学武器研发与储存的地区进行了 100 多次空袭④。

《禁止化学武器公约》（CWC）是化学武器军控领域的法律基石。CWC 在

① “Biological weapon disarmament and non - proliferation”, SIPRI Yearbook 2019 (online).

② “Biological weapon disarmament and non - proliferation”, SIPRI Yearbook 2019 (online).

③ 李驰江主编：2019 国际军备控制与裁军［M］. 北京：世界知识出版社，2019：151—157.

④ “Allegations of use of chemical weapons in Syria”, SIPRI Yearbook 2019 (online)；李驰江主编. 2019 国际军备控制与裁军［M］. 北京：世界知识出版社，2019：163—166.

2018 年新增了一个缔约国（方）：巴勒斯坦。截至 2018 年年底，CWC 共有 193 个缔约国。2018 年禁止化学武器组织的工作重点仍是调查叙利亚及其他地区使用化学武器的问题。6 月举行的缔约国会议表决通过了英国提案，授予禁止化学武器组织技秘处确认叙利亚化武使用责任方的职权。该决定引发了激烈争议，俄罗斯对此表示坚决反对，认为只有安理会才有权在涉及主权国家的问题上采取强制措施，而由国际职员组成的技术部门没有对追责问题做出裁决的权利①。

尽管存在多种问题，但自 CWC 生效以来，化学武器销毁工作稳步推进。多数国家已按要求在规定日期内销毁了全部化学武器，销毁总量已接近宣布总量的 97% 。截至目前，只有美国未完成销毁任务，并将化学武器销毁延期至 2023 年。日本政府提出将遗留在中国的化学武器销毁期限延至 2022 年。截至 12 月 1 日，共有 14110 件日遗化学武器被销毁。俄罗斯曾申请延期销毁时间至 2020 年，但已提前完成销毁全部化学武器的任务②。

（三）常规武器与两用物项

1. 地雷

在冲突中使用杀伤人员地雷（APM）是一个日益突出的问题。在 2017 年 10 月至 2018 年 10 月，至少有 8 个国家（阿富汗、哥伦比亚、印度、缅甸、尼日利亚、巴基斯坦、泰国和也门）使用了 APM。毛里塔尼亚在 2018 年完成了地雷清除工作，但仍有 56 个州和 4 个其他地区遭受地雷污染。朝韩非军事区是当今世界布雷最严重的地区之一。在 2018 年 10 月，为推进朝韩关系解冻和半岛无核化，朝鲜和韩国宣布将开始清除埋在两国边境上的部分地雷(地雷总数约为 180 万—220 万枚)③。

2. 集束炸弹

2018 年，冈比亚、纳米比亚、斯里兰卡加入《禁止集束炸弹公约》。截至 12 月 31 日，该公约有 105 个缔约国和 15 个签署国。自公约通过以来，没有任何缔约国使用过集束炸弹，大多数非缔约国也实际上遵守了禁止使用和

---

① “Chemical weapons: Arms control and disarmament”, SIPRI Yearbook 2019 (online).

② 李驰江主编. 2019 国际军备控制与裁军［M］. 北京：世界知识出版社，2019：158—162；“Chemical and biological security threats”, SIPRI Yearbook 2019 (online).

③ “朝韩 1 日起清除板门店共同警备区和铁原非军事区地雷”，俄罗斯卫星通讯社，http://sputniknews.cn/politics/20181001102 6476694/.

生产这种武器的规定。不过，在 2018 年，叙利亚仍在使用集束炸弹。另外，埃及和利比亚被指控使用集束炸弹，但该指控未被核实。《禁止集束炸弹公约》要求缔约国 8 年内销毁集束炸弹库存，10 年内清除该国领土遗留的集束炸弹污染，并向受害者提供援助。截至 7 月底，在拥有集束炸弹库存的 41 个缔约国中，已有 33 个国家销毁了近 140 万枚集束炸弹，其中包括 1.77 亿枚子弹药。6—7 月，克罗地亚、斯洛文尼亚和西班牙完成销毁集束弹药库存的工作。9 月，以色列宣布将销毁部分集束弹药库存①。

3.《特定常规武器公约》

《特定常规武器公约》旨在禁止或限制使用某些被认为具有过度伤害力或滥杀滥伤作用的常规武器。截至 2018 年 12 月底，该公约及其议定书的缔约国共有 125 个。2018 年缔约国会议审查了《特定常规武器公约》的遵守情况，其议程包含的四个方面：致命自主武器系统管制、人口密集地区的爆炸武器、燃烧武器、非杀伤人员地雷。在《特定常规武器公约》框架下，各政府之间重点讨论的问题仍然是人工智能和自主武器系统带来的挑战。然而，部分国家的军事需求与人道主义之间的矛盾日益突出，导致公约内的许多讨论陷入僵局②。

4. 两用物项

近年来，美欧各国收紧了对外资的审查，以加强两用物项出口管制。美国出口管制改革项目启动于 2012 年，在特朗普上台之后得以延续，其管制重点在于"对美国具有重要的军事或情报优势的项目"。2018 年，美国通过《出口管制改革法》和《外国投资风险评估现代化法》，加强了美国对外国直接投资的控制。目前，有 14 个欧盟成员国已经建立了外国直接投资审查机制，其中一些国家最近已引入或计划引入更严格的制度。2017 年 9 月，欧盟委员会宣布将建立一个统一的法律框架来审查流入欧盟的外国直接投资。2018 年 11 月，欧洲议会、欧盟委员会和欧盟理事会对该法律框架的最终版本进行了确认③。

5. 武器与两用物项禁运

2018 年共有 36 项多边武器禁运项目，其中联合国实施 14 项，欧盟实施

---

① "Anti – Personnel Mines and Cluster Munitions", SIPRI Yearbook 2019 (online); "Global instruments for conventional arms control", SIPRI Yearbook 2019 (online).

② "The Convention on Certain Conventional Weapons and lethal autonomous weapon systems", SIPRI Yearbook 2019 (online).

③ "Controlling technology transfers and foreign direct investment: The limits of export controls", SIPRI Yearbook 2019 (online).

21 项，阿拉伯国家联盟实施 1 项（见表 10.2）。与 2017 年相比，联合国和欧盟解除了对厄立特里亚的武器禁运，新增的一项为联合国对南苏丹的武器禁运。在欧盟武器禁运中，10 项是执行联合国武器禁运，1 项先于联合国实施的，2 项与联合国武器禁运相似但在地理区域或武器类型范围方面有所不同，8 项完全不同于联合国武器禁运。大多数项目只涵盖常规武器和相关货物与服务，但有四项包括某些两用物项。

表 10.2　　　　2018 年多边武器禁运项目一览表

禁运对象	开始日期	2018 年主要进展
	联合国	
中非共和国	2013－12－05	延期至 2019－01－31
刚果民主共和国	2003－07－28	延期至 2019－07－01
厄立特里亚	2009－12－23	2018 年 11 月 14 日解除
伊朗	2006－12－23	
伊拉克	1990－08－06	
“伊斯兰国”极端组织	2002－01－16	
朝鲜	2006－07－15	
黎巴嫩	2006－08－11	
利比亚	2011－02－26	
索马里	1992－01－23	延期至 2019－11－15
南苏丹	2018－07－13	
苏丹（达尔富尔—苏丹西部地区）	2004－07－30	
也门	2015－04－14	延期至 2019－02－26
塔利班	2002－01－16	
	欧盟	
基地组织、塔利班等	1996－12－17	
白俄罗斯	2011－06－20	延期至 2019－02－28
中国	1989－06－27	
中非共和国	2013－12－23	
刚果民主共和国	1993－04－07	
埃及	2013－08－21	
厄立特里亚	2010－03－01	2018 年 12 月 12 日解除
伊朗	2007－02－27	
伊拉克	1990－08－04	

续表

禁运对象	开始日期	2018 年主要进展
	欧盟	
朝鲜	2006 - 11 - 20	
黎巴嫩	2006 - 09 - 15	
利比亚	2011 - 02 - 28	
缅甸	1991 - 07 - 29	延期至 2019 - 04 - 26
俄罗斯	2014 - 07 - 31	延期至 2019 - 01 - 31
索马里	2002 - 12 - 10	
南苏丹	2011 - 07 - 18	
苏丹	1994 - 03 - 15	
叙利亚	2011 - 05 - 09	
委内瑞拉	2017 - 11 - 13	
也门	2015 - 06 - 08	
津巴布韦	2002 - 02 - 18	延期至 2019 - 02 - 20
	阿拉伯联盟	
叙利亚	2011 - 12 - 03	

资料来源："Multilateral embargoes on arms and dual - use items", SIPRI Yearbook 2019 (online).

三、新兴领域

（一）网络安全

近年来，网络攻击事件频发，2018 年网络攻击首次被列入全球前五大安全风险。世界经济论坛发布的《全球风险报告 2018》指出，网络安全威胁已成为仅次于自然灾害与极端天气事件的第三大风险因素。2012—2017 年，所接受调查的商业公司遭受网络攻击的平均次数翻倍。当前的网络攻击目标不再局限于传统的窃取数据，而是越来越多地指向虚拟货币系统和关键基础设施，以直接谋求获取巨额经济利益，这对国际经济、政治以及社会秩序造成的影响不断扩大①。

在网络安全趋于严峻的背景下，世界各国高度重视，采取大量措施来增

① 吴德福.2018 全球风险报告［J］. 计算机与网络，2018.

强本国的网络安全能力。在这方面，美国最具代表性。2018 年 2 月，美国国会通过了《澄清域外合法使用数据法案》，旨在提高美国政府获取跨国界存储数据、打击数字犯罪的能力，明确了美国的数据主权战略①。同样 2 月，美国发布《国防战略报告》，将提高自身的网络防御力、网络系统恢复力并继续将网络能力纳入所有军事行动，并提出将针对重大网络攻击实施核报复。5 月，美国国土安全部发布了新的《网络安全战略》，确定了国土安全部全面风险管理办法的五大支柱及七个目标，以更好地了解国家的风险状况，减少网络安全漏洞与威胁，建设更有防御能力的网络空间与更安全的网络生态系统②。8 月，特朗普签署废除《第 20 号总统政策指令》（PPD – 20），放宽了美军网络司令部部署网络进攻作战的限制。同时，《2019 财年国防授权法案》还赋予国防部长执行网络空间作战行动的权限。这些都简化了美军网络作战指挥流程，有助于为网络军事行动提供支持③。9 月，美国国防部发布《国家网络战略》，指出中、俄两国的网络空间行动对美国构成了长期战略风险，朝鲜和伊朗等国也在进行对美国利益构成威胁的网络活动。美国国防部将加速开发网络能力以建立更具杀伤力的联合部队，并采取改革国防部、加强网络人才培养及加强跨国合作等措施，来应对他国的安全威胁④。

欧盟于 2018 年 5 月启动《一般数据保护条例》，以保护欧洲公民的个人数据与基本隐私。该条例引入了严格的监管要求，规定将对违反者实施高额罚款，被称为“史上最严数据保护条例”。《一般数据保护条例》对数据隐私保护形式进行了重大变革，对世界范围内的互联网隐私保护起到了重要的作用⑤。在欧盟《一般数据保护条例》的影响下，美国、巴西、印度等国家也制定了本国的数据保护法案。2018 年，北约在发展网络作战能力方面迈出了重要一步。北约认为网络空间是其面临的挑战和威胁的冲突领域之一，重申其将根据国际法采取行动，并就如何将盟国自愿提供的主权网络效应纳入联

---

① 郎平，丁丽伟．“2018 年网络安全与大国关系”，载张宇燕，李东燕，邹志波．全球政治与安全报告（2019）．社会科学文献出版社，2019.

② United States Department of Homeland Security, DHS Cybersecurity Strategy, 2018, https: // www. dhs. go v/ sites/default/files/publications/DHS – Cybersecurity – Strategy_1. pdf.

③ 郎平，丁丽伟．“2018 年网络安全与大国关系”，载张宇燕，李东燕，邹志波．全球政治与安全报告（2019）．社会科学文献出版社，2019.

④ U. S. Department of Defense, Summary Depart of Defense Cyber Strategy 2018, https: // media. defense. gov/2018/Sep/18/2002041658/ – 1/ – 1/1/CYBER_STRATEGY_SUMMARY_FINAL. PDF.

⑤ 郎平，丁丽伟．“2018 年网络安全与大国关系”，载张宇燕，李东燕，邹志波．全球政治与安全报告（2019）．社会科学文献出版社，2019.

盟以及如何建立网络空间行动中心达成了一致①。

与此同时，国际网络安全治理进程也在稳步推进，尽管过程中不乏争议。联合国是网络安全治理的重要平台，2018 年 7 月，联合国成立数字合作高级别小组，为国际网络安全合作提供了新的重要平台。10 月 18 日，美国等国向联合国大会提交《从国际安全角度促进网络空间国家负责任行为》的决议草案，主张建立一个新的政府专家组，继续研究可用于应对信息安全领域中现有和潜在威胁的合作策略。俄罗斯等国则在 10 月 29 日继续提交《从国际安全角度看信息和电信领域的发展》的决议草案，呼吁各国继续关注信息安全领域的现有和潜在威胁、应对威胁的可能合作措施、国际法在信息通信技术方面的适用、信息建立措施以及能力建设。中国在网络安全与互联网治理中的作用也不断增大。11 月 7—9 日，第五届世界互联网大会在乌镇召开并发布了《乌镇展望》，向国际社会发出倡议，呼吁建立适应新技术革命和产业变革的更有效机制，持续加强网络基础设施互联互通建设，培育面向未来智能时代的人类技能成长体系，努力弥合数字鸿沟②。

（二）太空安全

美国在 2018 年迈出太空军事化的关键一步。3 月，美国发布《国家太空战略》"概要"，提出将通过改革保护美国太空利益，通过推动一系列"美国优先"政策来保证美国在太空领域的强大竞争力。加强公私合作是美国谋求太空优势的重要策略。为此，特朗普在 5 月签署太空政策第 2 号指令，由美商务部设立一个负责太空事务的副部长职位，制定有利于太空商业化发展的规章制度，旨在简化监管框架、政策和流程，更好地支持太空商业化。8 月，NASA 宣布售出 20 多份价值 5500 万美元的合同，与商业公司合作开发太空探索技术、探讨近地轨道市场化③。6 月 18 日，特朗普在美国家太空委员会发表讲话时称，他将会指示五角大楼组建"太空军"，作为美军的新军种，与包括空军在内的其他军种相互独立，但级别相同。12 月 18 日，特朗普要求国防部组建太空司令部，以整合和统筹美军太空力量，统一组织和管理美国在太

---

① "Cyber arms control and resilience", SIPRI Yearbook 2019 (online).

② "《乌镇展望 2019》权威解读", https://www.yicai.com/news/100372440.html.

③ 何奇松．特朗普政府的太空战略［J］．国际问题研究，2019（2）：124—136.

空领域的军事活动①。

美国的太空军事化措施带来国际连锁反应，刺激了大国间的太空竞争，同步增加了太空军控的必要性和难度。太空军控的最终目的是“外空无军”，其内容包括防止太空军备竞赛、防止太空武器化、防止武装冲突、禁止威胁或使用武力、免受故意的外空军事行为威胁。实现太空安全，大国一致必不可少。然而，由于美国极力阻挠，加之各国利益诉求各异，制定太空军控规则面临着重重困难。2018 年太空军控规则的制定未取得实质性进展。此外，现有的涉及太空军控的规则框架也面临着挑战。《外层空间条约》1967 年生效，规定了各国开展航天活动时必须遵守的基本原则。不过，由于对某些规则缺乏详细解释，加上有些概念术语界定模糊，该条约在日益复杂的国际太空角逐中无法充分发挥其应有作用②。

（三）人工智能

近年人工智能技术飞速发展，成为大国战略竞争的新兴领域。各国高度重视，纷纷制定政策，投入巨资，谋取在人工智能领域获得竞争优势。美国早在 2016 年就发布了《国家人工智能研究和发展战略规划》，构建了美国发展人工智能的实施框架。2018 年 1 月，美国颁布《国防战略报告》，指出大数据、人工智能、机器人等新兴科学技术有助于美国赢得未来战争，国防部将在这些科学技术的军事应用上加大投入，以获得军事竞争优势③。8 月，特朗普签署了《2019 财年国防授权法》，提出组建人工智能与机器学习政策监督委员会，宣布将在美军人工智能研究项目上投入数亿美元④。9 月，美国国防高级研究计划局（DARPA）宣布“下一代人工智能技术”研究计划，投资总额高达 20 亿美元，项目投资发展的重点领域包括新型能力、健壮 AI、对抗 AI、高性能 AI 以及下一代 AI 五个方面，确保美军在这些快速发展并且关键的领域维持优势⑤。人工智能同样是俄罗斯的重点投资领域。早在 2016 年，

① “新闻分析：美国设立太空司令部意在‘太空军’”，新华社，http：//www. xinhuanet. com/2018 - 12/19/c_121001 9497. htm.

② 李驰江主编 . 2019 国际军备控制与裁军［M］. 北京：世界知识出版社，2019：117—122.

③ U. S. Department of Defense，2018 National Defense Strategy，https：//dod. defense. gov/Portals/1/Documents/pubs/2018 - National - Defense - Strategy - Summary. pdf.

④ U. S. House of Representatives，H. R. 5515，National Defense Authorization Act for Fiscal Year 2019，https：//docs. house. gov/billsthisweek/20180521/BILLS - 115HR5515 - RCP115 - 70. pdf.

⑤ 李驰江主编 . 2019 国际军备控制与裁军［M］. 北京：世界知识出版社，2019：133.

俄罗斯就发布了《2025年前发展军事科学综合体构想》，强调人工智能系统将成为决定未来战争成败的关键要素，并提出将人工智能技术、无人自主技术作为俄罗斯军事技术的发展重点。此外，俄罗斯将大幅提升军用机器人与无人地面车辆的自主性能，并为其T－14主战坦克配置自主炮塔，计划在未来实现其主战坦克的完全自主①。

与此同时，国际社会也越来越认识到人工智能的军事应用特别是致命性自主武器对国际安全的危害。针对致命性自主武器军控的倡议得到了部分国家的支持。2018年4月，在联合国《常规武器公约》审议大会上，包括中国在内的26名成员国发表联合声明，支持在全球范围内禁止使用致命性自主武器。来自90个国家、分属160多家企业的2400多名人工智能科学家共同签署《致命性自主武器宣言》，承诺不参与也不支持致命性自主武器的开发、制造、贸易或应用。谷歌公司随后中止参与美国国防部的人工智能项目②。其实，在2017年，已有19个国家正式表示将采取措施禁止致命性自主武器的发展。然而，这些国家主要为中小国家，主要大国在限制致命性自主武器的发展与使用问题上存在着较大分歧，大国间军控取得实质性成果的前景不太乐观③。

四、评估与展望

2018年的全球军控与裁军进程有新进展也有新挑战，但挑战明显压过进展。朝鲜核问题取得重大转机，战云密布的朝鲜半岛终于透出和平的曙光。各国在限制地雷、集束炸弹等常规武器方面稳步前进，取得新的成绩。然而，伴随着美国“退约”及其威胁，美俄双边核军控和裁军进程出现新的变数，伊朗核问题和中东安全形势再次升温。由于发生在英国和叙利亚的“间谍中毒”事件和使用化武问题，生化武器军控面临新的挑战。美俄为代表的军事大国在网络安全、太空军事化、致命性自主武器开发等方面迈出重要一步，防范新兴武器或领域的军事化和国际恶性竞争亟需制定新的国际军控规则。军控与裁军是国际政治形势的晴雨表，与大国战略关系、地区局势走向密切相关。理解国际军控和裁军的形势变化离不开全球和地区战略环境。近年来，主要大国战略竞争加剧，中东、非洲地区形势持续高温、冲突不断，全球反

① 李驰江主编.2019国际军备控制与裁军［M］.北京：世界知识出版社，2019：186—187.

② 李驰江主编.2019国际军备控制与裁军［M］.北京：世界知识出版社，2019：135—136.

③ 刘杨钺.全球安全治理视域下的自主武器军备控制［J］.国际安全研究，2018（2）：49—71.

恐形势依然严峻，这些都对全球军控和裁军进展形成了阻碍。从目前来看，所有问题都很难在短期内出现重大转机，也将在接下来的一年对全球军控和裁军问题产生影响。

展望新的一年，全球军控与裁军形势并不乐观，最大制约因素来自美国特朗普政府。美国已经完成退出《中导条约》的全部准备，一旦美国退约，新 START 条约延期前景将更加渺茫，美俄双边核军控和裁军机制必将受到冲击，全球核导军备竞赛有死灰复燃可能。而且，如果美国继续对伊朗极限施压，伊朗核问题将进一步反复，和平解决之路更加漫长。叙利亚内战、恐怖主义顽疾难消，乌克兰、委内瑞拉酝酿着新的危机，传统安全与非传统安全问题相互交织，权力之争与文明冲突彼此交错，严峻的地区安全形势构成使用生化武器的肥沃土壤，同样制约了常规武器军控进程。军控与裁军问题的变化依赖于国际和地区环境。制约国际信任与合作的各种因素难以短期消除，新一年的国际军控与裁军之路仍步履蹒跚。

11. 贸易争端

刘韵琦　杨　熠*

摘　要： 贸易冲突在国际贸易中扮演着重要角色。自特朗普政府上台后，美国贸易保护主义抬头，以“美国优先”理念为引导，在全球范围引起了大规模的贸易冲突，引发受影响国家采取报复性回击，这在当代国际贸易制度的历史上是前所未有的，主要涉及到的国家不仅包括中国、俄罗斯等美国视为竞争对手的国家，甚至作为美国盟友的欧盟、加拿大、墨西哥、日本、韩国等也难逃一劫。中美贸易冲突的本质更多是两个大国之间的综合实力较量。

关键词： 贸易冲突　关税　中美关系

全球化时代，各国之间的贸易越来越频繁，经济利益联系愈发紧密。但是，国家之间由于政治体制、历史文化、国际地位、国家发展目标等不同，导致各国实际利益取向还是有很大差异，各国经济利益的矛盾和冲突并未随全球经济利益共性的不断增强而削减，相反近年来呈愈演愈烈的态势。

贸易冲突一般是国与国之间在进行贸易往来的过程中，在贸易不平衡上所产生的摩擦，一般是由于一国的持续顺差、另一国的持续逆差，或一国的贸易活动触及或伤害另一国的产业所引起的。贸易摩擦主要包括一国对另一国实施的反倾销措施、反补贴措施和保障措施三种形式。贸易冲突随着全球化程度不断加深而愈加复杂和频繁，大国之间的贸易冲突更是受到政治因素、经济因素等多方面因素影响。

---

* 刘韵琦（1995— ），中央财经大学国防经济与管理研究院博士研究生，主要研究方向为国防工业。曾获“国防经济学术论坛 2019”论文一等奖、“2019 中国国防经济学年度优秀成果”二等奖。杨熠（1986— ），意大利罗马大学博士。主要研究方向为国防工业、国防教育。在 *Rivista di Studi militari*、*Rivista di Studi Politici Internazionali*、《国防科技工业》等国内外期刊发表学术论文。

基金项目：北京高校高精尖学科战略经济交叉学科（GJJ2019163）高层次人才培养支持项目、中央财经大学双一流和特色发展引导学科专项（022959918005）资助。

一、贸易冲突：历史视角

20 世纪，世界上有四次较大的贸易冲突：30 年代的英美贸易战、60 年代的欧美贸易战、70 年代的日美贸易摩擦以及 80 年代冷战期间的美苏贸易战。

大型的贸易冲突一般都发生在经济、军事、政治实力比较强大的国家（地区）之间，伴随贸易冲突发生的一般是新崛起国家与老牌强国之间的综合博弈。英美之间贸易战正是一战后日渐衰落的英国与快速崛起的美国之间的竞争。在此期间，美国的经济实力增长迅速，工业产值占全球的三分之一以上，对外贸易额开始超过英国。30 年代，英美军事和政治地位基本对等，两国在贸易政策上都比较强硬，最终导致贸易战甚至是二战的爆发。二战后，美国成为世界超级大国，欧洲的政治和军事地位一落千丈。战后欧洲形成了欧共体，经济逐渐恢复，开始与美国争夺第三市场。70 年代的日本经济发展迅猛，在人均国民生产总值、国家总资产和资本输出方面赶上甚至超过美国，从而引发了美国对其进行贸易制裁。但是二战后，美国一直通过“高压政策”手段控制日本，二者在军事政治方面完全不对等，导致日本缺乏自主选择贸易政策的能力①。

1995 年世界贸易组织（WTO）成立，其初衷就是为了规范世界贸易秩序、调解贸易争端、避免大规模贸易冲突。如图 11.1 所示，WTO 成立初期，全球贸易争端频发，2017 年特朗普上台以后提出“美国优先”，无视 WTO 规则，动用关税手段、撕毁贸易协定，加剧了逆全球化趋势并使民粹主义抬头，全球贸易争端案件骤然上升，进一步加剧了世界贸易冲突②。

第二次世界大战结束后，欧洲各国与美国达成协议同意使用美元进行国际支付，此后美元作为储备货币在美国以外的国家广泛使用并最终成为国际货币。美国不可能放弃美元的国际货币体系主导地位，这意味着美国必须与世界其他国家发生持续性贸易逆差，才能将美元持续输出，短期的贸易战可能会缩小逆差，但只要美国想维持美元的国际货币主导地位，美国存在贸易逆差的长期趋势就不会改变。此外，美国国内的国民储蓄率长期低于美国国

---

① 柳悰耀，陈琪．大国贸易冲突对比分析及其对中国的启示［J］．中州学刊，2020，279（3）：32—38。

② 马妍妍，展金泳，林桂军．WTO 框架下的全球贸易争端研究［J］．国际贸易，2020，457（1）：78—88。

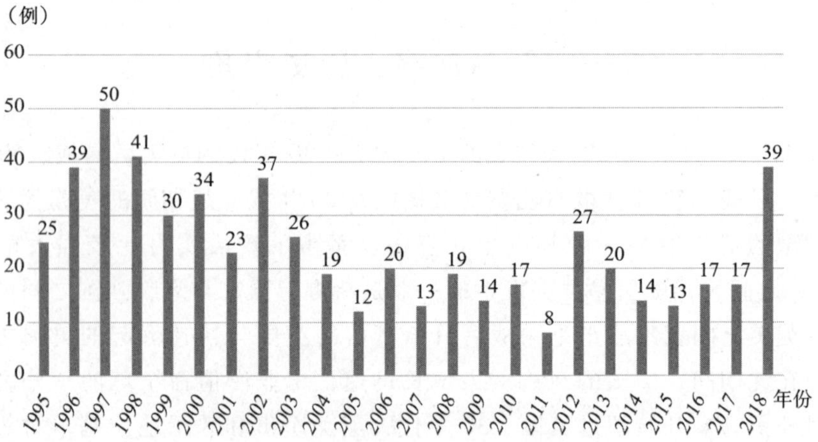

图 11.1 1995—2019 年全球贸易争端数量

资料来源：世界贸易组织（WTO）。

内的国民投资率，国内储蓄不能满足国内投资的需求，只能依靠“进口”储蓄来支撑国内投资需求。但是，美国又将贸易逆差归结于不公平贸易，通过关税、“反垄断”、反倾销诉讼等多种手段来打击冲突对方的经济。但其实，贸易冲突的实质是大国博弈，这就决定了美国的目的绝不是维护贸易“公平”，而是打压任何可能威胁其国际地位的潜在对手。

根据 WTO 数据，1995 年以来涉及贸易争端最多的国家（地区）分别是美国（275 例）、欧盟（184 例）、中国（63 例）、加拿大（62 例）、印度（49 例）。自中国 2001 年加入 WTO 后，中国作为起诉方的 20 例争端案件中，有 15 例是以美国为被诉方（75%），4 例是以欧盟为被诉方（20%）。从中国作为被诉方的角度来看（38 例），超过一半数量的案件是美国作为起诉方（22 例），欧盟作为起诉方的案件有 7 例（18.42%）。美国作为起诉方的 53 例争端中，有 22 例是针对中国（41.51%），针对欧盟有 8 例（15.09%），针对韩国和墨西哥各有 5 例（9.44%），墨西哥 3 例。而作为被诉方的 103 起争端中，来自于加拿大的有 16 起，来自中国的有 15 起，来自于欧盟的有 13 起（12.26%），来自墨西哥和韩国的各 9 起，来自巴西 8 起，印度 6 起。可以看出，世界贸易争端还是集中于主要的经济体之间，尤其是美国、中国、欧盟之间。表 11.1 列示了 2018 年 WTO 主要的贸易争端。

表 11.1　　　　2018 年世界主要贸易争端

<table>
<tr><th>起诉方</th><th>被诉方</th><th>日期</th><th>内容</th></tr>
<tr><td rowspan="8">美国</td><td>印度</td><td>3. 14</td><td>出口相关措施</td></tr>
<tr><td rowspan="2">中国</td><td>3. 23</td><td>关于知识产权保护的某些措施</td></tr>
<tr><td>7. 16</td><td rowspan="6">美国某些产品的其他关税</td></tr>
<tr><td>加拿大</td><td>7. 16</td></tr>
<tr><td>欧盟</td><td>7. 16</td></tr>
<tr><td>墨西哥</td><td>7. 16</td></tr>
<tr><td>土耳其</td><td>7. 16</td></tr>
<tr><td>俄罗斯联邦</td><td>8. 27</td></tr>
<tr><td rowspan="5">中国</td><td rowspan="18">美国</td><td>4. 4</td><td>对来自中国的某些商品的关税措施</td></tr>
<tr><td>4. 5</td><td>钢铁和铝产品的某些措施</td></tr>
<tr><td>8. 14</td><td>晶体硅光伏产品进口的保障措施</td></tr>
<tr><td>8. 14</td><td>有关可再生能源的某些措施</td></tr>
<tr><td>8. 23</td><td>对来自中国的某些商品的关税措施 II</td></tr>
<tr><td rowspan="2">越南</td><td>1. 8</td><td>越南鱼片反倾销措施</td></tr>
<tr><td>2. 22</td><td>有关越南 Pangasius 海鲜产品的某些措施</td></tr>
<tr><td rowspan="3">韩国</td><td>2. 14</td><td>某些产品的反倾销和反补贴税以及现有事实的使用</td></tr>
<tr><td rowspan="2">5. 14</td><td>晶体硅光伏产品进口的保障措施</td></tr>
<tr><td>进口大型家用洗衣机的保障措施</td></tr>
<tr><td>印度</td><td>5. 18</td><td rowspan="7">钢铁和铝制品的某些措施</td></tr>
<tr><td>加拿大</td><td>6. 1</td></tr>
<tr><td>墨西哥</td><td>6. 5</td></tr>
<tr><td>挪威</td><td>6. 12</td></tr>
<tr><td>俄罗斯联邦</td><td>6. 29</td></tr>
<tr><td>瑞士</td><td>7. 9</td></tr>
<tr><td>欧盟</td><td>6. 1</td></tr>
<tr><td>委内瑞拉玻利瓦尔共和国</td><td>12. 28</td><td>与商品和服务贸易有关的措施</td></tr>
<tr><td>欧盟</td><td rowspan="2">中国</td><td>6. 1</td><td>技术转让的某些措施</td></tr>
<tr><td>巴西</td><td>10. 16</td><td>关于食糖进口的某些措施</td></tr>
</table>

二、美国优先：特朗普时代的美国贸易冲突

2016 年美国大选，特朗普将贸易政策改革、税收改革、能源政策改革和政府监管改革列为四大经济改革①，提出以“美国优先”为执政理念。特朗普政府认为以往的美国政府过于重视自由贸易，为了构建以美国为主导的国际贸易体系，舍弃了美国的利益，造成了对美国贸易的不公平。同时把美国工人失业和经济衰退也归咎于其他国家对美国的“不公平贸易”，希望通过经济改革等改善美国工人就业并恢复经济。在特朗普及其贸易政策团队看来，奥巴马政府试图通过《跨太平洋伙伴关系协定》（TPP）等让美国重返亚太并掌握贸易规则制定权的做法是不符合美国实际利益的②。因此，2017 年起特朗普政府采取了一系列措施希望扭转贸易逆差、恢复美国经济、促进国内就业。这些措施主要分为三部分：一是全球范围的制裁措施，包括退出部分国际协定和对部分产品无差别提高关税；二是针对对手国家的全面打击；三是针对盟国的贸易博弈。表 11.2 是美国进出口贸易额排名前十的国家和地区，可以看出，美国贸易争端的主要对象就是其进口额前十的国家和地区。

表 11.2　　2018 年美国进出口贸易额前十名国家和地区　　单位：亿美元

进口		出口	
国家	贸易额	国家和地区	贸易额
中国	5395	加拿大	2987
墨西哥	3465	墨西哥	2650
加拿大	3185	中国	1203
日本	1426	日本	750
德国	1259	英国	662
韩国	743	德国	577
英国	608	韩国	563
爱尔兰	575	荷兰	494
意大利	547	巴西	395
印度	544	中国香港	375

① 吴其胜．特朗普贸易新政．理念、议程与制约因素［J］．国际问题研究，2018，183（1）：124—138.

② 周俊．特朗普政府的贸易政策——基于美国国内贸易政治视角的分析［J］．国际展望，2017，9（6）：38—56，151.

（一）无差别全面制裁

特朗普自上台以来，不仅剑指中国，而且在全球挑起贸易冲突，其中“退群”是美国近两年最令人瞩目的行为。2017 年 1 月 24 日，特朗普宣誓就任美国总统的第四天，美国即宣布退出有“经济北约”之称的《跨太平洋伙伴关系协定》（TPP）。TPP 开始于 2005 年由文莱、智利、新西兰和新加坡签署的《跨太平洋战略经济伙伴关系协定》的扩展。从 2008 年开始，其他国家加入了讨论范围更广的协定：澳大利亚、加拿大、日本、马来西亚、墨西哥、秘鲁、美国和越南，使谈判国达到 12 个。TPP 涉及削减贸易壁垒、环境保护、廉洁执政、人权、药品知识产权、投资者国家仲裁、劳工标准和监管合作八个方面。其中该协议削减了 18000 多个关税，对美国所有制成品和几乎所有美国农产品的关税将被完全消除。特朗普提出退出 TPP 的原因有五个：一是美国在这么短的时间内失去的工作数量以及财富和收入的数量是惊人的，如果不停止跨太平洋伙伴关系，情况将恶化；二是 TPP 将使美国的贸易竞争对手更容易将廉价的补贴商品运到美国市场，同时允许外国继续给美国的出口加设壁垒；三是他认为 TPP 是一项旨在让我国通过后门进入，并完全利用所有人的利益的协议；四 TPP 是对美国业务的攻击，它并不能阻止日本操纵货币，是一个糟糕的交易；五是在任何可能的情况下，美国将开始寻求双边贸易谈判而不是多边贸易，以促进美国工业、保护美国工人和提高美国工资。

也有 TPP 的支持者提出，退出 TPP 会对美国造成持续的负面影响。首先，退出协定违背了契约精神，大多数伙伴国都承诺投入大量的政治资本来进行 TPP 涉及的改革，选择退出会削弱日本等盟友的实力，也会影响与越南等国家的新兴区域伙伴关系，会影响美国的信用。同时，退出 TPP 会影响美国企业的竞争力，对于吸引美国境外 95% 的消费者越来越不利。美国退出 TPP，准备进行双边贸易协商，这不仅代表任何新的协定都旨在提高关税、减少贸易和投资，还会增加美国的谈判成本。

除了 TPP，美国还退出了《巴黎气候协定》、《国际咖啡协定》和《万国邮政协议》。这些都是美国贸易保护主义抬头的重要表现。除了这些贸易协定，美国还退出了《伊核协定》、《美伊友好条约》、《维也纳公约》、《中导条约》等，政治军事方面也在脱离国际社会的制约（见表 11.3）。

表 11.3　　美国退出协定目录

时间	协定名称	协定内容	退出原因
2017－01－24	《跨太平洋伙伴关系协定》	《跨太平洋伙伴关系协定》，简称 TPP，也被称作“经济北约”，是美国、澳大利亚、文莱、加拿大、智利、马来西亚、墨西哥、新西兰、秘鲁、新加坡、越南、日本等 12 个国家推动的多边自由贸易协定	特朗普认为 TPP 将“摧毁”美国制造业，承诺当选后不再签署大型区域贸易协定，而是注重一对一的双边贸易协定谈判
2017－11－04	《巴黎气候协定》	制定了一个全球行动计划，让全球平均气温升高不超过 2℃，并且朝着不超过 1.5℃ 的目标努力，以应对气候变化带来的危机，让全球气候回归正轨	重启化石燃料开采计划；减轻“电力公司的沉重负担”，发展美国的石油、煤炭等工业，以恢复美国经济
2018－06－03	《国际咖啡》协定	通过收集、分析和发布有关咖啡生产、销售等方面的统计数字，公布指标价格和其他市场价格以利于国际咖啡贸易的扩大，同时提高世界咖啡经济的透明度	出于“最有效地使用税金”考虑，并“咨询过业内利益相关者”，认为该协定不符合美国利益
2018－10－17	《万国邮政协议》	于 1969 年开始实施的“终端费”制度的一个要点就是对发展中国家的付费实行照顾	“这对美国邮政造成了巨大的成本”，美国邮政还要向美国企业收取更高的运费；“对就业产生影响”

除了退出多项协定，特朗普政府还根据多项调查对光伏电池、大型洗衣机、钢铝制品等产品进行了全球范围的征税措施。2018 年 1 月起，根据 201 调查①特朗普对光伏电池及组件和大型洗衣机分别征收为期 4 年和 3 年的全球范围的保护性关税政策。其中，受到光伏电池关税影响最大的是中国，韩国和墨西哥作为美国的盟友，其洗衣机产业则受到极大影响，尤其是韩国三星和 LG 两大巨头。可见，美国的贸易“战争”，针对的不仅仅是中国，其盟友也难逃一劫（见表 11.4、表 11.5）。

① 根据 1974 年《贸易法》第 203 条（《美国法典》第 19 篇第 2253 条），美国国际贸易委员会在该报告中传送了包含对严重伤害的肯定裁定的报告，总统应在其权限范围内采取一切适当和可行的措施，他认为这将有助于努力。由有关国内产业对进口竞争做出积极调整，并提供比成本更大的经济和社会效益。美国贸易代表办公室负责就采取的行动向总统协调机构间建议。

表 11.4　　光伏电池及组件关税变化　　单位:%

年份	第 1 年	第 2 年	第 3 年	第 4 年
关税	30	25	20	15
免税范围	2.5 吉瓦			

表 11.5　　洗衣机及组件关税变化　　单位:%

组件	第 1 年	第 2 年	第 3 年
首批进口 120 万套成品洗衣机	20	18	16
所有随后进口的成品垫圈	50	45	40
关税包含的零件	50	45	40
关税不包含的零件种类（种）	5000	7000	9000

2018 年 3 月，特朗普以保护美国工业为名，对钢铁和铝制品分别征收 25% 和 10% 的关税，当时只有加拿大、欧盟、墨西哥、澳大利亚、阿根廷、巴西和韩国有暂时豁免权。6 月 1 日，此项关税的适用范围扩展到了欧盟、加拿大和墨西哥。澳大利亚、墨西哥和巴西以接受配额的形式活动获得永久豁免权，但是韩国的豁免权仅限于钢铁领域。

同年 5 月，美国对进口汽车（包括汽车、卡车及汽车零件）征收 25% 的关税。

美国加收关税的行为，很快也引起其他国家的反击。具体的内容如表 11.6 所示。

表 11.6　　各国对美国提高关税的反击措施

国家	日期	反击措施
中国	2018－01－27	对欧美的乙二醇和二甘醇的单丁醚适用的反倾销措施进行期终复审调查
	2018－03－23	发布针对钢铁和铝产品 232 措施的中止减让产品清单
韩国	2018－04－06	中止对价值 4.8 亿美元的美国进口商品的关税减让
	2018－05－16	提起 WTO 磋商请求
日本	2018－05－17	拟向世界贸易组织（WTO）申请启动反关税措施以对抗美国的进口限制。将制定 450 亿日元（约合人民币 25.97 亿元）规模的反关税措施予以回击，该数额基本等同于美国对日本进口钢铝制品征收的最高关税额
加拿大	2018－06－01	宣布将对钢铝产品等价值 166 亿加元的美国产品征收报复性关税。加方当天公布针对美国的两份报复性征税清单：一份清单将收取 25% 的关税，主要为钢铝产品；第二份清单的关税额为 10%，包含食品、酒类、电器、日用品等若干门类，诸如啤酒桶、威士忌、厕纸、枫糖浆、杀虫剂、摩托艇等

续表

国家	日期	反击措施
墨西哥	2018 - 06 - 05	对美国钢铁产品和部分农产品征收 15% —25% 关税，被加征关税的美国农产品包括猪腿肉、猪肩肉和波本威士忌酒（Bourbon）等
欧盟	2018 - 06 - 06	欧盟向世贸组织提交了一份拟对美国产品加征关税的清单，清单覆盖美国的农产品、服装、化妆品、烟酒、船只、摩托车等几十种产品，最高税率达到 25%。欧盟还采取了另外两项反击措施：一项是已于 6 月 1 日把美国对欧盟加征钢铝关税诉诸世贸组织争端解决机制，另一项是 3 月 26 日对输欧钢铁产品发起保障措施调查。如认定有必要采取行动，欧盟或于今年夏天决定对输欧钢铁产品加征保障措施关税或实施配额
印度	2018 - 06 - 21	印度决定对农产品和钢铁制品等 29 种美国进口产品提高关税
俄罗斯	2018 - 08 - 05	俄罗斯将正式对一系列美国商品征收 25% 至 40% 的额外进口关税，包括货运车辆、道路施工设备、石油天然气设备、金属加工、凿岩工具和光纤
土耳其	2018 - 08 - 15	根据总统令，酒类的关税升至 140%，汽车关税升至 120%，香烟、化妆品的关税升至 60%，大米关税升至 50%

（二）全方位制裁对手

1. 中国

改革开放以后中国经济飞速发展，2010 年中国的 GDP 总额超越日本，正式成为世界上仅次于美国的第二大经济体。美国的贸易逆差却越来越大（见图 11.2）。

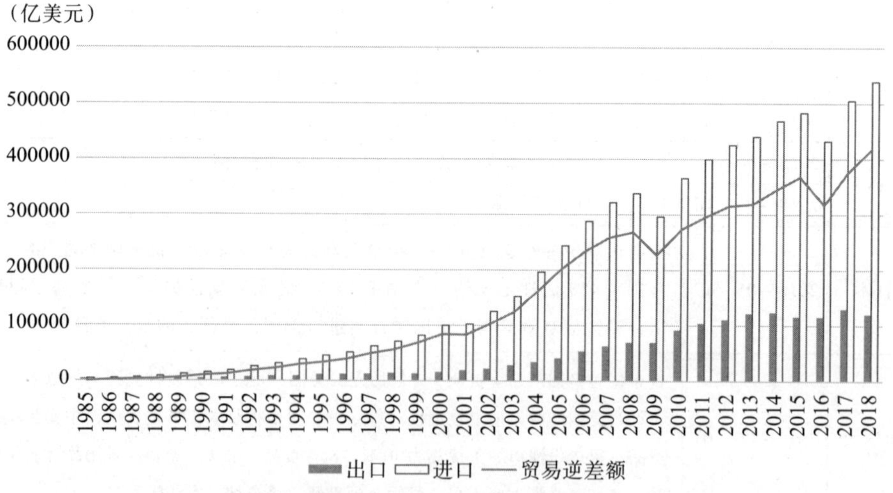

图 11.2 1985—2018 年美国贸易进出口额及贸易逆差额

1985 年以来我国对美国的贸易顺差不断增加。2018 年美国与中国的贸易逆差达到4192 亿美元，大致相当于排名第2 位至第10 位的墨西哥、德国、日本、爱尔兰、越南、意大利、马来西亚、印度、加拿大9 个国家之和（见图11.3）。

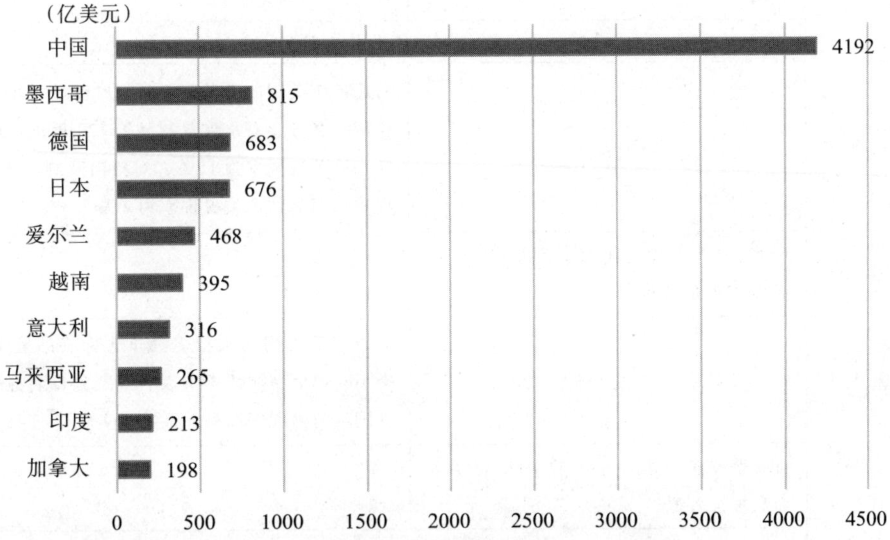

图 11.3　2018 年与美国贸易逆差前十的国家

巨大的贸易逆差使得美国将中国视为头号竞争对手。在特朗普上台后，针对中国的贸易制裁手段频出。除了光伏电池、大型洗衣机和钢铝制品等，两国的贸易冲突主要集中在两个方面：一是中国具有比较优势的出口领域；二是中国处于劣势的科技知识领域。主要采取了提高关税、设置出口管制实体清单等措施。

（1）加征关税，贸易战打响。美国 2017 年 8 月 18 日宣布对中国进行“301”调查，拉开了中美贸易冲突的序幕。2018 年 1 月起，美国已对中国加征两轮关税。除了一致受到影响的光伏电池、大型洗衣机和钢铝产品外，美国对中国征税的产品领域主要集中在医疗器械、生物医药、新材料、信息技术、农机装备、新能源汽车、工业机器人、航空及高铁装备。可以看出，美国实际上针对的主要是“中国制造 2025”涉及的高科技产业。而中国对美拟停止减税领域主要是猪肉、水果、坚果、葡萄酒、花旗参、废铝、改性乙醇、无缝钢管（见表 11.7）。

表 11.7 中美加征关税内容

	美国	中国
3 月 23 日	美国宣布计划对中国 600 亿美元产品征税，限制中国企业对美国企业的投资并购	中国宣布对美国 30 亿美元商品征税
	美国向 WTO 提出磋商请求	
4 月 1 日		对原产于美国的 7 类 128 项进口商品中止关税减让义务，对水果及制品等 120 项进口商品加征关税税率为 15%，对猪肉及制品等 8 项进口商品加征关税税率为 25%
4 月 3 日	7 月 6 日开始对中国 500 亿美元的产品征收 25% 的关税	
4 月 4 日		对原产于美国的大豆、汽车、化工品等 14 类 106 项商品加征 25% 关税。实施日期将视美国政府对我国商品加征关税实施情况
4 月 5 日	特朗普要求考虑对中国的 1000 亿美元商品加征关税	
	中国向 WTO 提出磋商请求	
4 月 17 日		对原产美国进口高粱实施临时反倾销措施。进口经营者在进口原产于美国的进口高粱时，应依据裁定所确定的各公司保证金比率（178.6%）向中国海关提供相应的保证金
5 月 3—4 日	第一次磋商落下帷幕	
5 月 19 日	第二次磋商落下帷幕，中美发布《中美就经贸磋商收表联合声明》，达成共识，不打贸易战	
5 月 29 日	重提对中国 500 亿美元商品征收 25% 关税，主要针对“中国制造 2025”相关产品	
6 月 2—3 日	第三轮磋商，没有明显结果	
6 月 15 日	公布 500 亿美元商品清单	
6 月 16 日		对美国 500 亿美元的产品征收关税
7 月 6 日	确认对 340 亿美元商品征收关税	对同等数额的美国进口产品征收关税
7 月 10 日	开启对额外 2000 亿美元的商品征收 10% 关税程序	

续表

	美国	中国
8月1日	将2000亿美元产品的关税进一步提高到25%	
8月3日		对600亿美元的美国商品加征关税25%—5%不等的关税
8月8日	提出从8月23号对首批500亿美元商品中剩余的160亿美元的商品加征关税	8月23日起，对160亿美元的商品加征25%的关税
9月18日	宣布对来自中国的2000亿美元的商品加征关税的措施，2018年9月24日到2018年底，税率为10%，2019年起税率是25%	自9月24日起，对美国约600亿美元的商品加征10%或5%的关税
12月1日	双方达成协定，停止加征新的关税	

（2）制裁中兴，科技战又起。2018年4月16日晚，美国商务部发布公告表示美国政府在未来7年内禁止中兴通讯向美国企业购买敏感产品。随后美国商务部产业安全局（BIS）指控17家公司被涉嫌非法采购商品和技术用于在中国进行未授权的军事用途；指控27家公司有“不可接受”的风险使用或转移美国商品用于在中国开展军事用途。8月1日，BIS宣布增加44家中国企业列入出口管制实体清单（Entity List），其中包括很多研究机构，贸易战蔓延至技术领域。

制裁实体或者个人一直是美国常用的贸易制裁手段之一。美国商务部、财政部与国务院会共同发布的《整合筛查清单》（Consolidated Screening List），列出各国受到美国政府出口限制的特定个人与实体，这些名单上的机构和个人将被全面禁运或必须获得“出口许可证”，才能获准出口。截至2018年8月1日中国有302个机构和个人被列入《联合筛查清单》，其中被BIS列入实体清单的有118个机构与个人，其中包括了北京航空航天大学、四川大学、西北工业大学等，总体数量仅小于俄罗斯的321个，远多于日本、印度等美国盟友的受管制数量（不足30个），其他主要经济体被美国政府列入名单的管制机构一般也不高于40个。

美国的“301调查”实质上针对的就是中国的科技领域。征收关税就多集中于“中国制造2025”涉及的领域，制裁中兴和增加实体名单则是直接对中国的知识产权领域“开火”。

2. 俄罗斯

自2014年克里米亚投入俄罗斯，美国及欧洲七国对俄罗斯进行了四轮制裁。欧美对俄罗斯的经济制裁旨在精准打击其三大核心部门：能源、国防工业和金融。国防工业方面，主要针对的是俄罗斯的三家大型军工企业，主要涉及了俄罗斯的火箭系统、超音速武器和电子元器件等等。禁止美国政府机构、民间军工企业与这些受制裁企业进行任何的沟通，并不得通过任何渠道采购这些公司的产品。

2017年7月26日美国通过了“反击俄罗斯法”，特朗普上台后发布的《国家安全报告》更是直接将俄罗斯和中国列为美国的头号威胁。作为回应，俄罗斯对美国的食品进口禁令延长到2018年底。2018年8月8日美国宣布对俄罗斯进行两方面的制裁：一是停止对俄罗斯出口军民两用的配套产品，二是将于2019年3月后实施外交降级、关闭直航航线、基本完全停止对俄国的出口。

2018年9月20日，特朗普授权实施《通过制裁法打击美国对手的某些制裁措施》，宣布将进一步制裁可能同俄罗斯军方进行“重大交易”的任何一方。9月25日美国商务部对12家俄罗斯公司及其在白俄罗斯和伊朗的子公司进行制裁，将不再向其提供美生产的军民两用产品。被制裁企业多为科技公司，被制裁原因是它们不符合美国家安全和外交利益，其中四家信息技术公司被认为可能对恶意破坏网络安全行为给予了便利，两家潜水技术和服务公司被认定向俄海军供货，剩下的六家航空航天领域企业被指对俄军事航空航天发展提供了支持。

3. 伊朗

自1980年美伊断交以来，伊朗一致是美国制裁的重点对象。2015年双方签订《伊核协定》，关系有所缓和。特朗普上台后大范围退群，同样退出了《伊核协定》，两国关系再度恶化。美国试图再度与欧洲联手对伊朗的石油贸易进行制裁，但是被欧盟拒绝。2018年8月7日，美国开始对对伊朗启动了第一轮制裁，涉及了金融、矿产、汽车、房地产等领域。首轮制裁前，伊朗曾试图和美国进行谈判被拒绝，作为反击伊朗拒绝了美国随后提出的八次谈判请求。10月3日，美国退出《友好、经济的关系和领事条约》（美伊友好条约）。随即在11月5日，美国对伊朗展开全面制裁，重点集中在了航运和能源领域。其中美国发布“禁油令”要求其他国家停止从伊朗购买原油，否则将实施连带制裁。同时，伊朗有700个实体及个人登上特朗普政府的制裁黑名单。

4. 土耳其

2016年，土耳其政府监禁美国籍牧师布伦森，成为了土耳其和美国之间关系恶化的导火索。自此美国开启了对土耳其的制裁。2018年8月10日，在对全球钢铝产品统一增加关税的基础上，美国对土耳其的钢铁和铝产品分别继续上调进口关税至50%和20%。8月15日，土耳其发布总统令将美国进口的酒类税率升至140%，汽车税率升至120%，香烟、化妆品税率升至60%，大米税率升至50%。

5. 委内瑞拉

美国与委内瑞拉的关系自1999年以来一直处于紧张状态。2017年开始，以所谓"人权和民主"问题为借口，美国进一步扩大了对委内瑞拉的制裁，对委内瑞拉总统及其夫人、副总统和多名官员进行了经济制裁。2017年8月25日，美国宣布禁止国内任何企业和个人与委内瑞拉政府和国有石油公司进行债券和资产交易。2018年5月7日，对三名委内瑞拉人及与其有关的20家公司进行制裁。11月11日开始，禁止企业和个人参与委内瑞拉的黄金交易。

综上，可以看出美国与自己所认为的对手国家的贸易冲突多集中于军工、能源和科技领域，常用的手段是增加关税、贸易制裁以及增加实体清单名单。主要目的明显在于通过遏制对手的军事、经济、科技发展对其进行全面打击，消除美国的潜在威胁。

（三）小范围惩戒盟友

欧盟作为美国最大的盟友，欧美之间的关系亦是合作与制约共存。30年代英美之间的贸易战主要起源于一战后欧洲统一实行的贸易保护政策，其引发了美国的"大萧条"，美国通过《斯穆特—霍利关税法案》大幅度提高关税，英国和欧洲其他国家则通过降低欧洲内部贸易壁垒、提高对外关税来进行回击。20世纪60年代的欧美贸易战，主要是集中在农贸产品和钢铁领域。欧共体成立后统一共同体内农产品价格、建立共同农产品进口关税、取消成员国之间关税、建立共同农业基金，这引起了美国的不满，认为欧共体实行贸易保护主义。随即1982年1月，美国商务部和国际贸易委员会提交了针对欧盟（欧共体）钢铁公司的"反倾销"和"反补贴"诉讼，之后欧美钢铁领域的贸易冲突显著升级。

2017 年起，美国的谷歌、脸书、亚马逊、高通等科技公司在欧洲接连被罚数十亿美元，钢铁和铝制品领域的争端依旧不止。2018 欧盟对美国的贸易顺差达到了 1397 亿欧元，相比上年增长了 17%，美欧间再次硝烟四起（见表 11.8）。

表 11.8　2018 年欧美之间主要贸易冲突

日期	美国	欧盟
2018－06－01	对欧盟钢铝产品分别加征 25% 和 10% 的关税	
2018－06－22	拟对欧盟的汽车征收 20% 关税	对 28 亿欧元的美国商品征收关税，包括哈雷摩托车、Levi’s 牛仔裤和波本威士忌等；涵盖了大约 200 个类别，包括各种类型的玉米、大米、橙汁、香烟、雪茄、T 恤衫、化妆品、船只和钢铁。同时计划对 43 亿欧元的美国商品征收 10% 到 50% 的关税
2018－07－05		拟从 7 月中旬开始对美国的钢铁产品执行临时限制措施。升级“阻断法令”允许欧盟企业拒绝遵守美国制裁的决议
2018－07－18		对谷歌征收 43.4 亿元的罚单
2018－07－25	美国与欧盟进行贸易协商	
2018－07－26		法国总统马克龙反对欧盟与美国进行全面贸易协定谈判
2018－07－27		欧盟表示农业不在此次协商范围内
2018－08－07		正式启用“阻断法令”
2018－08－21	要对欧盟汽车征收 25% 的关税	
2018－08－30		欧盟提出与美国一起将汽车和工业产品关税归零
2018－08－31	特朗普拒绝了汽车零关税提议	
2018－09－05		欧盟将给与美国牛肉生产商更多进口配额

2018 年，特朗普为了制裁伊朗实施全球“禁油令”，为了防止“禁油令”带来全球原油价格上涨从而抵消对伊制裁的强度，美国给了 8 个主要原油进口国 180 天的临时豁免权，分别是中国、印度、韩国、日本、意大利、土耳其、阿联酋及伊拉克，其盟友欧盟却没能获得临时豁免权。2018 年底，特朗普更是下调欧盟外交级别，从“盟国”降为“国际组织”。

不仅欧盟在特朗普上台后与美国贸易冲突不断，作为美国近邻的加拿大和墨西哥也未能逃过美国撕毁协定的影响。2017 年 1 月，刚上任的特朗普就声称自 1994 年成立北美自由贸易协定有损美国利益，要求重新进行谈判。在长达一年多的谈判后，2018 年 10 月 1 日，美国、加拿大和墨西哥达成三方贸易协议，该协议将被称为《美墨加三国协议》（USMCA）。新的协议虽然还是美墨加三国的贸易协定，但是内容和意义与北美自由贸易协定已经完全不同。看似是多边协议，但其实是美国对墨加两国的分别施压，最终使得协定内容更有利于美国（见表 11.9）。

表 11.9　《美墨加三国协议》墨西哥和加拿大做出的主要让步

国家	产业	具体内容
墨西哥	汽车产业	新版协定中加入了严苛的原产地规则，即一台汽车的整车零部件在北美区域内的制造比例从 62.5% 提高到 75%，一辆汽车必须有超过四分之三的零部件是在北美境内制造的，才可以被认为是北美生产的汽车，并享受相应的关税减免待遇
加拿大	乳制品	加拿大将大幅度向美国开放其乳制品市场

美国的亚洲盟友——韩国和日本，在美国的贸易战火中也未能幸免。美国对大型洗衣机征收关税，受到影响是最大的就是韩国。除此之外，在钢铁和铝产品方面，韩国也仅仅获得了 270 万吨的钢铁产品配额。为了获得这一配额，韩国放弃了对美国进口汽车执行本国安全标准的权利，同时把美国进口汽车的配额提高了一倍。2018 年 9 月 24 日，韩国成为第一个与美国签订双边贸易协定的国家。

日本与美国的贸易冲突也是由来已久。相比于英美贸易冲突中的较为激烈的关税战，20 世纪 30 年代日美之间的摩擦持续时间长、涉及产品领域更广泛，但是最终以日本的退让及经济衰退结束。这次美国引起的全球贸易战冲突中，日本在美国全球加征钢铝关税初始时，还是美国的忠实“支持者”，积极减少两者的贸易顺差。然而随着日美的贸易谈判迟迟停滞不前，日本也开始声讨美国的贸易保护主义。但在美国的施压下，2018 年 9 月日本又与美国重启贸易协定谈判，双方承诺下调农产品与工业产品关税。

三、贸易冲突的动因

贸易冲突之所以受到广泛关注，不仅是因为其错综复杂的性质，也是因为其所涉及的领域之广。在世界范围内，2018 年由美国引发的贸易摩擦成为全球经济增长最大的不确定因素，中美双边贸易冲突则占据主导地位。中美之间的贸易冲突，最直接的原因看起来是中国对美国的巨大贸易顺差以及美国认为中国知识产权保护不到位。但结合 20 世纪的四次大型贸易战，可以看到贸易冲突的本质是大国之间的经济、政治、军事、制度的多方面竞争。2008 年美国《国防战略报告》将中国定义为“潜在竞争者”，2018 年《国防战略报告》将中国首次定位为“战略性竞争对手”。

中美两国之间曾多次出现贸易冲突的先例。自 1991 年以来，美国在知识产权、不公平贸易壁垒和清洁能源等领域对中国进行了多次“301 条款调查”（以下简称“301 调查”）（见表 11.10）。在之前的调查中，双方都威胁说要用关税作为报复手段。但上述冲突最终都通过外交手段解决，无论是通过谈判达成贸易协议，还是通过 WTO 争端解决机制达成妥协。

表 11.10　美国对中国的“301 调查”

时间	原因	结果
1991 年 4 月	针对知识产权领域。主要是调查美国作品著作权、商标权在中国缺乏保护的问题	签订知识产权保护协议，中国承诺改进知识产权法律保护
1991 年 10 月	针对中国市场准入问题。主要调查美国产品在中国遇到的不公平壁垒问题	达成协议，中国承诺 5 年内取消对美国产品的进口壁垒
1994 年 6 月	针对知识产权领域。主要是针对中国的知识产权法律的实施问题，要求中国开放知识产权产品	达成第二个知识产权保护协议
1996 年 4 月	针对知识产权领域。认为中国知识产权保护不力，中国被列为重点观察国际，同时启动制裁程序	达成第三个知识产权保护协议
2010 年 9 月	针对中国清洁能源补贴问题。涵盖了中国风能、太阳能、高效电池和新能源汽车行业的 154 家企业，以查明美国相关企业的利益是否受到了损害	中国同意修改政策中涉嫌禁止性补贴的内容
2017 年 8 月	针对知识产权领域。调查中国政府是否干预或控制美国企业的知识技术产权的转让，尤其在中企收购美企尖端技术及知识产权方面是否有系统支持	

近年来美国对华贸易逆差在绝对和相对两方面都在增长。长期以来，贸易失衡一直是美国国债危机和美国公众不满的根源，促使美国政府对中国发动贸易冲突。鉴于中美贸易逆差问题由来已久，贸易冲突对缓解美国贸易逆差的效果也令人质疑，仅以中美贸易不平衡为由，并不能成为2018年中美贸易冲突爆发的有力理由。

贸易冲突的另一个驱动力可以追溯到美国的政治制度。在美国，四年一度的中期选举于11月举行，选民将选出国会成员。在总统任期的中期进行的中期选举，通常被认为是选民对两年前选举的总统所作的判决。基于这一背景，2018年11月6日的中期选举给了在任总统特朗普一个可以吸引其支持者的激进政策的动力。考虑到特朗普在竞选期间的主要承诺之一是解决贸易逆差问题，提高关税看来是一项及时且合理的举措，为其政党在中期选举中争取选票。

虽然有经济因素和政治动机在起作用，但贸易冲突的症结在于全球经济主导权的争夺。近年来，中国经历了快速增长，并成为一个经济大国。比如，中国现在是全球第二大经济体，而中国的GDP在购买力平价方面已经超过了美国。人民币在世界贸易和交易中的重要性也在不断上升，对美元的主导地位构成了挑战。中国最近宣布的一系列战略计划，从“一带一路”倡议、亚洲基础设施投资银行到《中国制造2025》，可能也挑动了美国人的敏感神经，美国人认为这些似乎有挑战美国主导地位的影子。

美国现任总统特朗普甚至明确表示《中国制造2025》损害了美国和其他国家的利益。特朗普的顶级贸易顾问纳瓦罗更直截了当地承认，301条款关税实际上针对的是“中国制造2025”行业[①]。因此，很明显，中美贸易冲突的基础是两国争夺经济主导权的竞争。争夺全球经济主导地位的竞争可能会持续很长时间，因此贸易冲突不太可能在短期内得到解决。

四、评估与展望

2018年，世界最大经济体之间的贸易摩擦明显加剧，美国提高进口关税的举措引发相关国家报复。特朗普政府四面开战，其目的在于吸引资本回流

① US bid to foil Chinese tech sector's rise bound to fail [EB/OL]. (2018-03-30) [2020-02-20]. http://www.chinadaily.com.cn/a/201803/30/WS5abd7b2ea3105cdcf651534d.html.

和“再制造化”，进而实现“让美国再强大”。尽管刺激措施和直接补贴抵消了中国和美国遭受的大部分直接负面影响，但是全球贸易已经失去增长势头。世界经济复苏放缓将导致外需增长动力不足，美国贸易保护主义、单边主义和霸权主义引致全球贸易加剧，将进一步恶化全球贸易环境，导致世界最大经济体之间紧张加剧，关税螺旋式上升。

预计这种局面在2019年和一个较长时期内仍将延续并给全球贸易前景带来重大风险，世界经济可能受到投资放缓、消费价格上涨、商业信心下降等方面的严重影响，全球价值链将遭到严重破坏，深植于中美贸易供应链的东亚经济体出口商首当其冲。中国和美国经济增速放缓还可能导致商品需求减少，非洲和拉丁美洲的出口商将受此影响。贸易摩擦可能加剧金融脆弱性，特别是在一些新兴经济体。进口价格上涨以及金融状况收紧和偿债成本增加，可能会挤压行业利润并导致某些行业陷入债务困境。

中美贸易战，短期可能会从对抗走向缓和，边打边谈。2018年12月中美开启90天的谈判，可能会有进一步的进展。但是美国打着贸易保护主义旗号，实际意在遏制《中国制造2025》中计划主要的高科技产业发展，贸易战打打停停，只会缓和不会结束。中期来看，中美贸易战的走向受到2020美国大选、美国经济见顶回落和美股回调的速度以及中国改革开放力度的影响。长期来看，中美贸易战实际是崛起国中国和守成国美国的大国之争。不仅是贸易战，还是经济、政治、文化、科技、网络、意识形态等领域的全方位综合实力较量。

进入2019年，维护WTO框架下建立的多边贸易体制仍是应对贸易摩擦的关键，它既是支持多边主义的具体举措，也是实现全球经济增长的重要保障，并可能朝着四种情景演变：中国与欧美日等发达经济体以及主要新兴经济体经过多轮谈判和政策协调，在兼顾多方利益诉求的基础上完成了对WTO框架的升级与拓展；国际政治经济舞台上的主要博弈者之间没能成功实现WTO框架的升级与拓展，同时美国也没能就如何与中国进行贸易往来求得共识；在世界主要经济体无法达成兼顾各方核心诉求的“现代化”版WTO多边体制条件下，发达国家联合起来“另起炉灶”，包括重启《跨太平洋伙伴关系协定》（TPP）谈判并最终达成协议，抑或让某些现存机制如OECD或G7承担起“高水平”的“现代化”经贸多边机制的功能；中国团结广大发展中国家以及部分发达国家，支持WTO多边体制，并通过“一带一路”项目加强健全多边贸易合作，令美国“失道寡助”（见附表）。

附表

2018年全球经济体GDP、人均GDP及年中人口数

单位：亿美元，万人

排名	经济体	GDP	经济体	人均GDP	经济体	总人口
1	美国	204941.00	卢森堡	114340.50	中国	139273.00
2	中国	136081.52	中国澳门特别行政区	86355.41	印度	135261.73
3	日本	49709.16	瑞士	82838.93	美国	32716.74
4	德国	39967.59	挪威	81807.20	印度尼西亚	26766.34
5	英国	28252.08	爱尔兰	78806.43	巴基斯坦	21221.50
6	法国	27775.35	冰岛	73201.70	巴西	20946.93
7	印度	27263.23	卡塔尔	69026.47	尼日利亚	19587.47
8	意大利	20739.02	新加坡	64581.94	孟加拉国	16135.60
9	巴西	18686.26	美国	62641.01	俄罗斯联邦	14447.81
10	加拿大	17125.10	丹麦	60726.47	日本	12652.91
11	俄罗斯联邦	16575.54	澳大利亚	57305.30	墨西哥	12619.08
12	韩国	16194.24	瑞典	54111.97	埃塞俄比亚	10922.46
13	澳大利亚	14321.95	荷兰	53024.06	菲律宾	10665.19
14	西班牙	14261.89	奥地利	51512.91	阿拉伯埃及共和国	9842.36
15	墨西哥	12238.09	芬兰	49648.15	越南	9554.04
16	印度尼西亚	10421.73	中国香港特别行政区	48717.29	刚果（金）	8406.81
17	荷兰	9136.58	德国	48195.58	德国	8292.79
18	沙特阿拉伯	7824.83	比利时	46556.10	土耳其	8231.97
19	土耳其	7665.09	加拿大	46210.55	伊朗伊斯兰共和国	8180.03
20	瑞士	7055.01	阿拉伯联合酋长国	43004.95	泰国	6942.85
21	波兰	5857.83	英国	42491.36	法国	6698.72
22	瑞典	5510.32	安道尔共和国	42029.76	英国	6648.90
23	比利时	5317.67	新西兰	41966.01	意大利	6043.13
24	阿根廷	5184.75	以色列	41614.00	南非	5777.96

续表

排名	经济体	GDP	经济体	人均 GDP	经济体	总人口
25	泰国	5049.93	法国	41463.64	坦桑尼亚	5631.83
26	奥地利	4557.37	日本	39286.74	缅甸	5370.84
27	挪威	4347.51	意大利	34318.35	韩国	5163.53
28	阿拉伯联合酋长国	4141.79	科威特	34243.95	肯尼亚	5139.30
29	尼日利亚	3972.70	波多黎各	31651.35	哥伦比亚	4964.87
30	爱尔兰	3824.87	文莱达鲁萨兰国	31627.74	西班牙	4672.37
31	以色列	3696.90	韩国	31362.75	乌克兰	4462.25
32	南非	3682.88	西班牙	30523.86	阿根廷	4449.45
33	新加坡	3641.57	马耳他	30074.74	乌干达	4272.31
34	中国香港特别行政区	3629.93	特克斯科斯群岛	27142.23	阿尔及利亚	4222.84
35	马来西亚	3543.48	斯洛文尼亚	26234.02	苏丹	4180.15
36	丹麦	3520.58	巴林	24050.76	伊拉克	3843.36
37	菲律宾	3309.10	沙特阿拉伯	23219.13	波兰	3797.85
38	哥伦比亚	3302.28	葡萄牙	23145.73	阿富汗	3717.24
39	巴基斯坦	3125.70	捷克共和国	23078.57	加拿大	3705.89
40	智利	2982.31	爱沙尼亚	22927.74	摩洛哥	3602.91
41	孟加拉国	2740.25	塞浦路斯	20575.60	沙特阿拉伯	3369.99
42	芬兰	2739.61	希腊	20324.25	乌兹别克斯坦	3295.54
43	阿拉伯埃及共和国	2508.95	圣基茨和尼维斯	19829.43	秘鲁	3198.93
44	捷克共和国	2452.26	斯洛伐克共和国	19546.90	马来西亚	3152.86
45	越南	2449.48	立陶宛	19089.71	安哥拉	3080.98
46	罗马尼亚	2395.53	拉脱维亚	18088.93	加纳	2976.71
47	葡萄牙	2379.79	帕劳	17317.87	莫桑比克	2949.60
48	伊拉克	2259.14	乌拉圭	17277.97	委内瑞拉玻利瓦尔共和国	2887.02
49	秘鲁	2222.38	安提瓜和巴布达	16864.38	也门共和国	2849.87
50	希腊	2180.32	特立尼达和多巴哥	16843.70	尼泊尔	2808.79
51	新西兰	2050.25	塞舌尔	16433.94	马达加斯加	2626.24
52	卡塔尔	1920.09	阿曼	16418.93	朝鲜民主主义人民共和国	2554.98
53	阿尔及利亚	1806.89	匈牙利	15938.84	喀麦隆	2521.62
54	哈萨克斯坦	1705.39	智利	15923.36	科特迪瓦	2506.92

续表

排名	经济体	GDP	经济体	人均 GDP	经济体	总人口
55	匈牙利	1557.03	中欧和波罗的海	15913.23	澳大利亚	2499.24
56	科威特	1416.78	巴拿马	15575.07	尼日尔	2244.29
57	乌克兰	1308.32	波兰	15424.05	斯里兰卡	2167.00
58	摩洛哥	1184.95	克罗地亚	14869.09	布基纳法索	1975.15
59	厄瓜多尔	1083.98	罗马尼亚	12301.19	罗马尼亚	1947.39
60	斯洛伐克共和国	1064.72	哥斯达黎加	12026.55	马里	1907.77
61	安哥拉	1057.51	阿根廷	11652.57	智利	1872.92
62	波多黎各	1011.31	俄罗斯联邦	11472.70	哈萨克斯坦	1827.65
63	斯里兰卡	889.01	马来西亚	11238.96	马拉维	1814.33
64	肯尼亚	879.08	毛里求斯	11238.69	赞比亚	1735.18
65	埃塞俄比亚	843.55	格林纳达	10833.66	危地马拉	1724.78
66	多米尼加共和国	812.99	圣卢西亚	10315.03	荷兰	1723.10
67	阿曼	792.95	马尔代夫	10223.64	厄瓜多尔	1708.44
68	危地马拉	784.60	赤道几内亚	10173.96	阿拉伯叙利亚共和国	1690.63
69	缅甸	712.15	中国	9770.85	塞内加尔	1585.44
70	卢森堡	694.88	墨西哥	9698.08	乍得	1547.78
71	加纳	655.56	哈萨克斯坦	9331.05	索马里	1500.82
72	保加利亚	651.33	土耳其	9311.37	津巴布韦	1443.90
73	巴拿马	650.55	保加利亚	9272.63	几内亚	1241.43
74	克罗地亚	608.06	瑙鲁	9030.07	卢旺达	1230.19
75	哥斯达黎加	601.26	巴西	8920.76	突尼斯	1156.52
76	白俄罗斯	596.62	黑山	8760.69	贝宁	1148.50
77	乌拉圭	595.97	黎巴嫩	8269.79	比利时	1142.21
78	坦桑尼亚	574.37	博茨瓦纳	8258.64	玻利维亚	1135.31
79	黎巴嫩	566.39	加蓬	8029.82	古巴	1133.81
80	中国澳门特别行政区	545.45	多米尼加共和国	7650.07	布隆迪	1117.54
81	斯洛文尼亚	542.35	圣文森特和格林纳丁斯	7377.68	海地	1112.32
82	立陶宛	532.51	泰国	7273.56	南苏丹	1097.59
83	塞尔维亚	505.08	利比亚	7235.03	希腊	1072.77
84	乌兹别克斯坦	505.00	塞尔维亚	7234.00	多米尼加共和国	1062.72

续表

排名	经济体	GDP	经济体	人均 GDP	经济体	总人口
85	利比亚	483.20	多米尼克	7031.71	捷克共和国	1062.57
86	刚果（金）	472.28	土库曼斯坦	6966.64	葡萄牙	1028.18
87	阿塞拜疆	469.40	秘鲁	6947.26	瑞典	1018.32
88	科特迪瓦	430.07	哥伦比亚	6651.29	约旦	995.60
89	约旦	422.91	南非	6374.02	阿塞拜疆	994.23
90	苏丹	408.52	厄瓜多尔	6344.87	匈牙利	976.88
91	巴拉圭	408.42	白俄罗斯	6289.94	阿拉伯联合酋长国	963.10
92	土库曼斯坦	407.61	斐济	6202.16	洪都拉斯	958.75
93	玻利维亚	402.88	北马其顿	6083.72	白俄罗斯	948.54
94	突尼斯	398.61	波斯尼亚和黑塞哥维那	5951.32	塔吉克斯坦	910.08
95	喀麦隆	385.02	苏里南	5950.21	以色列	888.38
96	巴林	377.46	纳米比亚	5931.45	奥地利	884.70
97	拉脱维亚	348.49	伊拉克	5878.04	巴布亚新几内亚	860.63
98	津巴布韦	310.01	巴拉圭	5871.47	瑞士	851.65
99	爱沙尼亚	302.85	牙买加	5355.58	多哥	788.91
100	尼泊尔	288.12	阿尔巴尼亚	5253.63	塞拉利昂	765.02
101	乌干达	274.77	伯利兹	5025.18	中国香港特别行政区	745.10
102	也门共和国	269.14	阿塞拜疆	4721.18	老挝	706.15
103	赞比亚	267.20	圭亚那	4634.68	保加利亚	702.42
104	萨尔瓦多	260.57	危地马拉	4549.01	塞尔维亚	698.21
105	冰岛	258.82	萨摩亚	4392.47	巴拉圭	695.61
106	柬埔寨	245.72	汤加	4364.02	黎巴嫩	684.89
107	塞浦路斯	244.70	格鲁吉亚	4344.63	利比亚	667.86
108	塞内加尔	241.30	科索沃	4281.29	尼加拉瓜	646.55
109	洪都拉斯	238.03	阿尔及利亚	4278.85	萨尔瓦多	642.07
110	巴布亚新几内亚	234.32	约旦	4247.77	吉尔吉斯斯坦	631.58
111	特立尼达和多巴哥	234.10	亚美尼亚	4212.07	土库曼斯坦	585.09
112	阿富汗	193.63	斯威士兰	4139.96	新加坡	563.87
113	博茨瓦纳	186.16	蒙古国	4103.70	芬兰	551.81
114	老挝	181.31	斯里兰卡	4102.48	斯洛伐克共和国	544.70
115	马里	171.97	萨尔瓦多	4058.24	挪威	531.43

续表

排名	经济体	GDP	经济体	人均 GDP	经济体	总人口
116	加蓬	170.17	印度尼西亚	3893.60	刚果（布）	524.44
117	格鲁吉亚	162.10	图瓦卢	3700.71	哥斯达黎加	499.94
118	牙买加	157.18	佛得角	3654.01	新西兰	488.55
119	阿尔巴尼亚	150.59	马绍尔群岛	3621.17	爱尔兰	485.35
120	约旦河西岸和加沙	146.16	玻利维亚	3548.59	阿曼	482.95
121	马耳他	145.42	突尼斯	3446.61	利比里亚	481.90
122	纳米比亚	145.22	安哥拉	3432.39	中非共和国	466.64
123	莫桑比克	144.58	不丹	3360.27	约旦河西岸和加沙	456.91
124	布基纳法索	144.42	摩洛哥	3288.87	毛里塔尼亚	440.33
125	毛里求斯	142.20	约旦河西岸和加沙	3198.87	巴拿马	417.69
126	文莱达鲁萨兰国	135.67	摩尔多瓦	3189.36	科威特	413.73
127	赤道几内亚	133.17	菲律宾	3102.71	克罗地亚	408.94
128	尼加拉瓜	131.18	密克罗尼西亚联邦	3058.43	格鲁吉亚	373.10
129	蒙古国	130.10	瓦努阿图	3033.41	摩尔多瓦	354.59
130	北马其顿	126.72	乌克兰	2931.98	乌拉圭	344.93
131	亚美尼亚	124.33	巴布亚新几内亚	2722.60	波斯尼亚和黑塞哥维那	332.39
132	马达加斯加	121.00	老挝	2567.54	波多黎各	319.52
133	摩尔多瓦	113.09	越南	2563.82	蒙古国	317.02
134	乍得	113.03	阿拉伯埃及共和国	2549.14	亚美尼亚	295.18
135	刚果（布）	112.64	洪都拉斯	2482.73	牙买加	293.49
136	几内亚	109.90	加纳	2202.31	阿尔巴尼亚	286.64
137	贝宁	103.59	所罗门群岛	2162.65	立陶宛	278.95
138	海地	96.58	津巴布韦	2147.00	纳米比亚	244.83
139	卢旺达	95.09	吉布提	2050.20	冈比亚	228.01
140	尼日尔	92.40	东帝汶	2035.53	博茨瓦纳	225.41
141	吉尔吉斯斯坦	80.93	尼加拉瓜	2028.90	加蓬	211.93
142	科索沃	79.00	尼日利亚	2028.18	莱索托	210.81
143	塔吉克斯坦	75.23	印度	2015.59	北马其顿	208.30

续表

排名	经济体	GDP	经济体	人均 GDP	经济体	总人口
144	马拉维	70.65	圣多美和普林西比	2001.14	斯洛文尼亚	206.74
145	斐济	54.80	科特迪瓦	1715.53	拉脱维亚	192.65
146	黑山	54.52	肯尼亚	1710.51	几内亚比绍共和国	187.43
147	毛里塔尼亚	53.66	孟加拉国	1698.26	科索沃	184.53
148	多哥	53.00	基里巴斯	1625.29	巴林	156.94
149	马尔代夫	52.72	赞比亚	1539.90	特立尼达和多巴哥	138.99
150	索马里	47.21	乌兹别克斯坦	1532.37	爱沙尼亚	132.09
151	斯威士兰	47.04	喀麦隆	1526.88	赤道几内亚	130.90
152	塞拉利昂	40.00	塞内加尔	1521.95	东帝汶	126.80
153	圭亚那	36.10	柬埔寨	1512.13	毛里求斯	126.53
154	苏里南	34.27	巴基斯坦	1472.89	塞浦路斯	118.93
155	利比里亚	32.49	科摩罗	1445.45	斯威士兰	113.62
156	安道尔共和国	32.37	缅甸	1325.95	吉布提	95.89
157	布隆迪	30.78	莱索托	1324.28	斐济	88.35
158	莱索托	27.92	吉尔吉斯斯坦	1281.36	科摩罗	83.23
159	东帝汶	25.81	毛里塔尼亚	1218.60	圭亚那	77.90
160	不丹	25.35	尼泊尔	1025.80	不丹	75.44
161	中非共和国	23.80	坦桑尼亚	1019.86	所罗门群岛	65.29
162	佛得角	19.87	苏丹	977.27	中国澳门特别行政区	63.16
163	吉布提	19.66	也门共和国	944.41	黑山	62.23
164	伯利兹	19.25	贝宁	901.95	卢森堡	60.77
165	圣卢西亚	18.76	马里	901.40	苏里南	57.60
166	冈比亚	16.24	几内亚	885.25	佛得角	54.38
167	安提瓜和巴布达	16.24	海地	868.28	马尔代夫	51.57
168	塞舌尔	15.90	塔吉克斯坦	826.62	马耳他	48.35
169	几内亚比绍共和国	14.58	几内亚比绍共和国	777.97	文莱达鲁萨兰国	42.90
170	所罗门群岛	14.12	卢旺达	772.97	巴哈马	38.56
171	格林纳达	12.07	埃塞俄比亚	772.31	伯利兹	38.31
172	科摩罗	12.03	布基纳法索	731.17	冰岛	35.36
173	圣基茨和尼维斯	10.40	乍得	730.24	瓦努阿图	29.27

续表

排名	经济体	GDP	经济体	人均 GDP	经济体	总人口
174	特克斯科斯群岛	10.22	冈比亚	712.45	巴巴多斯	28.66
175	瓦努阿图	8.88	利比里亚	674.21	新喀里多尼亚	28.41
176	萨摩亚	8.61	多哥	671.84	法属波利尼西亚	27.77
177	圣文森特和格林纳丁斯	8.13	乌干达	643.14	圣多美和普林西比	21.10
178	多米尼克	5.04	刚果（金）	561.78	萨摩亚	19.61
179	汤加	4.50	塞拉利昂	522.86	圣卢西亚	18.19
180	圣多美和普林西比	4.22	阿富汗	520.90	关岛	16.58
181	密克罗尼西亚联邦	3.45	中非共和国	509.97	库拉索	15.98
182	帕劳	3.10	莫桑比克	490.17	基里巴斯	11.58
183	马绍尔群岛	2.12	马达加斯加	460.75	密克罗尼西亚联邦	11.26
184	基里巴斯	1.88	尼日尔	411.69	格林纳达	11.15
185	瑙鲁	1.15	马拉维	389.40	圣文森特和格林纳丁斯	11.02
186	图瓦卢	0.43	索马里	314.56	美属维京群岛	10.70

数据来源：世界银行。